J. A. Fortea

Summa Daemoniaca

Tratado de demonología y manual de exorcistas

Tomo I

TERCERA EDICIÓN

SEKOTIA

Primera edición: febrero de 2020
Segunda edición: junio de 2022
Tercera edición: octubre de 2023

EDITORIAL SEKOTIA • COLECCIÓN FORTENIEANA OPERA DAEMONIACA
EDITOR: HUMBERTO PÉREZ-TOMÉ ROMÁN

www.sekotia.com
pedidos@almuzaralibros.com - info@almuzaralibros.com

Editorial Sekotia
Parque Logístico de Córdoba. Ctra. Palma del Río, km 4
C/8, Nave L2, nº 3. 14005 - Córdoba

Imprime: Black Print
ISBN: 978-84-18414-50-3
Depósito legal: CO-895-2022

Hecho e impreso en España - *Made and printed in Spain*

Por mí se va a la ciudad del llanto; por mí se va al eterno dolor; por mí se va hacia la raza condenada: la justicia animó a mi sublime arquitecto; me hizo la Divina Potestad, la Suprema Sabiduría y el primer Amor. Antes de mí no hubo nada creado, a excepción de lo inmortal, y yo duro eternamente.

¡Oh vosotros los que entráis, abandonad toda esperanza!

Inscripción que Dante Alighieri coloca en el dintel de entrada al infierno

¿Qué es el hechizo?

¿Importa el modo de hacer un maleficio o un hechizo?

¿Cuál es la diferencia entre magia blanca y magia negra?

¿Adivinan el futuro los magos por intervención del demonio?

¿Interviene el demonio en el horóscopo, el tarot y otras formas de adivinar el futuro?

¿Puede un demonio provocar falsas visiones en un místico?

¿Puede provocar estigmas?

¿Qué forma poseen los demonios cuando se aparecen a los hombres?

¿Es el demonio el que provoca la noche del espíritu?

Cuestiones teológicas

¿Odia Dios a los demonios?

¿Pueden los demonios aunar y concentrar sus esfuerzos para influir en una sociedad?

¿Por qué Satanás no se manifiesta a los hombres desplegando todo su poder?

¿Dentro de la Iglesia a quién odia más?

¿Mientras anduvo Jesús en carne mortal sobre la Tierra sabía el demonio que Él era el Mesías?

¿Cuál fue la criatura más excelsa creada por Dios: la Virgen o Lucifer?

¿Por qué el agua bendita atormenta al demonio?

¿Qué otros objetos atormentan a los demonios?

¿Cuál es el demonio meridiano?

¿En qué ocupan su tiempo los ángeles?

¿Existe un sacerdocio en el mundo angélico?

¿Es adecuado pintar al demonio con cuerpo de hombre y cuernos?

¿Por qué hay agua bendita a la entrada de las iglesias?

¿Es el demonio un mero símbolo del mal o existe en la realidad?

Cuestiones bíblicas

¿Qué diferencia hay entre el temor a Dios y el temor al demonio?

¿Qué orden siguen las tres tentaciones de Jesús en el desierto?

¿Qué son los mil años en que estará encadenado el Diablo?

¿Qué significado tenía el envío de la oveja a Azazel que aparece en el libro del Levítico?

¿Por qué la Sagrada Escritura dice que los demonios están en las regiones del aire?

¿Por qué en la Sagrada Escritura Dios llama al Diablo el Príncipe de este mundo?

¿Por qué el demonio Asmodeo huye al quemar Tobías el corazón y el hígado del pez?

¿Hay algún símbolo en ese corazón e hígado del pez de Tobías?

¿Qué quiere significar San Pablo al decir que Cristo llevó en su cortejo triunfal a los demonios?

¿Por qué se le llama al Diablo el Acusador?

¿Conversan entre sí Dios y el Diablo?

¿Dónde está la raya divisoria entre el mal realizado en grado sumo y la locura?

¿Qué significa que Dios sondea los abismos?

Cuestiones quolibetales

¿Cuál es la diferencia entre magia y religión?

¿Dónde acaba la demonología y empieza la parapsicología?

¿Qué significa y descendió a los infiernos?

¿Cuáles fueron las moradas de los infiernos a los que descendió Jesús tras morir?

¿Cómo protegerse de los ataques del demonio?

¿Se condenó Judas Iscariote?

¿Por qué los demonios usan los sentidos corporales cuando poseen a alguien?

¿Odia el demonio a los judíos?

¿No hay peligro de soberbia para el exorcista?

¿Algún día habrá un número suficiente de exorcistas?

¿Qué hacer si un obispo se opone a este ministerio?

¿No podría Dios amnistiar a los condenados al infierno como un acto de mera gracia?

¿No podría Dios acabar con la existencia de los condenados por un acto de su divina misericordia?

¿Si se arrepintiera ahora mismo el demonio sería perdonado?

¿Toda la ciencia sobre el demonio se contiene en este tratado?

¿Dios conoce todo mal?

¿Está Dios en el infierno?

¿Ya para siempre existirá el mal?

¿Existirá el mal por los siglos de los siglos?

Summa Daemoniaca

Tratado de demonología y manual de exorcistas

Introducción

Amplio, vasto y profundo es el mundo de los demonios. Este libro trata de ese mundo. Contemplo el libro, tras tantos años de trabajo, y me complazco en él: dará gloria a Dios. He optado por escribir un libro al modo de los antiguos tratados escolásticos, es decir una obra distribuida en infinidad de cuestiones de heterogénea extensión y desigual peso teológico. ¿Por qué? Pues porque me pareció el modo más libre de poder tratar el tema desde todos los puntos de vista. Y sobre todo me pareció esta la manera de poder abarcar al demonio en todos sus aspectos y detalles. En una materia como ésta, los detalles son muy importantes. Cada detalle de la biblia sobre el demonio no es ocioso. Siempre me fascinaron aquellos viejos tomos escolásticos escritos en letra gótica en los que los temas teológicos iban apareciendo con una lógica férrea y al mismo tiempo según el interés y gustos del monje o religioso que la dictaba a su secretario doblado sobre su scriptorio.

Así como mi tesis sobre el exorcismo, la que hice para la universidad, estaba plagada de notas a pie de página, de citas eruditas y de temas que los académicos consideran serios y graves, en ésta he querido hacer una obra más libre, menos sujeta a ningún esquema preconcebido. No me hubiera sido difícil dar a todo el contenido de este libro otro aspecto formal aparentemente más orgánico, pero hice la obra tal cual me habría gustado leerla. Ahora con el libro consumado contemplo una construcción, una construcción intelectual sobre el mundo angélico caído. Este libro me recuerda a una construcción arquitectónica medieval. Con sus pilares, sus galerías y recovecos. Un libro con sus capiteles, pórticos y criptas. Por esta obra sobre el demonio se puede ir y venir, recorrerla exhaustivamente o pasear por ella, es una construcción teológica. Una especie de laberinto demoníaco con sus cuestiones, partes, apéndices, suplementos y anexos. Una construcción al fin y al cabo, levantada con conceptos en vez de piedras, o mejor dicho, con las piedras de los conceptos. Y todo erigido bajo las firmes leyes de la lógica, todo este aparente laberinto sujeto a una estructura férrea que se esconde tras la aparente selva de cuestiones.

Al lector le pido que no olvide durante su lectura (durante el deambular en el seno de esta construcción) lo que no se olvidó durante su escritura: que toda construcción teológica ha sido erigida a la mayor gloria de Dios. Es curioso, hasta una construcción teológica sobre el demonio proclama el poder de la omnipotente mano divina. Algunos me han preguntado qué significa el título latino de esta obra. *Summa daemoniaca* se traduce como *suma de cuestiones relativas al demonio*. En latín el sustantivo *summa* significa *suma, conjunto, generalidad*. El adjetivo *daemoniaca* puede significar *maligno, demoníaco*, pero también *lo relativo al demonio, lo que concierne al demonio*, en este segundo sentido se ha tomado para el título.

Al acabar esta introducción, me gustaría decir que es posible que alguno de los lectores de este libro, puede comenzar a leerlo con un cierto sentimiento de culpabilidad. Preguntándose si le es lícito profundizar en estos misterios de la oscuridad. Preguntándose si está bien sumergirse en este conocimiento, sin necesidad de ello. Debo decir que existe un buen conocimiento del Mal. Así como puede existir un mal conocimiento del Bien. El buen conocimiento del Mal lleva a Dios. Del mismo modo, un conocimiento deformado del Bien aleja de Dios. Se puede afirmar que el conocimiento del Mal, lleva al Bien. Es la corrupción del conocimiento la que lleva al Mal. La curiosidad por estos temas siempre ha existido en la naturaleza humana, aquí se puede satisfacer tal interés, aquí se puede satisfacer tal hambre de conocimiento. Cuántas personas a lo largo de los años se han puesto en contacto conmigo para decirme que tras leer este libro se convirtieron, se confesaron, comenzaron a ir a misa, cambiaron de vida. Cuántas personas a lo largo de estos años me han dicho que, tras leer este libro, se dijeron a sí mismas que harían lo que hiciera falta con tal de no ser arrojadas por toda la eternidad en esas profundidades donde sólo habitan demonios y almas condenadas. Cuántas personas, en estas páginas, han pasado del conocimiento a la vida, del conocimiento del odio al amor.

Tratado de demonología

Parte·I

Naturaleza demoníaca

Cuestión 1

¿Qué es un demonio?

Un demonio es un ser espiritual de naturaleza angélica condenado eternamente. No tiene cuerpo, no existe en su ser ningún tipo de materia sutil, ni nada semejante a la materia, sino que se trata de una existencia de carácter íntegramente espiritual. *Spiritus* en latín significa *soplo, hálito.* Dado que no tienen cuerpo, los demonios no sienten la más mínima inclinación a ningún pecado que se cometa con el cuerpo. Por tanto la gula o la lujuria son imposibles en ellos. Pueden tentar a los hombres a pecar en esas materias, pero sólo comprenden esos pecados de un modo meramente intelectual, pues no tienen sentidos corporales. Los pecados de los demonios, por tanto, son exclusivamente espirituales.

Los demonios no fueron creados malos. Sino que al ser creados, se les ofreció una prueba, era la prueba previa antes de la visión de la esencia de la Divinidad. Antes de la prueba veían a Dios pero no veían su esencia. El mismo verbo *ver* resulta aproximativo, pues la visión de los ángeles es una visión intelectual. Como a muchos les resultará muy difícil entender cómo podían ver/conocer a Dios, pero no ver/conocer su esencia habría que proponer como comparación que sería como decir que ellos veían a Dios como una luz, que le oían como una voz majestuosa y santa, pero que su rostro seguía sin desvelarse. De todas maneras, aunque no penetraran su esencia, sabían que era su Creador, y que era santo, el Santo entre los Santos.

Antes de penetrar en la visión beatífica de esa esencia divina Dios les puso una prueba. En esa prueba unos obedecieron, otros desobedecieron. Los que desobedecieron de forma irreversible se transformaron en demonios. Ellos mismos se transformaron en lo que son. Nadie les hizo así.

Se sucedieron unas fases en la psicología de los ángeles antes de transformarse en demonios. Estas fases se dieron no en el tiempo material, sino el evo[1]. Al darse en el evo, estas fases a los humanos nos parecería que fueron casi instantáneas. Pero lo que a nosotros nos parecería tan breve, para ellos fue muy largo. Las fases de transformación de ángel a demonio fueron las siguientes: Al comienzo les entró la duda, la duda de que quizá la desobediencia a la Ley divina fuera lo mejor. En el momento en que voluntariamente aceptaron la posibilidad de que la desobediencia a Dios fuera una opción a considerar ya pecaron. Al principio esa aceptación de la duda constituiría un pecado venial que poco a poco fue evolucionando al pecado grave. Pero al principio, ninguno de ellos en esta primera fase estaba dispuesto a alejarse irreversiblemente, ni siquiera el Diablo. Fue posteriormente cuando se fue asentando en sus inteligencias lo que su voluntad había escogido a pesar del dictamen de su inteligencia que les recordaba que tal desobediencia era contra razón. Pero sus voluntades se fueron alejando de Dios, y como consecuencia de ello sus inteligencias fueron aceptando como verdadero el mal que su voluntad había escogido. Sus inteligencias fueron consolidándose en el error. La

1 El evo es el tiempo de los espíritus. La explicación detallada de qué es el evo aparece más adelante en esta obra.

voluntad de desobedecer se fue afianzando, haciéndose esa determinación cada vez más profunda. Y la inteligencia iba buscando más y más razones para que eso le resultase cada vez más justificable. Finalmente ese proceso llevó al pecado mortal que se dio en un momento concreto, a través de un acto de la voluntad. Es decir, cada ángel llegó un momento en que no sólo quiso desobedecer, sino que incluso optó ya por tener una existencia al margen de la Ley divina. Ya no era un enfriamiento del amor a Dios, ya no era una desobediencia menor a algo determinado que les resultase difícil de aceptar, sino que en la voluntad de muchos de ellos apareció la idea de un destino aparte de la Trinidad, un destino autónomo.

Los que perseveraron en este pensamiento y decisión comenzaron un proceso de justificación de esta elección. Comenzaron un proceso en que se trataron de autoconvencer de que Dios no era Dios. De que Dios era un espíritu más. De que podía ser su Creador, pero que en Él había errores, fallos. Comenzaban a acariciar la posibilidad que había aparecido en sus inteligencias: la posibilidad de una existencia aparte de Dios y de sus normas. La existencia aparte de Dios aparecía como una existencia más libre. Las normas de Dios, la obediencia a Él y a su voluntad, aparecían progresivamente como algo opresor, pesado. Dios comenzaba a ser visto como un tirano frente al que había que liberarse. En esta nueva fase de alejamiento, ya no era simplemente que buscaran un destino fuera de Dios, sino que Dios mismo les parecía que era un obstáculo para alcanzar esa libertad. Pensaban que la belleza y felicidad del mundo angélico hubiera sido mucho más feliz y libre sin un opresor. ¿Por qué había un Espíritu que se alzaba por encima de los demás espíritus? ¿Por qué su voluntad se debía imponer sobre la de los demás espíritus? ¿Por qué una Voluntad debe imponerse sobre otras voluntades? *No somos niños, no somos esclavos*, debieron pensar. Dios ya no era un elemento que habían dejado atrás, sino que comenzaba a convertirse para ellos en el mal. Y así comenzaron a odiarle. Las llamadas de Dios hacia estos ángeles para que volvieran hacia Él eran vistas como una intrusión inaceptable. En esta fase, el odio en unos creció más, en otros espíritus menos.

Puede sorprender que un ángel llegue a odiar a Dios, pero hay que entender que Dios ya no era visto por ellos como un bien, sino como un obstáculo, como una opresión, Él era visto como las cadenas de los mandamientos, como la falta de libertad. Ya no era visto como un Padre, sino como fuente de órdenes y mandatos. El odio nació con la energía de sus voluntades resistiendo una y otra vez a las llamadas de Dios que como un padre les buscaba. El odio nació como reacción lógica de una voluntad que tiene que afianzarse en su decisión de abandonar la casa paterna, por decirlo en términos que resulten inteligibles para nosotros. Es decir, alguien que se marcha de casa al principio simplemente quiere marcharse, pero si el padre le llama una y otra vez, el hijo acaba diciendo *déjame en paz.* Dios les llamaba entonces, pues sabía que cuanto más tiempo sus voluntades estuvieran alejadas de Él, más se afianzarían en su alejamiento.

Por supuesto que muchos ángeles que se habían alejado en un primer momento volvieron. Esta es la gran lucha en los cielos de la que se habla en Apocalipsis 12:

> *Y se entabló un combate en el cielo: Miguel y sus ángeles luchando con el Dragón. Y el Dragón luchó y sus ángeles, pero no tuvieron fuerza, no volvió a encontrarse su sitio en el cielo. Fue expulsado el gran Dragón, la Serpiente antigua que se llama Diablo y el Adversario, que engaña al orbe entero. Fue expulsado a la tierra, y sus ángeles fueron expulsados con él*

¿Cómo los ángeles pueden luchar entre sí? Si no tienen cuerpo, qué armas pueden ser usadas. El ángel es espíritu, el único combate que se puede entablar entre ellos es intelectual. Las únicas armas que pueden blandir son los argumentos intelectuales. Esa lucha fue una lucha intelectual. Dios enviaba la gracia a cada ángel para que volviera a la fidelidad o se mantuviera en ella. Los ángeles daban argumentos a los rebeldes para que volvieran a la obediencia. Los ángeles rebeldes daban sus razones para fundamentar su postura y para introducir la rebelión entre los fieles.

En esta angelical conversación de miles de millones de ángeles hubo bajas por ambos lados: ángeles rebeldes regresaron a la obediencia, ángeles fieles fueron convencidos con la seducción de los razonamientos malignos.

La transformación en demonios fue progresiva. Con el transcurrir del tiempo —el evo es un tipo de tiempo— unos odiaron más a Dios, otros menos. Unos se hicieron más soberbios, otros no tanto. Cada ángel rebelde fue deformándose más y más, cada uno en unos pecados específicos. Así como, por el contrario, los ángeles fieles se fueron santificando progresivamente. Unos ángeles se santificaron más en una virtud otros en otra. Cada ángel se fijó en un aspecto u otro de la divinidad. Cada ángel amó con una medida de amor. Por eso en el bando de los fieles comenzó a haber muchas distinciones, según la intensidad de las virtudes que cada ángel practicó más.

Cada ángel tenía su propia naturaleza dada por Dios, pero cada uno se santificó en una medida propia según la gracia de Dios y la correspondencia de la propia voluntad. Esto es válido pero al revés, para los demonios. Cada uno recibió de Dios una naturaleza, pero cada uno se deformó según sus propios caminos extraviados.

Por eso la batalla acabó cuando ya cada uno quedó encasillado en su postura de forma irreversible. Llegó un momento en que ya sólo había cambios accidentales en cada ser espiritual. En los demonios, llegó un momento en que ya cada uno se mantuvo firme en su imprudencia, en sus celos, en su odio, en su envidia, en su soberbia, en su egolatría...

La batalla había acabado. Podían seguir discutiendo, hablando, disputando, exhortándose, durante miles de años, por decirlo así en términos humanos, pero ya sólo habría cambios accidentales. Fue entonces cuando los ángeles fueron admitidos a la presencia divina, y a los demonios se les dejó que se alejaran, se les abandonó a la situación de postración moral en que cada uno se había situado.

Como se ve no es que los demonios sean enviados a un lugar cerrado de llamas y aparatos de tortura, sino que se les deja como están, se les abandona a su libertad, a su voluntad. No se les lleva a ninguna parte. Los demonios no ocupan lugar, no hay donde llevarles. No hay aparatos de tortura, ni llamas que les puedan atormentar, ni cadenas que les amarren sus miembros. Tampoco los ángeles fieles entraron en ningún sitio. Simplemente recibieron la gracia de la visión beatífica. Tanto el cielo de los ángeles, como el infierno de los demonios, son estados. Cada ángel porta en su interior su propio cielo esté donde esté. Cada demonio, esté donde esté, lleva dentro de su espíritu su propio infierno.

El momento en que ya no hay marcha atrás es el momento en que un ángel ve la esencia de Dios. Porque después de ver a Dios ya nada le podrá hacer cambiar de opinión. Después de haber visto a Dios, jamás nadie podrá escoger algo que le ofenda lo más mínimo. Pues la inteligencia comprendería que sería escoger estiércol frente a un tesoro. El pecado después de ese momento es imposible. El ángel antes de entrar al cielo, comprendía a Dios, comprendía lo que era, lo que suponía su santidad, omnipotencia, sabiduría, amor... Después de ser admitido a contemplar su esencia, uno no sólo la comprende, sino que además la ve. Es decir, uno ve su santidad, su amor, su sabiduría, etc. El espíritu al ver aquello se llena de tal amor, de tal veneración, que jamás, bajo ningún concepto, quiere separarse de ello. Por eso el pecado pasa a ser imposible.

El demonio queda irremisiblemente ligado a lo que ha escogido, desde el momento en que Dios decide no insistir más. Llega un momento en que Dios decide no enviar más gracias de arrepentimiento. Pues cada gracia de arrepentimiento sólo puede ser superada, sólo puede ser vencida, afirmándose más en el odio. Llega un momento en que Dios ve que enviar más gracias sólo sirve para que el demonio afiance más lo que ha escogido su voluntad. Llega un momento en que Dios Amor da la espalda[2] y deja a su hijo que siga su camino. Deja que el demonio siga su vida aparte.

---

2 Un buen amigo mío profesor de la universidad de Alcalá de Henares, se quedó un poco sorprendido ante esta expresión *de dar la espalda* e incluso me sugirió la posibilidad de una corrección en la formulación de la frase. ¿Puede de verdad hacer tal cosa el Amor Infinito? Indudablemente sí. La rebeldía de la criatura lleva a que finalmente Dios abandone a ese ser a su propia suerte. ¿Qué momento es ese en que la criatura queda abandonada? Ese momento es aquel en el que Dios decide no conceder ninguna gracia más de arrepentimiento a la criatura. En ese instante podemos

Por un lado podríamos decir que no hay un momento único en que el ángel se transforme en demonio, sino que se trata de un proceso lento, gradual, evolutivo. Pero por otro lado por largo que haya sido ese proceso previo (y posterior) sí que hay un momento preciso en el que el espíritu angélico tiene que tomar la decisión de rechazar o no a su Creador.

Ya se ha dicho que en ese proceso cabe la marcha atrás, esa es la celestial batalla angélica de la que habla Ap 12, 7-9. Pero llega un momento de esa batalla, en que ya los demonios se alejan y se alejan. No tendría sentido seguir insistiendo. El Creador respeta la libertad de cada uno.

El demonio aparece en las pinturas y esculturas deforme, es muy adecuado ese modo de representarlo, pues es un espíritu angélico deformado. Sigue siendo ángel, es sólo su inteligencia y su voluntad lo que se ha deformado, nada más. En lo demás sigue siendo tan ángel como cuando fue creado. El demonio en definitiva es un ángel que ha decidido tener su destino lejos de Dios. Es un ángel que quiere vivir libre, sin ataduras. La soledad interior en que se encontrará por los siglos de los siglos, los celos de comprender que los fieles gozan de la visión de un Ser Infinito, le llevan a echarse a sí mismo en cara su pecado una y otra vez. Se odia a sí mismo, odia a Dios, odia a los que les dieron razones para alejarse.

Pero no todos sufren lo mismo. Unos ángeles en la batalla se deformaron más y otros menos. Los que más se deformaron, los más deformes, sufren más. Los menos deformes sufren menos. Pero una vez más hay que recordar que sólo es deformidad de la inteligencia y la voluntad.

La inteligencia está deformada, oscurecida, por las propias razones con las que uno justificó su marcha, su *liberación*. La voluntad impuso a la inteligencia su decisión, y la inteligencia se vio impelida a justificar esa decisión. La inteligencia funcionó como un mecanismo de justificación, de argumentación de aquello que la voluntad le fustigaba a aceptar. Como se ve, el proceso tiene una extraordinaria similitud con el proceso de

---

decir que Dios ha dado la espalda al ser que creó. En cuanto ocurre esa terrible y temible decisión, la criatura está ya juzgada.

envilecimiento de los humanos. No nos olvidemos que los humanos somos un espíritu en un cuerpo. Si prescindimos de los pecados relativos al cuerpo, el proceso interno psicológico que lleva a una persona buena a acabar en la mafia, o de guardia en un campo de concentración, o de terrorista, es en sustancia el mismo proceso. En sustancia, el concepto de pecado, de tentación, de evolución de la propia iniquidad es igual en el espíritu angélico que en el espíritu del hombre. Pues los pecados del hombre son siempre pecados del espíritu, aunque los cometa con el cuerpo. Ya que el cuerpo es tan sólo un instrumento de lo que ha decidido el espíritu con su libre albedrío.

Así como el niño atraviesa un periodo de niñez, así también el ángel al principio acaba de ser creado y no tiene experiencia. La persona humana tiene tentaciones de otras personas, también los ángeles de sus semejantes. El hombre puede pecar por estructuras mentales tales como la patria, el honor de la familia, o el bienestar de un hijo. El espíritu angélico también tenía detrás de sí grandes construcciones intelectuales que, aunque distintas a las humanas, supondrían un complejo correlato angélico de todo este mundo humano que conocemos.

Nosotros los humanos somos también espíritu, aunque tengamos un cuerpo, y sólo tenemos que mirar a nuestro interior para comprender como uno puede caer en el pecado, como uno puede envilecerse. Es entonces cuando el pecado de los ángeles nos empieza a parecer más cercano y ya no nos resulta tan incomprensible

Cuestión 2

¿Por qué Dios puso una prueba a los espíritus angélicos?

Por qué no concedió la visión beatífica a todos en cuanto les creó? ¿Por qué se arriesgó a que algunos se convirtieran en demonios? Dios podría haber creado espíritus angélicos y directamente haberles concedido la gracia de la visión beatífica. Esto era perfectamente posible a su omnipotencia y no hubiera habido ninguna injusticia en hacerlo. Pero había tres poderosas razones para concederles una fase de prueba antes de la visión beatífica.

La razón menos importante de todas era el que Dios tenía que dar a cada ser racional un grado de felicidad. Todos en el cielo ven a Dios, pero nadie puede gozar de El en un grado infinito, eso es imposible. Sólo Dios goza infinitamente. Cada ser finito goza al máximo, sin desear más, pero de un modo finito. Goza finitamente de un bien infinito. La comparación que se suele usar para comprender este concepto metafísico es que cada ser racional tiene un vaso, Dios llena ese vaso hasta sus bordes, plenamente. Pero cada vaso es de una medida determinada.

Dios en su sabiduría determinó algo especialmente inteligente: que cada uno determinara el grado de gloria que iba a gozar durante la eternidad. Dado que esto es para siempre, dado que es algo tan importante, Dios ha dejado tal cosa en nuestras manos. Ya que cada uno ha de tener un grado, eso es inevitable, pues que cada uno decida ese grado. ¿El modo?: una prueba. Según la generosidad, el amor, la constancia y demás virtudes que manifestemos en esa prueba, así en esa medida será el grado. Como se ve es una disposición de las cosas magnífica, una disposición en la que se manifiesta la sabiduría infinita de Dios.

Si esta razón expuesta es importante, considero que todavía lo es más el considerar el hecho de que el único momento en el que un espíritu puede desarrollar su fe, su generosidad para con Dios es mientras todavía no lo ve. Después al verlo tendrá el agradecimiento por lo que ya contempla. Pero ese amor generoso en la fe, esa confianza hacia Dios en la oscuridad, eso es posible sólo antes de la visión. Después ya nunca será posible. Todo será posible, menos eso. Digamos que es un aspecto del espíritu que o se desarrolla antes de la visión facial de la esencia de Dios, o después ya es absolutamente imposible. Por eso la prueba es un don de Dios. Un don para que en nosotros germine y se desarrolle la flor de la fe con todos sus frutos. Esa flor en nosotros ya no podrá nacer durante toda la eternidad. Ya no podrá haber fe donde hay visión. Y tras la fe y como consecuencia de ella vienen las virtudes subsiguientes. Cada ángel desarrollaría unas más y otras menos.

Ante todo, el tiempo de prueba daba la posibilidad de que nacieran y se desarrollaran las virtudes teologales. Y después, incluso, unos ángeles desarrollarían más la virtud de la perseverancia, otros la de la humildad, otros la de la súplica, etc.

Claro que conceder a un ser la posibilidad de que en él nazca la fe, supone arriesgarse a que pueda germinar en ese mismo ser no la fe sino el mal. Dios al dar la libertad, sabe que una vez que la conceda puede encauzarse a sí misma hacia el bien o hacia el mal. Dios puede crear el cosmos como quiera, como desee, según su voluntad, sin ninguna cortapisa, sin ningún límite. Pero el santo no se crea, se hace a sí mismo con la acción de la gracia. Conceder el don de la libertad a los espíritus supone que puede aparecer una madre Teresa de Calcuta o un Hitler. Una vez que se concede el regalo de la libertad, se concede con todas las consecuencias. Querer que aparezca el bien espiritual supone de antemano aceptar la posibilidad de que aparezca el mal espiritual. En el cosmos material no hay bien espiritual, ni la más pequeña cantidad de bien espiritual. El bien del cosmos material es un bien material, la glorificación del universo físico al Creador es una glorificación material e inconsciente. El bien espiritual es cualitativamente superior, pero supone necesariamente tener que admitir ese riesgo. Por eso la aparición del mal no fue un trastocamiento de los planes divinos. La posibilidad de la aparición del mal ya formaba parte de los planes divinos antes de la creación de criaturas pensantes.

De todas maneras, aunque he hablado de que la prueba era necesaria para determinar el grado de gloria, la razón más importante, la razón más poderosa, para conceder el don de la libertad era para obtener el amor de un modo libre. Sin esa prueba, Dios hubiera podido obtener el agradecimiento de los seres a los que hubiera dado un grado de gloria sin pasar por el riesgo de una prueba. Pero Dios es un ser que ama y que quiere ser amado. El único modo de obtener ese amor en la fe, ese amor que se confía, ese amor desinteresado en la oscuridad del que todavía no ve, era proponer esa prueba. Vuelvo a repetir que el mismo Dios que puede crear miles de cosmos con sólo un acto de su voluntad, no puede crear ese amor que nace del que es probado en el sufrimiento de la fe. El amor a Dios no se crea, es una donación por parte de la criatura.

Cuestión 3

¿Por qué Dios no retiró la libertad al ver que comenzaban a pecar?

Por qué Dios no retira la libertad en cuanto ve que alguien avanza por el camino del mal? Pues no lo hace, porque realizar tal cosa supondría que tal espíritu quedaría ya para siempre en el mal. Permitir que siga haciendo el mal, supone ofrecerle la posibilidad de que retorne al bien. Retirarle de la prueba haría que se cometieran menos pecados, pero el espíritu que ha sido retirado quedaría petrificado en el mal para siempre. Permitir que el malo siga haciendo el mal, le da la posibilidad de retroceder.

Cuestión 4

¿Son todos los demonios iguales?

Ya hemos visto que cada demonio pecó con una intensidad determinada. Además cada demonio pecó en uno o varios pecados en especial. La rebelión tuvo su raíz en la soberbia, pero de esa raíz nacieron otros pecados. Eso en los exorcismos se ve con gran claridad, hay unos demonios que pecan más de ira, otros de egolatría, otros más de desesperación, etc. Cada demonio tiene su psicología, su forma de ser particular. Los hay locuaces, los hay más despectivos, en uno brilla de un modo especial la soberbia, en otro el pecado del odio, etc. Aunque todos se apartaron de Dios, unos son más malos que otros.

Después hay que recordar que como nos dice San Pablo hay nueve jerarquías de ángeles. Las jerarquías superiores son más poderosas, bellas e inteligentes que las inferiores. Cada ángel es completamente distinto de otro ángel. No hay razas de ángeles, por usar un término zoológico. Sino que cada uno agota su especie. Sin embargo, sí que es posible agrupar a los ángeles en distintos grandes grupos o jerarquías. Jerarquías también llamadas coros, pues esos grupos es como si formaran coros que cantan las alabanzas de Dios. Su cántico por supuesto no es de la voz, sino es la alabanza espiritual que emite su voluntad al conocer y amar a la Trinidad.

De cada una de las nueve jerarquías cayeron ángeles transformándose en demonios. Es decir, hay demonios que son virtudes, potestades, serafines, etc. Aunque sean demonios siguen conservando intacto su poder e inteligencia.

Por todo lo dicho está claro que existe una jerarquía demoníaca. Una cosa comprobada por los exorcismos es que entre ellos existe un poder de los superiores sobre los inferiores. ¿En qué consiste ese poder? Es algo imposible de saber, pues no se ve como un demonio puede obligar a otro a hacer algo. Pues no hay cuerpo que empujar o forzar. Sin embargo, he comprobado que un demonio superior puede forzar a uno inferior a no salir de un cuerpo durante un exorcismo. Aunque el inferior sufra y quiera salir, el superior se lo puede impedir. Cómo un demonio puede forzar a otro demonio siendo éste intangible, es algo, lo repito, que escapa a nuestra comprensión.

Cuestión 5

Zoología y demonología

Podríamos decir que existe un cierto paralelismo entre la zoología y la demonología. Pues aunque cada ser angélico es completamente distinto de otro, ya que agota su forma[3]. Sin embargo, es posible englobarlos en grandes grupos. Es decir, imaginemos que de cada especie de mamífero existiera un único ejemplar: un solo ciervo, un solo gamo, un solo caballo, etc. Cada uno sería distinto, pero dentro del mundo zoológico podríamos agrupar esos seres únicos en una especie, la de los mamíferos, no porque esos vivientes

3 Aquí la palabra *forma* está usada en su sentido filosófico que es distinto del sentido usual en que la gente usa esta palabra. Cuando se dice que cada ángel agota su forma se quiere decir lo siguiente: Entre los hombres, por ejemplo, la forma es la misma (la forma humana) pero lo que individua a cada ser humano es la materia. Una misma forma, pero con distinta materia. Como los ángeles no tienen materia, cada ángel tiene que tener una forma distinta para distinguirse de otro. Esto vale para todos los seres que existen sin materia. Por eso Dios tiene que ser uno y nunca podría haber dos. La forma divina del Ser infinito no tiene materia que la individúe, por eso si hubiera dos formas divinas ¿qué las distinguiría? Serían un sólo ser, no puede ser de otra manera.

sean iguales entre sí, sino porque son más similares entre sí que frente los pertenecientes a la especie de los insectos, de los peces, etc. Esos mamíferos serían distintos entre sí, pero se los agruparía porque entre ellos es mayor su semejanza que entre el resto de seres vivos. Pues lo mismo sucede con las naturalezas angélicas. Cada una es distinta pero pueden ser agrupadas en grandes grupos, en este caso nueve según dice la Biblia:

serafines
querubines
tronos
dominaciones
virtudes
potestades
principados
arcángeles
ángeles

Si las diferencias entre los animales son a veces tan grandes, en el mundo angélico son mayores pues la forma está liberada de las leyes de la biología y la materia. Y por tanto, si grande es la diferencia entre una libélula y un águila mucho mayores son las diferencias entre las naturalezas angélicas. Si grande es la diferencia entre una mariquita y una ballena azul, indecíblemente mayor es la diferencia entre un ángel de la novena jerarquía y los de la primera.

Cuestión 6

Astronomía y demonología

Existe un cierto paralelismo entre la astronomía y la demonología. Un sistema solar es como una especie de parábola de lo que es Dios, los ángeles y los demonios. Dios sería el Astro Rey. Alrededor del cual giran todos los astros del sistema solar, pues El es el centro. El ilumina a todos.

El resto de planetas, asteroides y satélites serían los santos y ángeles. El sistema de rotación de los satélites alrededor de los planetas sería imagen de la iluminación de unos seres angélicos a otros.

Aunque los satélites giren alrededor de un planeta, también rotan alrededor del Sol. Dios es el centro por más intermediaciones que haya.

Sin embargo, los demonios serían como esos cuerpos que se han alejado de la atracción del Sol. El Sol les atrae, no deja de atraer nunca, no deja de iluminar, de dar calor. Sin embargo, esos cuerpos se han alejado tanto (libremente) que viven en las tinieblas exteriores, en el frío del vacío y la oscuridad. Dios les sigue atrayendo cada instante, cada segundo. Pero ellos ya están irremisiblemente fuera del alcance de su atracción y su luz. El Sol no les priva de su luz, son ellos los que han preferido dirigirse en dirección opuesta.

Muchos hombres se preguntan dónde está la raya divisoria entre la condenación eterna y la salvación. Esta parábola astronómica ofrece luz sobre el tema, pues esa raya es como el límite de la fuerza gravitatoria. Uno puede estar muy lejos, pero si está unido por la gravitación al Sol, está unido a El. Mientras que si uno vaga ya completamente por libre, ajeno completamente a esa gravitación eso es la condenación eterna.

Si vemos esta parábola astronómica desde la superficie de la Tierra, hay que hacer ciertos cambios (hay que añadir las estrellas) pero también podemos añadir ciertos matices (se puede incluir a la Luna). Dios sería el Sol, la Virgen la Luna y los ángeles las estrellas. La diferencia entre la luz del Sol y la de las estrellas sería imagen entre la diferencia entre el ser de Dios y el de los espíritus angélicos. Los ángeles serían un pálido y débil puntito de luz frente a la luz cegadora e irresistible de Dios. La diferencia entre la luz de las estrellas y la de la Luna sería la diferencia entre los ángeles y ella. Desde luego en muchos pasajes de la Sagrada Escritura queda claro que las estrellas, luminosas y muy por encima de la tierra, son imagen de los espíritus angélicos[4].

4 Es en el ámbito de esta parábola astronómica donde hay que entender versículos como Ap 12,4, Is 14, 12—15 o tantos otros

Cuestión 7

¿Cuáles son los nombres de los demonios?

Satán: es el más poderoso, inteligente y bello de los demonios que se rebelaron. Se le llama Satán o Satanás en el Antiguo Testamento. Su raíz primitiva significaría *atacar, acusar, ser un adversario, resistir.* Satán significaría *adversario, enemigo, opositor.*

Diablo: es como llama el Nuevo Testamento a Satán. Diablo viene del verbo griego *diaballo*, acusar. La gente usa la palabra diablo y demonio como sinónimos, pero la Biblia no. La Biblia siempre usa la palabra Diablo en singular y refiriéndose al más poderoso de todos ellos. La Sagrada Escritura también le llama el Acusador, el Enemigo, el Tentador, el Maligno, el Asesino desde el principio, el Padre de la mentira, Príncipe de este mundo, la Serpiente.

Belcebú: usualmente usado este nombre como sinónimo del Diablo. Proviene de Baal—zebul que significa *señor de las moscas.* Aparece en 2 Re 1,2.

Lilith: aparece en Is 34, 14, la tradición judía lo consideró como un ser demoníaco. En la mitología mesopotámica es un genio con cabeza y cuerpo de mujer, pero con alas y extremidades inferiores de pájaro.

Asmodeo: aparece en el libro de Tobías, del persa *aesma daeva* que significa *espíritu de cólera.*

Seirim: aparecen en Is 13, 21, Lev 17, 7 y en Bar 4,35, suele traducirse como los *peludos.* Deriva del hebreo *sa´ir* que significa *peludo* o *macho cabrío.*

Demonio: del griego *daimon* que significa *genio.* En la mitología grecorromana no era necesariamente una entidad maléfica. Pero en el Nuevo Testamento, siempre es usado como término para designar seres espirituales malignos.

Belial: o Beliar de la raíz *baal* que significa *señor.* Aparece por ejemplo en 2 Cor 6, 15.

Apollyon: significa *destructor*, aparece en Ap 9, 11. Se dice de él que su nombre en hebreo es Abaddón que significa *perdición, destrucción.*

Lucifer: es un nombre extrabíblico que significa *estrella de la mañana*, también significa *el que lleva la luz*. El nombre que le puso Dios nos indica la belleza de este ángel. Su nombre nos recuerda la pena tan grande que es que siendo tan bello, cayera. El nombre le viene de que fue un ángel especialmente privilegiado en su naturaleza en los cielos angélicos, antes de rebelarse y deformarse. La inmensa mayoría de los textos eclesiásticos usa el nombre de Lucifer como sinónimo del Diablo. Sin embargo, el padre Gabriele Amorth considera que es el nombre propio del demonio segundo en importancia en la jerarquía demoníaca. Soy enteramente de la misma opinión y lo que conocemos por los exorcismos nos confirmaría que Lucifer es alguien distinto de Satán.

Como curiosidad diré que en un exorcismo un demonio dijo que los cinco demonios más poderosos del infierno eran por este orden: Satán, Lucifer, Belcebú, Belial y Meridiano. ¿Es segura esta jerarquía? Sólo Dios lo sabe. Lo que es seguro, y lo sabemos por la Sagrada Escritura y por los exorcismos, es que cada demonio tiene un nombre. Un nombre dado por Dios que expresa la naturaleza de su pecado. Distintos nombres de demonios dichos por ellos en exorcismos son: Perversión, Muerte, Puerta, Morada, etc. Otros, sin embargo, dicen nombres que no sabemos que significan: Elisedei, Quobad, Jansen, Eishelij, etc.

En algunos libros de magos y brujos se colocan largas listas de nombres. Esas listas inacabables son tan exhaustivas como inventadas. No tienen otro valor que la imaginación de sus autores. Pues algunos no sólo ofrecen la lista de los nombres sino incluso el número de demonios que pueblan el infierno. Esas descripciones detalladas de las legiones infernales son puramente inventadas. Ir más allá de los escuetos datos de la Sagrada Escritura supone adentrarse en el mundo de la literatura, abandonando el seguro terreno firme de la Palabra de Dios. La Teología puede decir muchas cosas acerca de los demonios, pero siempre de un modo general, trabajando con conceptos. La Teología al trabajar con esencias, nada puede decir de un demonio concreto.

El autor de cierta lista de demonios (tan exhaustiva como inventada) dice de uno ellos llamado Xaphán que fue el que le sugirió a Satán prenderle fuego al cielo, pero que fueron arrojados al infierno antes de cometer tan vil acto. Dice de él que está encargado eternamente, de mantener encendidas las llamas del infierno. No hace falta decir que a tal inventor de mitos le aconsejo que lea este libro, donde descubrirá que ni hay forma de prender fuego al cielo, ni hay manera de mantener encendidas las llamas del infierno.

Cuestión 8

¿Hay tiempo en los demonios?

Sí, el tiempo transcurre para los demonios. No es un tiempo como el nuestro (que es tiempo material) sino que se trata de un tiempo propio de los espíritus, tiempo que es llamado *evo* (*aevum* en latín). El evo es la sucesión de actos de entendimiento y voluntad en un ser espiritual. Los actos de la razón y de la voluntad se suceden provocando un antes y un después, un antes de un determinado acto del entendimiento, o de un acto de querer algo. Desde el momento que hay un antes y un después hay algún tipo de tiempo. Por tanto cuando se dice que los espíritus en el cielo y en el infierno están en la eternidad hay que entender esta afirmación como que están en una interminable sucesión temporal, una sucesión de tiempo sin final, con principio (que es cuando fueron creados), pero sin final. Sólo Dios está en un eterno presente, sólo en El no hay sucesión de tiempo de ninguna clase. En Él no ha transcurrido nunca ni un solo segundo, ni un solo antes ni después. La eternidad de Dios es cualitativamente distinta de la eternidad del tiempo material (con un principio pero sin final) y de la eternidad del evo (también con un principio, también sin final).

Sobre este tipo de tiempo, el evo, habló Santo Tomás ya en el siglo XIII, en la Primera Parte de la cuestión X, artículo V, de su *Summa Theologica* y quizá a algunos les pudo parecer que su razonamiento era excesivamente teórico. Pero al escuchar yo relatos de personas que han pasado por experiencias cercanas a la muerte, personas que han vivido la experiencia de la separación del cuerpo, de entrar en el túnel, etc, comprobé que cuando se les preguntaba si había tiempo en esa experiencia, es decir si notaron que transcurría tiempo, las explicaciones que daban concordaban perfectamente con lo que Santo Tomás de Aquino explica sobre el evo al hablar de los espíritus sin materia.

Cuestión 9

¿En qué piensa un demonio?

Todo ángel caído conserva la inteligencia de su naturaleza angélica. Y con ella sigue conociendo. Conoce e indaga con su mente el mundo material y el espiritual, el mundo real y el conceptual. Como ser espiritual, eminentemente intelectual, no hay duda de que esta profundamente interesado por las cuestiones conceptuales. El sabe muy bien que la Filosofía es la más elevada de las ciencias. Incluso sabe que la Teología está por encima de la Filosofía; pero odia a Dios.

En el conocer encuentra placer, pero también sufrimiento. Sufre cada vez que ese conocimiento le lleva a considerar a Dios. Y el demonio percibe continuamente el orden y la gloria del Creador en todas las cosas. Hasta en las cosas aparentemente más neutras, él encuentra el reflejo y el recuerdo de los atributos divinos.

Pero el demonio no está siempre en cada instante sufriendo. Muchas veces simplemente piensa. Sólo sufre en ciertos momentos, cuando se acuerda de Dios, cuando se vuelve a hacer consciente de su miserable estado, de su separación de Dios, cuando le remuerde la conciencia. Unas veces sufre más, otras menos, su sufrimiento no es uniforme. Aunque estas variaciones se dan según la intensidad que marca la deformidad moral propia de cada demonio.

Sería bastante horrible pensar en los demonios como seres permanentemente en sufrimiento, cada instante, cada momento. La separación de Dios produce sufrimiento por toda la eternidad, pero es el sufrimiento del alejamiento, no es el sufrimiento de una máquina de tormento en acción constante. El demonio ni está tentando siempre, ni está retorcido de dolores espirituales siempre.

Cuestión 10

¿Cuál es el lenguaje de los demonios?

El lenguaje de los demonios es exactamente el mismo que el de los ángeles. Los ángeles no necesitan ninguna lengua, ningún idioma para comunicarse entre ellos, pues se comunican entre sí como especies inteligibles. Las especies inteligibles son los pensamientos que se transmiten entre ellos. Nosotros nos transmitimos palabras, ellos se transmiten directamente pensamiento en estado puro, sin necesidad de mediaciones sensibles o de signos. Las especies inteligibles pueden ser comunicación de razonamientos, de imágenes, de sentimientos, etc. La transmisión de estas especies inteligibles es telepática. Se produce a voluntad. Y puede dar lugar a diálogos como los que tenemos los hombres. Las inteligencias humanas nos comunicamos nuestros razonamientos a través de palabras que son signos. Los espíritus angélicos pueden comunicar entre sí pensamiento en estado puro.

Cuestión 11

¿Dónde están los demonios?

Tanto las almas de los condenados como los demonios no pueden ubicarse en las coordenadas del espacio. Tampoco se puede decir que están en otra dimensión. ¿Qué significa estar o no estar en una dimensión para un espíritu? Simplemente no están en ningún lugar. Existen, pero no están ni aquí, ni allí.

Se dice que un demonio está en un sitio cuando actúa en un sitio. Si un demonio está tentando a alguien aquí, se dice que está aquí. Si un demonio posee un cuerpo allí, se dice que está allí. Si un demonio mueve una silla en un fenómeno *poltergeist*, se dice que está en ese sitio concreto. Pero en realidad no está allí, simplemente está actuando allí.

El infierno, el cielo y el purgatorio son un estado. Después de la resurrección los cuerpos de los condenados sí que estarán en un sitio concreto, y por eso el infierno será un lugar. Los cuerpos de los bienaventurados también ocuparán lugar. Por eso en la Biblia se dice: *y vi un cielo nuevo y una tierra nueva*, Ap 21, 1. De ahí que los bienaventurados habitarán en la tierra restaurada de nuevo tras la destrucción que se narra en el Apocalipsis. Puesto que los bienaventurados habitarán corporalmente en esta tierra ¿dónde estarán los hombres condenados? Nada se puede afirmar con seguridad. Algunos piensan que su lugar estará en el centro de este mismo mundo.

Cuestión 12

¿Conocen el futuro?

Ellos no ven el futuro, pero a veces pueden conjeturarlo. Con su inteligencia muy superior a la humana pueden deducir por sus causas algunas cosas que sucederán en el porvenir. Lo que pertenece sólo a la libertad humana, está indeterminado y no lo conocen. No saben lo que yo decidiré libremente. Pero con su inteligencia superior ven los efectos de las causas donde nosotros no veríamos nada. Desde luego hay ocasiones donde ellos saben con toda seguridad lo que sucederá, aunque ni el más inteligente de los humanos podría sospecharlo por más que analizara los factores que hay en el presente. Pero en otras ocasiones ni una naturaleza angélica de la mayor jerarquía podría deducirlo. Sobre todo la libertad humana es el gran factor de indeterminación en sus previsiones.

Cuestión 13

¿Puede un demonio hacer algún acto bueno?

El demonio no está siempre haciendo el mal, muchas veces simplemente piensa. Y en ello no obra mal alguno, es un mero acto de su naturaleza. Sin embargo, el demonio no puede hacer actos morales sobrenaturales. Es decir, no puede hacer un acto de caridad, de arrepentimiento sobrenatural, de glorificación sincera de Dios, etc. Pues para realizarlos se necesita una gracia sobrenatural. Puede glorificar a Dios, pero a la fuerza, no porque quiera hacerlo. Puede arrepentirse de haberse alejado de Dios, pero sin pedir perdón, reprochándose tan solo el mal que le ha sobrevenido de esa acción, pero sin dolor de haber ofendido a Dios. Y así puede hacer otros muchos actos naturales con su inteligencia y su voluntad. Pero el demonio nunca mostrará la más mínima compasión, ni el más pequeño acto de amor hacia nadie. Su corazón sólo odia, es insensible al sufrimiento de los demás.

Cuestión 14

¿Puede experimentar el demonio algún placer?

El demonio no goza con ninguno de nuestros cinco sentidos. Sólo goza con su inteligencia y su voluntad. Puede parecer que es poca cosa, pero no lo es. Los placeres intelectuales pueden ser tan variados como los de nuestros cinco sentidos. En realidad son mucho más variados. El gozo que nos proporciona una ópera, una sinfonía, una partida de ajedrez, un libro, son placeres eminentemente espirituales aunque esa información llegue a nuestro espíritu a través de apariencias sensibles. El mundo espiritual visto por nosotros desde nuestro mundo puede parecer insípido, incoloro, aburrido, pero es un error. El mundo espiritual es mucho más variado, rico y deleitable que el que nos ofrece el cosmos material.

Los demonios gozan de los placeres, pues sus dos potencias espirituales (conocimiento y voluntad) siguen intactas. El obrar de su naturaleza ha quedado indemne a pesar del alejamiento de Dios.

Lo que no pueden hacer es amar a nadie con un amor sobrenatural. La capacidad de amar ha quedado aniquilada en la psicología del demonio. El demonio conoce, pero no ama.

El placer que logra al tener éxito en hacer un mal es exactamente el mismo que siente una persona en la tierra al lograr vengarse de su enemigo. Se trata de un placer lleno de odio, sin sosiego.

Cuestión 15

¿Es el demonio libre para hacer más o menos mal?

El demonio hace el mal cuando quiere, nadie le obliga a hacerlo. Es un ser libre y su voluntad es la que decide hacer las cosas cuando quiere. Desea hacer el mal y para hacer el mal ha de tentar. Pero para tentar hay que insistir. Unos demonios insisten más, otros desisten antes. Hay demonios más firmes y demonios más perezosos. Hay demonios que por el ardor de su cólera persiguen a las almas como verdaderos depredadores. Otros demonios están sumidos en una especie de depresión y no tienen tanto odio como para ir continuamente persiguiendo almas. Pero hablamos de grados, ya que todos odian a Dios y todos son cazadores de almas.

Cuestión 16

¿Cuáles son los más malignos de todos los demonios?

Podría parecer que los demonios más perversos tienen que ser los de más alta jerarquía, pues no. No hay relación entre naturaleza y pecado. Una naturaleza angélica de la última jerarquía pudo ser mucho más perversa que un ángel superior. El mal que puede cometer un ser libre no depende de la inteligencia, ni del poder que posea. Siempre ponemos como ejemplo de malignidad al jefe de las SS, Heinrich Himmler. ¿Pero no pudo ser peor que él alguno de sus subordinados? Por supuesto que sí. Entre los hombres vemos que alguien menos inteligente y en un puesto social poco relevante puede ser mucho peor, mucho más perverso, que un gran dictador. Y lo mismo dicho para el mal, vale para el bien. Un ángel de la última jerarquía pudo ejercitar más sus virtudes que uno de más alta jerarquía. De la misma manera que una viejecita humilde sin estudios y que sólo se ha dedicado a las labores de la casa toda la vida puede ser más santa que un arzobispo o un sumo pontífice.

Una interesante pregunta que se desprende de todo esto es si la jerarquía que nos da la Biblia (ángeles, arcángeles, principados...) es una jerarquía de la gracia o de la naturaleza. Es decir, los serafines son los más santos o sólo los más poderosos y en los que más brilla el fulgor de la inteligencia angélica. Mi opinión es que es una jerarquía según la naturaleza. Pues las descripciones visuales de los cuatro vivientes alrededor del Cordero (los ángeles de la mayor jerarquía) dan más bien impresión de poder y conocimiento, al igual que los mismos nombres de las nueve jerarquías. El nombre de principado o potestad, por poner dos ejemplos, son nombres que indican más bien poder. Además, es más sencillo hacer jerarquía de la naturaleza que de la gracia.

Parte II

La tentación y el pecado

Cuestión 17

¿Por qué pecamos?

La tentación es esa situación en que la voluntad tiene que elegir entre dos opciones, y sabe que una opción es buena y otra mala, pero se siente atraído a escoger la mala. Sabe que es la mala, pero por alguna razón se siente atraído a escogerla. El error de caer en la tentación no es un error de inteligencia, no es un problema de debilidad de la razón. Pues si no supiera que esa opción es la mala, pecaría por ignorancia o por error, y por tanto no pecaría. Para pecar hay que saber que uno está escogiendo la opción mala. No hay pecado sin mala conciencia. Eso es lo que hace tan interesante el pecado desde el punto de vista intelectual: ¿por qué escogemos el mal sabiendo que es el mal? Es un verdadero misterio.

Una respuesta sencilla, que no es falsa, pero que tampoco explica el asunto, es contestar que pecamos por debilidad. Lo cual es cierto, pero también es cierto que no somos tan débiles como para no poder resistirnos. Si no fuéramos capaces de resistirnos ya no habría pecado. No tendríamos elección. Si hay pecado es porque podemos escoger. Y sabemos por experiencia que escogemos lo que queremos. Si queremos hacer algo, nada ni nadie nos puede obligar a querer hacer otra cosa. Luego por débiles que seamos siempre podemos resistirnos. Como se ve, no podemos excusarnos ni por el campo de la inteligencia ni por el de la voluntad. Hacemos el mal porque queremos.

Podríamos decir que cometemos el mal por el bien que conseguimos con ello. Pero hay que recordar que la inteligencia percibe que ese bien es una manzana envenenada. Percibe que es un pseudobien, un bien que acarrea más mal que el bien que contiene. Por eso por muy deseable que nos aparezca ese bien, la conciencia nos dice: no debes escoger esa opción. Así que decir que *hacemos el mal porque nos aparece como un bien*, es cierto, pero también es igualmente cierto que sabemos que ese bien que contiene es, a fin de cuentas, un mal. Así que la explicación de que hacemos el mal por el bien que nos ofrece esa acción, es una explicación adecuada, es algo que nos ayuda a entender el por qué del pecado, pero no lo explica del todo. Quizá este misterio de la manzana envenenada que comemos a pesar de saber que está envenenada no lo podamos explicar del todo nunca mientras estemos en la tierra.

Cuestión 18

¿Cuántas tentaciones proceden del demonio?

No hay nadie que pueda decir cuántas tentaciones proceden del demonio y cuantas de nuestro interior. Pero parece razonable pensar que la mayor parte de las tentaciones proceden de nosotros mismos. No necesitamos a nadie para ser tentados. Basta la libertad para poder usarla mal. Basta tener que tomar una decisión en una elección para optar conscientemente por la decisión errónea. Conscientemente, sin paliativos, sin poderle echar la culpa a nadie, más que a nosotros mismos.

Es cierto que el demonio tentó a la primera mujer. Pero sin demonio hubiéramos podido pecar igualmente. La tentación no necesita del demonio, se basta a sí misma. ¿Si no, quién tentó al demonio?

Cuestión 19

¿Podemos ser tentados más allá de nuestras posibilidades?

El ser humano es débil. De manera que Dios nos cuida como a niños. Por eso nos dice la Biblia: *Fiel es Dios que no permitirá que seáis tentados más allá de vuestras fuerzas, sino que con la tentación os dará el éxito haciéndoos capaces de sobrellevarla.* I Co 10 , 13

Que la tentación debe ser permitida por Dios es algo que aparece clarísimamente en el libro de Job. Pero, además, en otro lugar de la Biblia, justo antes de la misma Pasión Jesús dice a San Pedro:

¡Simón, Simón!, mira el Adversario os reclamó para cribaros como el trigo! Lc 22,31

"Os reclamó", luego la criba de la tentación debe ser permitida. No afirmar esta doctrina significaría que estamos en manos de un destino ciego y que cualquiera por débil que sea puede ser tentado con un poder y una intensidad por encima de las fuerzas que uno posee. Por tanto el mensaje es claro y tranquilizador: Dios, como padre que es, vela para que ninguno de sus hijos se vea presionado más allá de lo que puede soportar. De todo esto se ve la sabiduría que hay detrás del viejo dicho: *Dios aprieta pero no ahoga.*

Cuestión 20

¿Por qué el Diablo tentó a Jesús?

El Diablo sabía que Jesús era Dios, sabía por tanto que era imposible que pecara. ¿Por qué le tentó entonces? Es más, sabía que cualquier tentación al resistirla le santificaría más como hombre. Y que por tanto el demonio al tentarle en realidad a la postre y sin quererlo se convertiría en instrumento de santificación de Jesús. ¿Por qué entonces hacer algo inútil y que además serviría para bien? La respuesta es sencilla: el Diablo no se pudo resistir. La tentación fue demasiado grande para el mismo Diablo. ¡Tentar al mismo Dios! No podía dejar escapar aquella ocasión. Sabía que era imposible hacerle pecar, pero no pudo resistir la tentación de intentarlo. La situación era como la del fumador que sabe que fumar le hace daño pero no puede dejar de hacerlo. Así el Diablo sabía que tentarle era un error, pero cayó en la tentación de tentarle. ¡La criatura tentando al mismo Dios! Era lógico que cayera en el error de intentarlo, pues para resistir tal tentación el demonio hubiera necesitado de la virtud de la fortaleza. Y cualquier cosa le podemos pedir al demonio, menos virtud.

De la misma manera los demonios a veces hacen cosas que a largo plazo les perjudican, pero no se resisten a lograr un mal ahora, aunque conteniéndose pudieran lograr un mal mayor después. Por todo lo cual se ve que hasta los demonios sufren la tentación. Tentación que procede de su mismo interior.

Cuestión 21

¿Sabe el demonio que Dios es impecable?

Lo sabe perfectamente, tan bien como el mejor de los teólogos, no tiene la menor duda de ello. No obstante, cuando el demonio tentó a Dios hecho hombre, se trató de convencer a sí mismo de que quizá Dios no era tan bueno como creía. Quizá Dios fuese débil, quizá había algún talón de Aquiles en la Divinidad que el demonio desconocía. Si lograba hacer caer en algo a la Perfección, la Perfección se desmoronaría. Lograr que Dios pecara parecía un imposible, pero había que intentarlo. Si lograba envilecer a Dios, el demonio ya no sería un pecador porque el bien y el mal no existirían. Bastaba un solo y único pecado venial de la Santísima Trinidad para que la línea divisoria entre el bien y el mal se desdibujase para siempre, para que pudiera afirmar que, en realidad, nunca había existido. Porque la santidad de Dios era la garante de esa división. Si Dios pecaba, una sola vez durante toda la eternidad, Dios ya no sería Dios. Ya no habría garante alguno de esa distinción, ni garante, ni fundamento.

La propia inteligencia del demonio le decía que tal empresa era imposible, pero su propio deseo le llevó a deformar sus propios pensamientos. Había que intentar lo imposible.

Cuestión 22

¿Se puede llegar a distinguir las tentaciones que proceden de nosotros mismos de las del demonio?

La tentación que nos provienen del demonio no se distingue en nada de nuestros propios pensamientos, ya que el demonio tienta infundiendo en nosotros especies inteligibles. Es decir el demonio introduce en nuestra inteligencia, memoria e imaginación objetos apropiados a nuestro entendimiento que en nada se distinguen de nuestros pensamientos. Una especie inteligible es justamente eso, lo que hay en nuestro pensamiento cuando ejercitamos la acción de pensar. Desde imaginar la imagen de un árbol, resolver una acción matemática, desarrollar un razonamiento lógico, componer una frase, todo eso son especies inteligibles. Las producimos nosotros en el interior de nuestro espíritu racional, pero un ángel también puede producirlas y comunicárnoslas silenciosamente. Entre los hombres comunicamos nuestras especies inteligibles sobre todo con el lenguaje. Aunque también podemos hacerlo por ejemplo con la pintura o la música. Pero siempre a través de un medio externo. Mientras que el ángel puede transmitirnos esa especie sin necesidad de medio alguno. Por eso no hay manera de distinguir lo que viene de dentro de nosotros, o de un ángel, de un demonio o de Dios directamente.

Ahora bien, las personas que llevan muchos años esforzándose en la vida espiritual con una vida de oración muy intensa, pueden advertir que hay tentaciones que aparecen con una intensidad bastante sorprendente, sin que, además, tengan ninguna causa razonable, y que pueden llegar a ser de una persistencia extrañísima. Por poner un ejemplo, es lógico que la lectura de un libro contra la fe produzca tentaciones contra la fe, pero si esa tentación aparece de pronto, muy intensa e insistiendo durante semanas y semanas, todo eso puede ser señal de que es una tentación del demonio. Pero ni aun así podemos estar seguros. Como norma general se podría decir que las tentaciones sin causa razonable, muy intensas y persistentes, se puede sospechar que son del demonio. Pero con unas características tan vagas nunca podremos estar seguros al cien por cien.

A los sacerdotes nos llegan personas de intensa vida de oración y que sin haber tenido nunca ningún problema psicológico, de pronto un buen día les vienen pensamientos de blasfemar contra Dios, de pisar un crucifijo y cosas parecidas. Si esas perturbaciones son crónicas, es razonable pensar que provienen de enfermedad. Pero si su aparición es repentina y la persona parece sana de mente, entonces hay razón para sospechar de que sean tentación proveniente del demonio.

El psiquiatra que haya leído esta explicación seguro que pensará que lo descrito se debe a un proceso de acción-reacción. A tales psiquiatras queremos decirles que conocemos perfectamente esos mecanismos del subconsciente, pero también les recordamos que el demonio también existe. Y esto queda más claro cuando esa tentación obsesiva desaparece de pronto un buen día sin volver a aparecer nunca. Las tentaciones del demonio nunca son crónicas. Y por vehementes que sean cuando desaparecen no dejan la más leve secuela en la psique que las padeció.

Cuestión 23

¿Qué hacer ante la tentación?

Rechazarla al momento. La tentación nada puede hacernos si la rechazamos, si no dialogamos con ella es inocua. Porque desde el momento que dialogamos con ella, desde el momento en que ponderamos los pros y los contras de lo que nos dice, desde el momento en que tomamos en consideración lo que nos propone, desde ese mismo instante nuestra fortaleza se resquebraja, nuestra oposición se debilita. Una vez iniciado el diálogo necesitaremos mucha más fuerza de voluntad para rechazarla.

Otra cosa que observamos los confesores es que algunos penitentes muy devotos se agobian mucho a veces ante ciertos pensamientos que les vienen acerca de tentaciones a cometer grandes pecados. Este tipo de personas muy devotas y religiosas no se explican como les vienen esos pensamientos, y se sienten muy culpables; culpables e impotentes. Habiendo entendido lo que es una especie inteligible infundida por un demonio, se comprende que el mejor modo de obrar contra ella es ignorarla, hacer justo lo contrario de lo que nos propone o ponerse a rezar. Desesperarse no sirve de nada. Pero si uno no se desespera, el que se desespera es el demonio.

El demonio nos puede introducir pensamientos, imágenes o recuerdos, pero no puede introducirse en nuestra voluntad. Podemos ser tentados, pero al final hacemos lo que queremos. Ni todos los poderes del infierno pueden forzar a alguien a cometer ni el más pequeño pecado.

Cuestión 24

¿Puede tener el demonio alguna táctica al tentarnos?

El demonio es un ser inteligente, no es una fuerza o una energía. Por tanto hay que entender que la tentación intenta ser un diálogo. Un diálogo entre la persona que resiste y el tentador. Sólo si la persona se resiste a considerar la tentación, entonces la tentación es simplemente insistencia por parte del demonio, pero sin respuesta nuestra.

Pero el demonio puede estar a nuestro lado durante mucho tiempo, analizarnos, conocernos y tentarnos justo por nuestro punto más débil. El demonio puede ser extraordinariamente pragmático. Es decir, sabe las posibilidades de éxito que tiene y puede tentar justo sólo en aquello que sabe que tiene alguna posibilidad. Si percibe que una persona no va a caer en un pecado grande puede tentar a que cometa algo menor. Si sabe que ni siquiera eso va a conseguir, puede tentar sólo a que cometa algo que es imperfección, ni siquiera pecado. Y dentro del campo de la imperfección tentará a aquello que sepa que es posible. Por ejemplo, sabe que tentar a la gula a un asceta puede ser perder el tiempo. Pero a lo mejor sabe que tiene posibilidades de éxito si le tienta a excederse en el ayuno. Y si ve que por ahí tiene éxito intentará tentarle a que se exceda en el ayuno justo en el modo que más favorezca su soberbia o en el modo que peor sea para su salud, etc. Otro ejemplo, si sabe que no tiene sentido tentar a una monja a que deje la oración, a lo mejor ve que lo mejor es tentarle a prolongar el tiempo de oración a costa del trabajo que tiene obligación de hacer. En otras ocasiones el demonio puede ver que más que tentar a pecar, puede ser más realista tratar de conseguir que el alma crea que ya no tiene que obedecer a su confesor puesto que es un hombre menos espiritual que ella misma. El demonio no tienta a la buena de Dios, sino que analiza y ataca donde ve que tiene alguna posibilidad. Y normalmente él tiene alguna posibilidad donde justamente el hombre virtuoso cree que tiene menos posibilidades.

He puesto ejemplos de tentaciones dirigidas a hombres de oración y ascéticos, porque el hombre entregado al vicio es un hombre sin protección, sin la protección de las virtudes. Sin esas corazas, todo su espíritu presenta múltiples flancos desguarnecidos, expuestos a la acción de las tentaciones. Sin Dios que protegiese a esas almas, cualquiera de ellas sería pasto del fuego de sus propias pasiones azuzado por la acción de los demonios. Por eso pedimos en el padrenuestro y *líbranos del Malo.* Esto demuestra que aunque dispongamos de la libertad para resistir, conviene que le pidamos al Creador que nos proteja.

Por esto el Señor nos ha puesto un ángel custodio o ángel de la guarda. Para que las inspiraciones malignas sean compensadas por las inspiraciones al bien.

Además, si uno es tentado y ora, la tentación desaparece. Es incompatible la tentación con la oración. La oración crea primero una barrera contra la tentación, pues nuestra voluntad y nuestra inteligencia se centran en Dios. Y si insistimos un poco más, el demonio no puede resistirla y huye.

Cuestión 25

¿Puede Dios tentar?

Que nadie al ser tentado diga: "de Dios me viene la tentación", pues Dios no puede ser tentado para el mal, ni Él tienta a nadie. Sant 1, 16

Este versículo nos enseña dos cosas: La primera que Dios no puede ser tentado. Porque qué puede ofrecer la tentación a Dios que Él no tenga. ¿Qué disfrute, qué placer, qué gozo se le puede ofrecer que no posea ya? En Dios la tentación es metafísicamente imposible pues ésta no tiene nada que ofrecerle.

La segunda cosa que nos enseña este versículo es que Dios no tienta a nadie. Dios es bueno, por eso no puede tentar nunca al mal. Dios sólo puede conducir hacia el bien, nunca presentarnos el mal como bien, nunca inducirnos a error.

Si Dios no puede ser tentado, ¿por qué el Diablo tentó a Jesús? Pues porque Dios hecho hombre sí que podía ser tentado. Así también es imposible que Dios sufriera, pero Dios encarnado sí que podía sufrir.

Cuestión 26

¿Por qué Dios permite la tentación?

Si Dios no tienta, ¿por qué la permite? La respuesta la tenemos en el versículo que dice:

> *Considerad como perfecta alegría, hermanos míos, cuando os veáis cercados por diversas pruebas, sabiendo que la prueba de vuestra fe produce constancia.* Sant 1, 2

Sin tentación no existiría esa constancia de la virtud que resiste una y otra vez contra toda seducción tentadora. Dicho de otro modo, hay determinados tipos de virtudes que jamás podrían existir sin haber resistido la tentación. Es más, cuanto más dura sea la prueba mayor será la luz de esa virtud al sobreponerse a esa tentación.

Esto nos lleva a pensar lo siguiente. Dios podría haber contenido a los demonios de manera que nunca hubieran podido interferir en la historia de los hombres. Pero Dios sabía que los demonios aunque por un lado fueran causa de males, también serían ocasión de mayores de bienes, pues serían ocasión de que la virtud fuera más valiosa. En cierto modo, podríamos decir que aceptó la posibilidad de que hubiera más oscuridad en este mundo si con ello se lograba que la luz fuera más pura y luminosa. De lo contrario hubiera bastado una simple orden de Dios para que ni un solo demonio hubiera podido entrar nunca en contacto con ningún ser humano. Luego si permitió ese contacto es que sabía que de ello vendrían bienes.

Cuestión 27

¿Qué es la muerte eterna?

Un espíritu (como un alma) es indestructible, no sufre rozamiento, no sufre desgaste, no puede ser dividida. El espíritu no puede morir. Cometa los pecados que cometa seguirá existiendo, por más que quiera morir la vida no huirá de ella. Pero lo que queremos decir con la expresión de "pecado mortal", "muerte eterna" y expresiones similares, es que la vida sobrenatural de un alma o un espíritu sí que puede morir. El pecado mortal acaba con la vida sobrenatural. El espíritu sigue existiendo pero con una vida meramente natural. La voluntad y la inteligencia con todas sus potencias, siguen operando. Pero ya no hay vida de la gracia. El espíritu en cuanto a la gracia está como un cadáver. Esta expresión puede parecer hiperbólica, pero es exacta. El espíritu que peca mortalmente es como un cadáver inanimado, inanimado por la gracia santificante. Desde ese momento sólo vive para la naturaleza y por su naturaleza. Su espíritu está desprovisto de sobre—naturaleza.

Y desde el momento que la gracia ha dejado de vivificar un espíritu, sucede lo mismo que con un cuerpo que ya no está vivificado por un alma, comienza la corrupción. Así como un cuerpo comienza a transformarse en corrupción, así el espíritu comienza a corromperse en la medida en que su voluntad vaya cediendo.

Son muchos los hombres que viven sólo para la naturaleza de su ser, olvidando completamente su sobre—naturaleza que Dios les daría gustoso. El nivel de corrupción varía mucho según la persona. Pero si pudiéramos asomarnos a los espíritus de algunos de ellos, veríamos que son verdaderos cadáveres que expiden una fetidez exactamente como la de un cadáver descompuesto desde hace tiempo.

Cuestión 28

¿Cuál es el proceso que lleva a la muerte eterna?

Cada uno es tentado por su propia pasión viéndose arrastrado y seducido. Después, la pasión, cuando ha concebido, da a luz pecado, y el pecado cuando llega al final, alumbra muerte. Sant 1, 14—15

El apóstol Santiago en dos versículos describe con una increíble profundidad de principio a fin el proceso hacia la muerte del alma. El pecado no se produce ni por que sí, ni de golpe, ni es algo que abruptamente cae ante nosotros de modo súbito sin que tengamos culpa. Sino que hay todo un proceso que es el que describe el apóstol. La traducción del griego de estos dos versículos debe ser muy esmerada para no perder los matices que hay en los verbos. El proceso descrito es el siguiente:

Las pasiones > el pecado se gesta > se da a luz el pecado > el pecado vuelve a comenzar una gestación > se da a luz la muerte

La imagen de una mujer gestando en su vientre durante meses a un niño es imagen de la persona que gesta en su interior la iniquidad. El pecado es cierto que aparece en un momento dado, en un momento concreto, un segundo antes no hay pecado, un segundo después, sí. Pero ese pecado se produce, sale a la luz, porque antes ha habido una gestación previa. Y así como en el mundo de la zoología cuanto más larga es la gestación más grande es lo que se da a luz. Así también en el campo espiritual cuanto mayor es el pecado más larga es la gestación que es necesaria para dar ese paso. Aquí está la respuesta a esa pregunta qué tantas personas se hacen de cómo es posible que tal persona haya cometido tal o cual barbaridad. Ninguna barbaridad moral aparece sin un proceso, proceso que está oculto a los ojos de los demás, pero que se va desarrollando en el interior de la persona.

El apóstol Santiago usa el verbo "dar a luz" porque verdaderamente el pecado ha tenido previamente a la "gestación" una "concepción". La seducción y la voluntad actúan como el espermatozoide y el óvulo. La pasión trata de abrirse camino, de penetrar en la voluntad. Pero si ésta no la acoge, la seducción queda estéril, no produce nada. Mientras la voluntad se cierre, ni miles, ni millones de espermatozoides lograrán penetrar en el seno de la voluntad. Pero si la voluntad acoge la seducción, se produce la concepción del pecado. Aun así el pecado puede ser eliminado. Pero si el pecado no es eliminado, se reproducirá. El pecado engendra más pecado, se reproduce, aumenta en cantidad, cambia cualitativamente hacia peores faltas.

Si el primer pecado tiene detrás de sí un proceso previo, también el pecado que se deja vivir comienza un nuevo proceso. Proceso que lleva a la muerte: la muerte del alma. Y la muerte del alma lleva a la muerte eterna.

El alma invadida por el pecado es como un alma muerta pues no tiene vida sobrenatural dentro de sí. Y si el alma muerta decide permanecer hasta el final en ese estado de corrupción, eso lleva a la muerte eterna, a la condenación.

Conocer todo esto nos lleva a valorar más la acción sobrenatural de la gracia divina, que en cualquier momento de este proceso (mientras no se haya producido ya la muerte eterna) puede vivificar el alma. El perdón de Dios no es sólo perdón, sino vivificación. Y lo dicho aquí para el pecado y las pasiones, vale, sólo que al revés, para la gracia y la virtud. La vida en Cristo es un proceso, una vida que se desarrolla.

Parte·III

El obrar del demonio respecto al hombre y la naturaleza

Cuestión 29

¿Qué diferencia hay entre natural, preternatural y sobrenatural?

Estos tres términos suelen ser usados de forma bastante equívoca en sermones. Sin embargo, el significado de cada uno de estos términos es preciso e inequívoco.

Natural: es la actuación que se adecúa al obrar de la naturaleza. Se sobreentiende al hablar de la naturaleza que nos referimos a la naturaleza del universo material.

Preternatural: es la actuación que va más allá del obrar de la naturaleza del universo material. Lo que es fruto de la actuación de una naturaleza angélica o demoníaca es preternatural. La palabra proviene de *praeter naturam*, más allá de la naturaleza.

Sobrenatural: es la actuación que va más allá de cualquier naturaleza creada. Esta forma de obrar es sólo propia de Dios.

La naturaleza material puede realizar cosas sorprendentes, pero siempre según las leyes del cosmos material. Los demonios pueden hacer levitar un objeto en el aire, transformar algo instantáneamente, etc. Ellos pueden hacer cosas que van más allá de las posibilidades del mundo material, pero no pueden actuar más allá de las leyes de su naturaleza angélica, pues no pueden todo. Ellos no pueden todo ni siquiera en el mundo material. Dios, sin embargo, puede crear un órgano de la nada; un demonio no podría.

Estas diferencias también son válidas en las cosas que suceden en nuestra alma. Por ejemplo, un paisaje bello me puede recordar la belleza de Dios, es algo natural. Mientras que un ángel o un demonio pueden directamente enviar inspiraciones a mi mente. Dios va más allá, pues puede enviar gracias espirituales (de arrepentimiento, de acción de gracias, etc) a lo más interno de mi espíritu, obrando cambios radicales en un segundo. Toda la actuación de la gracia es sobrenatural. Y la gracia siempre es enviada directamente por Dios.

Cuestión 30

¿Los demonios aumentan su castigo por el mal que hacen a los hombres?

Ya se ha dicho que cada demonio es libre de hacer más o menos mal contra los hombres, parece lógico que eso conlleve algún tipo de castigo suplementario. Yo personalmente nunca pensé que el Juicio Final supusiera nada más que una proclamación pública de su pena. Pero según lo aprendido en los exorcismos, parece que el Juicio Final será algo más que una mera declaración solemne, sino que por lo que dicen los demonios tendrán que dar cuenta de lo hecho contra los hombres o contra Dios hasta el momento en que ellos queden totalmente fuera nuestro ámbito y destino. En el Juicio Final ningún condenado dejará de estar condenado, pero tendrán que dar cuenta del mal infligido en ejercicio de su libertad.

Cuestión 31

¿Es posible hacer un pacto con el demonio?

La gente suele pensar que los pactos con el demonio sólo existen en la literatura. Están equivocados. Hay personas que conscientemente, con toda advertencia, pactan con el Diablo y le entregan el alma con tal de conseguir algo en esta vida. La idea de un pacto formal con el demonio aparece por primera vez en el siglo V en los escritos de San Jerónimo. Este padre de la Iglesia cuenta como un joven para obtener los favores de una bella mujer fue a un mago, el cual le impone como pago por sus servicios el renunciar a Cristo con un escrito. Tenemos en el siglo VI, una segunda aparición de este tipo de pacto en la leyenda de Teófilo, quien accede a ser un servidor del Diablo y firma un pacto formal. Esta leyenda se extendió por Europa en la Edad Media.

¿Es posible un pacto con el demonio? Por supuesto uno puede firmar un papel, pero no se le va a presentar el demonio ni para entregarle el papel, ni para recogerlo. Cuando uno hace un pacto de este tipo siempre espera que se aparezca alguien, pero es uno mismo el que tiene que escribir los términos, y tampoco aparece nadie una vez firmado el pacto, con lo cual uno se queda con el papel en la mano. Todo lo cual suele ser bastante desilusionante para el que se esperaba que sucediera algo. Aun así, si uno invoca al Diablo muchas veces pueden suceder cosas, lo mismo que en el espiritismo. Pero no necesariamente. A esta escena tan poco teatral, para el que creía que iba a haber alguna aparición, hay que añadir:

1º Que firmar ese pacto no significa obtener una vida de riqueza, honor y lujuria desenfrenada. Yo he conocido personalmente a dos personas que hicieron ese pacto y, francamente, su nivel de vida era peor incluso que el mío. Tampoco parece que en aspecto carnal el Diablo fuera especialmente generoso con ambos. Eso se debe a que el Diablo no es Dios y no puede dar lo que quiera.

2º El alma puede arrepentirse siempre que quiera con un simple acto de su voluntad. Arrepintiéndose, el pacto queda en papel mojado fueran cuales fueran los términos del contrato. Incluso aunque se excluyera la posibilidad del arrepentimiento, esta cláusula no sirve de nada. Dios que nos ha dado la libertad para hacer lo que queramos, no nos ha dado libertad para renunciar a la libertad. Esto es válido también en la eternidad, en el cielo o en el infierno seguiremos siendo libres. Sólo que en el cielo ya no querremos pecar, y en el infierno ya no querremos arrepentirnos.

Muchos piensan que el triunfo en los negocios o la profesión sí que la puede dar el Diablo. Pero la razón por la que el mismo Diablo no puede conceder ni siquiera eso a sus siervos es porque el éxito de una empresa o en una profesión depende de la concatenación de muchas causas y factores. El demonio sólo puede tentar, así por ejemplo puede tentar a un jefe a que escoja a un empleado en vez de a otro. Pero la tentación se puede superar, y por tanto ni una cosa tan simple como esa es segura ni con un pacto con el demonio.

El gran poder del pacto con el demonio es hacer pensar a la persona que ya está condenada haga lo que haga. Es difícil hacer entender a una persona que ha firmado tal trato que sigue siendo tan libre como antes. Pero es así.

Cuestión 32

¿Puede el demonio provocar una enfermedad mental?

Si el demonio puede tentar, también podría hacerlo de forma continua, intensa, sin descanso, y tratar de provocar por tanto una obsesión o una fobia o una depresión u otras enfermedades. Si hemos dicho que puede transmitir especies inteligibles, podría transmitirlas con tal frecuencia que perturbara seriamente la vida ordinaria de la persona hasta el punto de desequilibrarla. Por poder hacerlo lo puede hacer. Pero Dios impide su libre actuación sobre nosotros. Toda acción del demonio sobre los hombres debe ser permitida por Dios.

A la pregunta por tanto de si el demonio puede provocar enfermedades mentales la respuesta es: sí, si Dios lo permite. Respuesta que vale para todo. Incluso a la pregunta ¿podemos contraer una enfermedad mental sin intervención del demonio? La respuesta sería exactamente la misma: sí, si Dios lo permite. Se trata de una respuesta que tiene un carácter casi universal. Pero por amplia que sea —de hecho cabe casi de todo en ella—, mucho me temo que no hay otra respuesta a esa pregunta.

Conocido el mecanismo interno que usa para provocar la tentación —la infusión de especies inteligibles en nuestra inteligencia, memoria e imaginación—, este *modus operandi* también se puede usar de forma tan pertinaz que desequilibre a la persona. Entra dentro del poder del demonio el hacerlo. Lo único que puede impedirlo es la voluntad de Dios. Ahora bien, ¿lo impide siempre? Indudablemente no. Si Dios no impide siempre la actuación de las causas naturales que provocan la enfermedad, tampoco impide siempre la actuación del demonio. Ahora bien, en este ámbito de la actuación del demonio más allá del campo de la tentación, la actuación del demonio es excepcional. Toda enfermedad mental se debe a causas naturales mientras no se demuestre lo contrario.

Por otro lado, si pusiéramos una al lado de la otra a una persona enferma mental por causas naturales y a otra enferma mental por causa demoníaca, no habría manera de distinguir la una de la otra pues sólo veríamos el efecto externo.

Cuestión 33

¿El demonio puede provocar enfermedades en el cuerpo?

Ante todo hay que dejar bien claro que las enfermedades aparecen por causas naturales. Pensar que las enfermedades tienen su causa en el mundo de los espíritus sería como querer regresar a un estado precientífico donde la razón sería sustituida por el mito. Ahora bien, si los demonios existen tampoco se puede descartar absolutamente que ellos puedan actuar alguna vez en este campo. Las reglas generales son como su nombre indica generales, pero nada impide que sucedan hechos especiales, por muy raros que éstos sean. Normalmente del cielo llueve agua, o cae nieve o granizo, pero alguna vez también cae del cielo un meteorito.

Así también de forma extraordinaria e inusual Dios puede permitir que un demonio provoque una enfermedad. De hecho, San Lucas menciona expresamente el caso de "*una mujer, que desde hacía dieciocho años padecía una enfermedad producida por un espíritu, y estaba encorvada*" (Lc 13,10—14). De esta mujer no se dice que estuviera endemoniada, pero sí se dice que el demonio era la causa de esa enfermedad. Esa afirmación es categórica en el Evangelio. A esto podemos añadir el caso de la muerte de los esposos de Sara en el libro de Tobías causada por el demonio Asmodeo (Tob 3).

Santa Teresa de Lisieux escribió un capítulo muy interesante al hablar de su vida:

La enfermedad que me acometió provenía, ciertamente, del demonio. Furioso por vuestra entrada en el Carmelo [la de su hermana] quiso vengarse en mí de todo el daño que nuestra familia había de causarle en el futuro, pero no me hizo casi sufrir; pude proseguir mis estudios, y nadie se preocupó por mí. Hacia finales de año me sobrevino un continuo dolor de cabeza. (...)Esto duró hasta la fiesta de Pascua de 1883. (...) Al desnudarme, me sentí invadida por un extraño temblor. No sé cómo describir una enfermedad tan extraña. Hoy estoy persuadida de que fue obra del demonio. (...) Casi siempre parecía estar en delirio, pronunciando palabras sin sentido. (...) Con frecuencia parecía estar desvanecida, sin poder ejecutar el más mínimo movimiento. (....) Creo que el demonio había recibido un poder exterior sobre mí, pero que no podía acercarse ni a mi alma, ni a mi espíritu, si no era para inspirarme grandísimos temores de ciertas cosas". (Historia de un alma, cap.III)

Cuestión 34

¿Cómo se puede distinguir si una visión es un problema demoníaco o psiquiátrico?

El tiempo es el mejor medio para discernir si algo es un problema psiquiátrico o es acción del demonio. Si una visión, locución o algo que parece extraordinario es una enfermedad mental, se desarrollará inevitablemente. Las psicosis tienden a desarrollarse. No se quedan estancadas. Y el tiempo acaba desarrollándolas de manera tal que todo acaba quedando claro. Pero cuando alguien viene refiriendo un caso de visión y le piden a un teólogo que discierna, la mayor parte de las veces es absolutamente imposible. Pero al cabo de unos meses los casos más oscuros quedan claros. Y si se deja que la enfermedad siga su curso, al cabo de unos años queda claro el asunto hasta para los familiares más neófitos en esta materia.

Por poner un ejemplo, si un penitente desconocido se arrodilla en el confesonario y le dice al confesor que la Virgen le ha dicho de forma audible que le quiere y que sea buena. El sacerdote no puede saber si tiene a una persona que ha experimentado una alucinación o una locución. Probablemente ni el mejor teólogo del mundo lo podría saber. Pero si la confiesa durante un año, la cosa estará cada vez más clara, y aun en menos tiempo. Pues si la penitente está enferma paulatinamente irá desarrollando la enfermedad y dirá que la Virgen le revela más y más cosas, y éstas cada vez más peregrinas. Y si se deja pasar cinco años más, al final lo normal es que la enfermedad quede patente no sólo al confesor, sino hasta a sus familiares pues el carácter absurdo e ilógico de las alucinaciones suele desarrollarse ya que se trata de una enfermedad. Y las patologías mentales conforme avanzan suelen desligarse cada vez más y más de las leyes de la lógica.

Cuestión 35

¿Pueden los demonios producir pesadillas?

Sí, aunque no hay manera de saber cuando una pesadilla tiene una causa natural y cuando demoníaca. Sólo podemos sospechar que tienen un origen demoníaco cuando hay otros indicios en la vigilia que así lo indican. Hay casos en los que ningún psiquiatra acaba de encontrar causa alguna razonable, ni consciente ni subconsciente, para que una persona normal durante un mes o más sufra todas las noches terrores nocturnos que le hagan despertar empapado en sudor y gritando. Estos periodos de pesadillas intensísimas a veces están ligadas a cosas tales como haber hecho un rito esotérico o a comenzar una vida espiritual más intensa. Aconsejaría en estos casos usar de agua bendita y pedir antes de dormir a Dios que nos proteja de cualquier influencia demoníaca durante la noche. Si haciendo eso cesaran las pesadillas de forma absoluta, eso sería un signo de su origen.

Cuestión 36

¿Los demonios pueden leer nuestros pensamientos?

Los demonios pueden tentarnos pero no pueden leer nuestros pensamientos. Aunque dada su gran inteligencia pueden conjeturar lo que pensamos. Al ser seres más inteligentes que nosotros, deducen muchas más cosas y con más seguridad con muy pocos signos externos que lo que deduciríamos nosotros. Pero siempre hay que recordar que ellos están fuera de nuestra alma, sólo Dios puede leer nuestra alma. Aunque si uno mentalmente se dirige a un santo, ángel o demonio, nos escuchan. Por eso la oración da lo mismo que se haga tanto oral como mentalmente. Por eso da lo mismo ordenar a un demonio que se marche mentalmente, que en voz alta. En distintos casos de posesión he observado que el demonio obedece órdenes dadas mentalmente.

Cuestión 37

¿Pueden provocar desastres o accidentes?

Si los demonios tuvieran mano libre para provocarlos, el mundo entero de extremo a extremo caería en el caos más irremediable. Los casos de poltergeist son una prueba de que un demonio puede suspender algo en el aire o mover un objeto. Si pudiera a voluntad desplazar un tornillo de su sitio, los aviones, los automóviles, los depósitos de combustible o de armas tendrían continuos accidentes. A veces con sólo desplazar un poco un cable podría provocar un cortocircuito y por tanto un incendio. El demonio mueve cosas en los *poltergeist*, pero después ya se ve que no puede mover un poco un cable o un tornillo. No puede provocar accidentes a voluntad. ¿Por qué? Porque Dios se lo impide.

Lo mismo es válido para tormentas, huracanes, terremotos y otros desastres que ocurren en la naturaleza. De forma que hay que afirmar tajantemente que los desastres y accidentes ocurren por causas naturales. Lo cual no significa que de modo extraordinario alguna vez, excepcionalmente, sí que puedan provocar este tipo de cosas si Dios así lo permite. La Biblia en el Apocalipsis nos enseña que Dios al fin de los tiempos permitirá una manifestación más libre de los poderes de los demonios. Y así en Ap 13, 13-14 se habla se de esos portentos. Pero mientras tanto no debemos pensar que los accidentes o desastres tienen su causa en la actuación demoníaca, salvo que haya algo objetivo que nos haga pensar en ello.

Así por ejemplo, en una ocasión me puse a rezar por una señora que sufría una influencia demoníaca. Unos minutos después comenzó a llover, después a granizar, la granizada se hacía cada vez más intensa, finalmente un viento propio de una tempestad comenzó a batir contra el templo. El viento fue de tal intensidad que tuve que detener la oración, el fragor impedía oír no sólo las oraciones, sino que hasta para hablar uno al lado del otro casi teníamos que gritar. Todo comenzaba a crujir, el templo entero crujía como un barco de madera en el océano. Y repentinamente el mismo techo de la iglesia cedió y se levantó en uno de sus extremos. Nos pusimos a rezar para que no se levantara el techo entero. Aquella escena con el viento agitando con furia los manteles del altar —los cuales no salieron volando—, los ladrillos cayendo sobre el presbiterio desde la parte más alta del techo de la iglesia, y los truenos tronando sin interrupción formaron una escena tremenda e inolvidable.

Pues bien, aquí tenemos un episodio en que es razonable pensar que hubo una relación entre la oración sobre aquella persona y lo que sucedió después. Sea dicho como curiosidad que el departamento meteorológico más cercano no detectó ningún viento anormal con lo que el seguro no quería pagar en principio los desperfectos.

Cuestión 38

¿Pueden los demonios hacer milagros?

Llegaron pues Moisés y Aarón al Faraón e hicieron como había ordenado Yahveh, arrojando Aarón su cayado ante el Faraón y sus servidores y se convirtió en serpiente. Entonces, el Faraón llamó también a los sabios y magos, y también

ellos, los adivinos de Egipto, hicieron lo mismo con sus sortilegios. Cada uno arrojó su cayado y se tornaron serpientes.
Ex 7,10-12

En la Edad Media al hablar a teólogos uno aducía este texto y la cosa quedaba clara. Hoy día cuando uno ofrece un texto de la Biblia a los teólogos, hay después que demostrar que el texto quiere decir lo que dice. La autoridad de la Biblia nunca ha estado más a la baja entre los teólogos. En pocos temas como en la demonología se percibe de un modo más claro que lo que dice la Biblia va a misa. Cuando la Sagrada Escritura habla en materia de demonología no hay que buscarle sentidos raros y retorcidos.

El texto aducido del Éxodo muestra que los demonios pueden hacer cosas extraordinarias que van más allá de las leyes naturales que conocemos. No pueden hacer cosas imposibles para su naturaleza angélica. No pueden crear algo de la nada, no pueden hacer vivir a un muerto, no pueden saltarse las leyes de la naturaleza. Lo que obran deben obrarlo según las leyes de la naturaleza. Dios sí que puede obrar más allá de esas leyes: puede crear algo, puede devolver la vista a un ciego con solo quererlo, puede revivir un cuerpo que se está corrompiendo. Un demonio puede curar la ceguera de alguien sólo si con su poder y a través de las leyes de la naturaleza tal cosa es posible. Lo mismo que un médico puede curar ciertas cosas con su ciencia y los medios a su alcance, y otras cosas no puede curarlas. Del mismo modo una pequeña enfermedad, por poner un ejemplo, en unos casos puede curarla y en otros no. Desde luego no puede por su poder dar la vida a un tejido que está muerto, pero sí que puede acelerar procesos, extirpar algo, etc.

Y lo dicho para esta materia vale para el resto de fenómenos. Puede suspender algo en el aire, puede conceder una gran fuerza física a alguien en un momento dado, puede provocar una tempestad. Pero no puede hacer inmortal a una persona, pues las leyes de la biología siguen su curso. No puede transformar el agua en vino, pero puede extraer el agua de un recipiente cerrado y reemplazarla por vino. No puede crear de la nada un ojo en la cavidad vacía de la cara, pero sí que podría retirar una piedra del riñón. Cada demonio obra según el poder de su naturaleza y sin poderse salir de los límites que le imponen las leyes del cosmos. Dios es el único omnipotente cuyo único límite es lo imposible. Y así ni siquiera Dios puede crear un círculo cuadrado, tampoco puede pecar, ni olvidar algo, ni crear otro Dios.

Que el demonio pueda hacer cosas extraordinarias explica que el Faraón y su corte se mantuvieran firmes en no dejar marchar al pueblo hebreo a pesar de ser testigos de los portentos que Dios hacía. Pues el Faraón veía con sus propios ojos que sus magos también hacían cosas extraordinarias. Por eso pensó que con la ayuda de todos sus dioses podría luchar contra el dios desconocido y hebreo. No captó que el dios desconocido no era un dios, sino Dios.

De la misma manera que los magos del Faraón transformaron sus cayados en serpientes (Ex 7,12) o hicieron aparecer también ellos ranas (Ex 8,3), así también al final de la Historia Dios permitirá que los demonios hagan los hechos extraordinarios que narra el Apocalipsis. Como se dice en el último libro sagrado de la Biblia, en el final de los tiempos habrá personas que harán portentos por obra del demonio.

Cuestión 39

¿Cómo podemos saber que algo está provocado por el demonio?

El mundo material se rige por leyes y causalidades materiales. Pero a veces se nos pregunta si tal enfermedad, tal desastre, tal accidente, fue causado por el demonio. Para responder a esa pregunta se podría formular esta máxima:

NIHIL PER DAEMONIUM, NISI DEMONSTRATUM
Nada tiene su causa en el demonio,
mientras no se demuestre lo contrario.

Esta regla no es perfecta ya que por ejemplo aunque yo crea que una tentación tiene su origen en mí, puede proceder del demonio sin yo ni siquiera sospecharlo. Esto también es válido para cualquier otro ámbito en que lo externamente natural pudo tener su causa en una oculta intervención demoníaca. No obstante, vienen más beneficios de seguir tajantemente esta regla que he expuesto que de dejarse llevar de una sospecha continua. Rotundamente hay que afirmar que lo natural tiene una causa natural. Un científico sólo puede achacar a causas no físicas sólo aquellos fenómenos que de ninguna manera se pueden explicar por causas de este mundo material. Eso sí, tampoco es más científico si a toda costa quiere explicar los hechos preternaturales con las leyes de este mundo. Por ejemplo, un hecho como que una virgen de escayola llore sangre humana (caso de Civitavecchia, Italia) es un hecho preternatural.

Si un científico se empecina en explicar eso con razones naturales lo único que demuestra es lo poco razonable que puede llegar a ser. Es decir, demostraría que está usando la razón a su antojo, como un medio para llegar a una verdad que ya ha decidido de antemano. Un científico que usa la razón a su antojo ya no es un científico, sino una especie de brujo o mago de la razón. Y así, ante determinados hechos, ciertas personas a pesar de sus titulaciones actúan tan irracionalmente como un brujo caribeño danzando alrededor del fuego. Danzan alrededor del fuego de la razón, pero son sus decisiones tomadas de antemano las que guían sus movimientos en esa danza.

Normalmente cuando un hecho es brutalmente preternatural y no cabe ninguna escapatoria por poco razonable que sea, este tipo de científicos tozudos suelen sacarse de la manga una solución que vale para todo: los poderes de la mente pueden hacer milagros.

El científico no cree en los milagros, te dicen, y por tanto si dices que lo has visto ante tus mismos ojos eres un alucinado. Pero si el milagro ocurre delante de sus mismos ojos, la respuesta es rápida, *los poderes de la mente....* Allí, en esos poderes, cabe todo. No importa que sea una estigmatización, la licuación de una sangre coagulada (caso de la sangre de San Genaro y San Pantaleón), no comer nada durante años (caso de Teresa Neumann, Austria), etc.

Los escribas y fariseos no tuvieron en cuenta los milagros de Jesús porque encontraron una excusa perfecta para tranquilizar su conciencia: los hace con el poder del demonio, dijeron. Hoy día esa excusa queda inapropiada y hasta fea, sobre todo si uno es ateo. De ahí que apelar a los poderes de la mente, las fuerzas del universo o el consabido *sólo conocemos un 5% de lo que nos rodea*, queda mejor

Cuestión 40

¿Puede el demonio provocar mala suerte?

Esta es una de las consultas que con más frecuencia hacen a los sacerdotes la gente que en algún momento de su vida cree sufrir los efectos de algún tipo de magia. Lo primero de todo que habría que contestar es que desde una perspectiva cristiana hablar de *buena o mala suerte* es un modo superficial de considerar las cosas. Digo *superficial*, aunque habría que precisar que, aunque como *modus loquendi* es admisible, teológicamente es incorrecto. Lo que externamente aparece como mala suerte ha de ser considerado como una prueba. Lo que externamente aparece como buena suerte ha de ser considerado como bendición.

En ese sentido Dios permite el mal a través de todo tipo de causas segundas; entre las cuales está el demonio incluido. Ahora bien, ¿cómo saber si el demonio está involucrado en una racha de malos sucesos que acaecen en nuestra vida? No hay manera posible, puesto que se trata de una causa que aunque real es invisible. Sólo cuando los hechos son completamente inexplicables, bien por el modo en que han sucedido, bien porque no es razonable de manera alguna tal concatenación de hechos, sería admisible pensar que hay detrás una causalidad demoníaca.

Así que el sacerdote debe contestar que no hay forma alguna de saber si detrás de esos hechos que se le han referido, está o no el demonio. Pero que si el influjo del demonio está detrás de esos sucesos, el modo de contrarrestar ese influjo es la oración. La oración, hay que decirle, es lo que atraerá la bendición divina y alejará a ese ser maligno. En seguida la gente pregunta que cuánta oración hay que hacer y cuáles y de qué modo. La contestación que les doy es: *cuanta más oración haga más atraerá la bendición divina sobre usted y los suyos.*

La gente busca modos complicados, casi mágicos, de volver a la paz. Hay que explicarles que Dios es un Dios de simplicidad.

Cuestión 41

¿Qué es el maleficio?

Maleficio es aquella operación que se hace para dañar a otro con el concurso de los demonios. Hay maleficios para matar, para provocar posesión, para que le vayan a uno mal los negocios, para que alguien enferme, etc. Como ya se ha dicho, los maleficios tienen efecto sólo si Dios lo permite. Cuanto más ore uno, más protegido está contra todas estas influencias.

El anterior ritual de exorcismos decía en sus *praenotanda*: *mande al demonio decir si permanece en aquel cuerpo por alguna obra mágica o signos o instrumentos maléficos. Los cuales, si el poseso los ha comido que los vomite. O si están en algún lugar fuera del cuerpo que los revele. Y encontrados que sean quemados completamente.*

Si el poseso vomita un objeto maléfico, hay que quemarlo. Pero el exorcista es mejor que no lo toque con las manos. Y si lo toca conviene que mientras lo hace rece. Y que se lave después las manos con agua bendita. De lo contrario ese tipo de objetos puede provocarle alguna vez problemas en la salud durante algún tiempo.

Cuestión 42

¿Tiene efectividad el maleficio?

Mucha gente se pregunta si tiene efectividad el maleficio, al que algunos inadecuadamente lo llaman *mal de ojo*, aunque nada tiene que ver con la mirada ni el ojo.

Lo primero que hay que decir es que el que hace un maleficio, como el que lo encarga, serán los primeros perjudicados por el demonio. Sin duda serán perjudicados o con algún tipo de influencia demoníaca o con la posesión o con enfermedades. Nunca se invoca al demonio en vano.

Después la gente se pregunta si tiene efectividad contra el que se ha hecho. Pues eso depende de la voluntad de Dios. Es decir, de esto se afirma lo mismo que de un accidente, enfermedad o desgracia. Dios permite que en nuestra existencia sobre la tierra haya bienes y males, porque la vida es una prueba antes del Juicio. Por supuesto que la persona que ora y vive en gracia de Dios está protegida por Dios. Cuanto más se ora y se lleva una vida espiritual uno está más protegido.

¿Cómo se puede saber si alguien es víctima de un maleficio? Pues no hay manera posible, ya que la acción del demonio es invisible. Sólo es seguro cuando se produce una posesión o una influencia demoníaca en la persona cuyos signos sí que son visibles al exorcista. También es posible deducir que un mal es fruto de un maleficio cuando ese mal viene acompañado de hechos preternaturales malignos. Pero salvo que aparezcan cosas externas que delaten una causa demoníaca, no se podrá nunca saber si algo viene de causas naturales o no.

Cuestión 43

¿Qué hacer en caso de maleficio?

Qué hacer si uno tiene alguna sospecha de que alguien ha hecho un maleficio contra él? Como ya se ha dicho no es posible casi nunca llegar a la certeza en esta materia ni siquiera para el especialista, mucho menos para una persona particular sin grandes conocimientos sobre el tema. Pero si un maleficio ha sido practicado el único modo de destruirlo es hacer justo lo contrario.

Es decir, si una persona ha invocado al demonio para hacer el mal, se trata de que la víctima invoque a Dios para que le proteja, le ayude y le bendiga. El bien siempre es más fuerte que el mal.

A la gente que viene a mi parroquia diciendo que sufren un maleficio les digo que, salvo excepciones, es imposible comprobar la causalidad demoníaca, pero que si sufren de verdad un maleficio la única medicina y remedio es la oración. Les propongo la siguiente medicina, el siguiente plan concreto, para ir destruyendo lo que pueda haber de influencia maléfica: que hagan cada día lo siguiente:

1. rezar tres misterios del rosario
2. leer cinco minutos el Evangelio
3. orar unos instantes en una iglesia

Por supuesto que les podría proponer más cosas. Pero como la mayor parte de la gente que viene pidiendo ayuda, no hace nada de oración, tampoco se les puede imponer mucho más. Sobre todo en los casos de influencia, en los casos en los que no hay una posesión. Ya que si hay posesión, se sienten más necesitados de ayuda y están dispuestos a orar más.

A los tres puntos anteriores, se les puede aconsejar si se les ve muy afligidos, otros puntos adicionales:

4. la misa (tres veces entre semana)
5. colocar en la casa un crucifijo bendecido
6. colocar una imagen de la Virgen María
7. rezar un salmo al día

Haciendo estas cosas el mal que sufren si es del demonio irá remitiendo. Pero si no remite nada, eso sería signo de que no estaba provocado por un maleficio. Si el sacerdote es exorcista podría rezar para ver si hay en la persona alguna influencia o no. En caso de que el maleficio haya producido una influencia el sacerdote podría hacer oración de liberación. Pero en otras ocasiones, el demonio ha producido un mal (por ejemplo en la salud) y se ha marchado. Es decir, si por un maleficio alguien tiene un problema de salud pero el exorcista ve que no hay en él ninguna influencia, entonces esa enfermedad es como cualquier otra enfermedad y su curación vendrá de la medicina. Porque en casos así, el demonio vino hasta la persona, produjo el mal y se fue. En esos casos, hay que aplicar causas naturales para enmendar el mal provocado, pero no es necesario nada más.

Cuestión 44

¿Qué es el hechizo?

El hechizo es aquella operación que se hace para obtener algo positivo con el concurso de los demonios. Si en el maleficio se busca dañar a alguien, en el hechizo se busca algo positivo, es decir: que alguien se enamore del que hace el hechizo, que vayan bien los negocios, que ascienda de puesto, etc. Como es lógico el demonio no puede todo, sólo tentar. De ahí que si puede influir algo será a través de la tentación. El hechizo no suele conseguir lo que se busca con él. Y, sin embargo, suele provocar posesión o algún tipo de influencia. Siempre en el que lo hace o lo encarga, y a veces también en la víctima del hechizo.

Cuando se exorciza a alguien si se encuentra el objeto del hechizo o del maleficio se ha de destruir. Pero si no se encontrara sería completamente indiferente, ya que la oración a Dios destruirá toda influencia de ese objeto demoníaco.

Contra el hechizo aplíquese el mismo remedio que para el maleficio, pues en definitiva es el demonio actuando.

Cuestión 45

¿Importa el modo de hacer un maleficio o un hechizo?

No, da lo mismo usar vísceras de animales que pelos de la víctima, da lo mismo usar un muñeco de cera que marcar con tiza un pentáculo en el suelo poniendo velas. Es indiferente usar unos materiales u otros, unas conjuraciones u otras. Lo que realmente hace que eso tenga efecto es la invocación al demonio. El modo en el que se le invoque es indiferente.

Sin embargo, el demonio sí que tiene interés en hacer creer a sus servidores que sí que tienen importancia los ritos y materiales. Pues eso hace pensar a las personas que dominan esas fuerzas. A través de los ritos, los brujos creen mantener el dominio de la situación.

Lo dicho para los maleficios y hechizos vale, sólo que al revés, para los exorcismos. Da lo mismo los materiales o el rito concreto con el que exorcicemos al demonio. Lo importante es la fe en Dios. Se puede exorcizar al demonio armado sólo con el nombre de Cristo y la fe. Hay exorcistas que dan una importancia excesiva a los modos y los materiales con los que realizan el exorcismo.

De todas maneras, aunque el sacerdote vaya sólo armado del nombre de Cristo, la oración hará que el demonio le revele al exorcista que sí que hay algunas cosas que le atormentan más que otras porque son símbolos que le atormentan de un modo específico, pues específicos fueron los pecados que le llevaron a la reprobación y que son los que ahora atormentan su alma.

Anexo a la cuestión 45

Durante muchos años he sostenido la postura escrita en la cuestión superior, postura que me parecía la más racional y a ella me aferré con uñas y dientes. Sin embargo, la práctica exorcística parecía ir desmintiendo esta tesis en tantos casos y de un modo tan patente que cambié de opinión. Consideraba que sí que existía algún tipo de relación desconocida entre determinados objetos materiales y el espíritu. Es decir, que tener o no tener algo del cuerpo (uñas o pelo o menstruación) de la persona contra la que se va a hacer un maleficio no es indiferente. Como tampoco es indiferente el que ese objeto maléfico (aquel con el que se ha efectuado el maleficio) se queme si se encuentra.

Además, pensaba, que si esto era válido para lo malo, también era válido para lo bueno. Es decir, reconocía que en un exorcismo lo importante es la fe, pero que no daba lo mismo usar que no usar una materia que otra para exorcizar, y voy a poner algunos ejemplos: En un momento dado, el que Dios nos revelara (a través del poseso) que teníamos que aplicar ceniza del Miércoles de Ceniza junto con Santo Crisma sobre un poseso hizo que acabara una larga posesión que si no se hubiera prolongado quizá varios días más. En otros casos hacer señales de la cruz en una parte concreta del cuerpo del poseso, puede acortar un exorcismo incluso horas.

La tesis de que lo único que importa es la fe, y que lo material o el modo es indiferente, me parecía una tesis bella, simple y que no planteaba problema alguno. Consideraba que el que lo material sí que tuviera relevancia en este campo tanto para hacer maleficios como para exorcizar, no significaba que caigamos en lo mágico, sino que significaba sencillamente reconocer que entre lo material y lo espiritual existen relaciones mucho más complejas de lo que imaginamos, todas ellas regidas no por la irracionalidad, sino por una racionalidad que nos supera.

Esta segunda postura la mantuve durante tres años. Después, de nuevo, hubo en mí un progreso en la comprensión de estas realidades y de nuevo he vuelto a la primera postura. Hoy día creo que la materia para hacer un maleficio y el modo de hacerlo es completamente indiferente. Son los demonios los que tratan de hacer entender que sí que importa. Los demonios ponen mayor interés en atacar a una persona si se les invoca de un modo determinado, bajo unos determinados rituales o usando determinadas materias. En sí los rituales son indiferentes, pero el infierno quiere convencernos de que no para así crear una especie de ciencia maléfica. Lo único que importa en la eficacia de un maleficio son dos cosas: la voluntad del que realiza el maleficio y que llama a los demonios, y la voluntad de los demonios al atacar a una persona.

La misma doctrina es válida para lograr un milagro o una intervención de Dios. Los materiales de un ritual (sea un sacrificio del Antiguo Testamento, sea una liturgia de adoración) son indiferentes, sólo importa la voluntad del que pide y la voluntad de Dios. No existe una fórmula para hacer el maleficio así como no existe una fórmula para hacer un milagro. La voluntad del que invoca llama y pide, la voluntad del que actúa realiza todo el acto.

¿Entonces por qué en los exorcismos determinados elementos sí que parecen tener una efectividad propia para atormentar y echar demonios? Pues únicamente porque son símbolo de realidades espirituales. Y el símbolo puede atormentar a los demonios hasta el punto de echarlos.

Cuestión 46

¿Cuál es la diferencia entre magia blanca y magia negra?

La magia blanca es la que se practica para lograr el bien, y la magia negra es la que se practica para lograr el mal. Ambas magias son ineficaces. Y si alguna vez tienen algún tipo de eficacia es por intervención del demonio. Ninguna persona tiene poderes mágicos, es el demonio el que está detrás de ello aunque estos mismos videntes, santones, magos o brujos no lo sepan. Y ellos mismos si invocan a este tipo de fuerzas acaban estando posesos.

Cuestión 47

¿Adivinan el futuro los magos por intervención del demonio?

Indudablemente no. Y lo digo así de tajantemente por dos razones. Primera razón, los demonios no lo saben todo, sólo lo que pueden deducir, pero ellos no ven el futuro. Segunda razón, los demonios buscan nuestro mal, y aunque conozcan algún hecho futuro no nos van a ayudar revelándonoslo. Aún así, alguna vez como excepción pueden revelar alguna cosa concreta futura para que la persona se vuelva adicta a la consulta de este tipo de personas.

Nunca ningún cristiano bajo ningún concepto debe consultar a este tipo de personas. La consulta a un mago, vidente o santón constituye siempre un pecado grave. Y aunque este tipo de personas suelen decir que poseen poderes de videncia, nunca jamás el sacerdote debe dirigir a este tipo de personas a posesos para ver si hay o no posesión. Lo que el sacerdote no vea con su ciencia no debe tratar de suplirlo con la falsa ciencia de estos videntes.

Cuestión 48

¿Interviene el demonio en el horóscopo, el tarot y otras formas de adivinar el futuro?

En principio, el demonio sólo interviene cuando se le invoca. Esas formas de adivinar el futuro en que no se invoca a fuerzas ocultas, ni a seres espirituales desconocidos, no son demoníacas. Son prácticas supersticiosas, pero no demoníacas. Si bien los que practican tales supersticiones sentirán cada vez más la tentación de invocar tales fuerzas y seres desconocidos.

No hace falta decir que si el futuro no es posible conocerlo ni invocando a los demonios, mucho menos con esas prácticas de astrología, cartomancia, etc. Los mismos que practican esas supercherías son la prueba viviente de que por ese medio no se puede obtener ningún beneficio. Los únicos que sí que suelen obtener algún beneficio de tales adivinaciones, son los embaucadores profesionales que son los primeros en no creer en ellas y que saben dosificar sus predicciones para no pillarse los dedos.

Cuestión 49

¿Puede un demonio provocar falsas visiones en un místico?

Las naturalezas angélicas tienen poder para infundir visiones y locuciones en cualquier mente humana. Ahora bien, Dios para evitar el desbarajuste que en las almas produciría este tipo de actuaciones si se dieran con frecuencia, prácticamente nunca consiente que se den. Sólo lo permite en rarísimas ocasiones y cuando la persona tiene medios para descubrir la verdad. Desde luego si no fuera porque el Altísimo contiene el poder del demonio, éste se aparecería continuamente como ángel o como un santo. Ha habido casos en que se ha aparecido, incluso, con la apariencia de Nuestro Señor Jesucristo.

En el caso verdaderamente excepcional de que haya una revelación mística en un alma y al director espiritual le entre la duda de que pueda estar en medio el demonio hay dos criterios que puede seguir en situaciones de ese tipo:

1. Seguir toda inspiración que nos lleve al bien como si viniera de Dios

2. Obedecer al director espiritual por encima de toda revelación.

Si una revelación, mensaje, aparición, lo que sea, verdadera o falsa, producto de la imaginación, del demonio, o de Dios, nos lleva a hacer el bien, es decir, nos incita a obras de caridad, de oración, de sacrificio, etc, entonces sigámosla como si viniera directamente de Dios. Porque, en el peor de los casos, si es el demonio el que nos está predicando el bien, ¿por qué no hacerle caso? Si el demonio nos predica el buen camino, ¿no habremos de hacerle caso por el hecho de ser malo el predicador? Con esta regla de conducta se quitan todo tipo de escrúpulos y se evitan pérdidas de tiempo tratando de buscar el origen de las inspiraciones del alma.

Ahora bien, siempre hay que anteponer la orden del confesor o director espiritual, a esas supuestas revelaciones. No importa lo bueno y noble que nos pida esa supuesta revelación, todo deberá supeditarse a la obediencia al confesor. Pues incluso lo que proviene directamente de Dios discurre por los caminos de la obediencia a los legítimos pastores. La recepción de revelaciones es un don menor que el de la obediencia.

Así que si esas revelaciones provienen del demonio, una de dos: o entrarán en conflicto con la obediencia al confesor o pronto dejarán de conducir al bien intercalando incitación al mal en ellas. Poco aguanta el demonio predicando el bien. Por el contrario, si la revelación es de Dios, no hay conflicto entre revelación y director espiritual porque la obediencia al director espiritual es obediencia a Dios a través de ese clérigo.

La obediencia a una revelación es siempre obediencia a una supuesta revelación. Mientras que la obediencia al confesor siempre es algo santo, siempre es algo seguro.

El dirigido debe recordar la máxima de obedecer siempre mientras no sea pecado. El místico no sólo no está liberado de la obediencia, sino que especialmente él está más sujeto a ella. Y la razón está en que el místico siempre está en peligro de caer en la soberbia. Por eso él debe desconfiar más de su propio juicio y someterse y ser humilde a un hombre más pecador que él. De lo contrario le puede pasar como al Diablo, que enamorado de sí mismo corrompa cuanto ha recibido.

Y digo esto con especial conocimiento de causa, pues hace años fui escogido como director espiritual de un alma que tenía varios dones extraordinarios. La veracidad de esos dones pude comprobarla en varias ocasiones sin ninguna duda. Pero aquella persona poco a poco comenzó a no escuchar mis indicaciones. Consideraba ella que estaba tan avanzada en la perfección que podía ser guiada directamente por el Espíritu Santo. Al ver que una terrible soberbia se veía en el horizonte, todavía lejano, mis indicaciones se convirtieron en órdenes. Pero la persona optó por seguir sus propias inspiraciones más que lo que yo le decía. Así que lentamente a lo largo de los años siguientes pude contemplar en primera fila, por decirlo así, como se iba llenado de más y más soberbia. Finalmente le di un ultimatum, o me obedecía o dejaba de ser su director espiritual. Optó por seguir su propio camino. El del Espíritu Santo, según ella. Un año después, me enteré por amigos de él que acabó cayendo en pecados más y más graves. Tras no pocos pecados, perdió sus dones. Dones que yo había conocido reales e impresionantes. Terrible historia, que siempre me recordará que en el camino a la santidad hay muchos que quedan en la cuneta y de los que nunca conoceremos sus nombres.

Cuestión 50

¿Puede provocar estigmas?

Sí, el demonio puede provocar estigmas. Yo me resistí a creer tal cosa a pesar de que el cardenal Bona afirmaba que tal hecho «se ha comprobado por algunos ejemplos indiscutibles" (Discret. spir. c7, n11) y que había habido testigos de esto mismo en el caso de las posesas de Loudum. Y me resistía a aceptar eso porque consideraba que los estigmas eran un fenómeno de carácter esencialmente externo que suponían una especie de ratificación divina respecto del sujeto que los portaba. Es decir, otros fenómenos místicos son ocultos y son dados para bien la persona que los posee, pero la estigmatización se da esencialmente para los demás, por eso son marcas externas. Por ejemplo, una locución o una visión profética sobre un hecho futuro son fenómenos que quedan en el interior de la persona, pero una estigmatización no. Y son, creía yo, una especie de confirmación divina de la santidad del que los porta. Y así San Pablo afirma "que nadie me moleste pues llevo en mi cuerpo las marcas de Cristo" (Gal 6,17). De este versículo caben varias interpretaciones todas plausibles. Pero si está hablando de estigmatización entonces a primera vista parecería corroborar la impresión de que suponen una especie de manifestación del favor divino, impresión espontánea por otro lado entre la gente que conoce tal fenómeno. Pero aunque esto sea así, lo cierto es que más adelante conocí varios casos de pseudomesías que padecían sangrado de sangre en ciertas partes de su cuerpo. El caso que vi por filmaciones no eran propiamente estigmas, sino que la piel sangraba.

¿Qué conclusión sacamos de todo esto? Quizá la gran enseñanza de que este hecho tan anecdótico pueda suceder es que el mismo Dios que nos da los signos para conocer la verdad, nos ha dado la inteligencia para discernir los signos. El Dios de la inteligencia se ha complacido en proponernos este tipo de enigmas para que los resolvamos. La estigmatización es un signo divino, pero incluso los signos divinos deben ser discernidos.

En cualquier caso el origen de un caso de estigmatización, como de cualquier otro fenómeno místico, se deducirá de los frutos que produzca en la vida de esa persona. *Por sus frutos los conoceréis.* Los frutos del Maligno son soberbia, desobediencia, pecado en definitiva. Los frutos del alma de Dios son la humildad, la obediencia, la vida sacrificada... la virtud. Vuelvo a repetir que el hecho de que los estigmas puedan ser producidos por el demonio es algo muy anecdótico y accidental, pero la enseñanza que se extrae de ello es muy importante para cualquier campo eclesiástico: todo puede falsificarse, menos la virtud. Los signos, los razonamientos de los teólogos, las buenas razones, las intenciones... todo es susceptible de ser torcido o manipulado. Lo único que no puede fingirse las 24 horas del día, 365 días al año, es la virtud.

Cuestión 51

¿Qué forma poseen los demonios cuando se aparecen a los hombres?

Los demonios no tienen una forma visible determinada, su forma es inmaterial. Por lo tanto si se manifiestan de forma visible podrían adoptar cualquier forma que desearan. Cualquier forma por bella que fuera, humana o angélica, entra dentro de la capacidad de su poder. Podrían aparecerse con la forma de un sacerdote conocido, de nuestro confesor, del Santo Padre. Como es lógico tal situación crearía una inseguridad total, así que Dios no lo permite. Y Dios, mirando nuestro bien, no sólo no les permite este tipo de apariciones tan sumamente engañosas, sino que ni siquiera les permite aparecerse de cualquier manera, sino sólo en ciertos modos determinados. Para que así nos quede claro a nosotros, que somos como niños al lado de ellos, el carácter maléfico del que se aparece.

Y así Dios sólo les permite aparecerse como sombras que se mueven, como engendros monstruosos, como hombres pequeños de color muy negro. Respecto a esta última forma de mostrarse visualmente como hombrecillos oscuros y pequeños, aparece una y otra vez en la tradición literaria cristiana desde la época de los Padres del desierto. Pero no sólo en ellos, sino que incluso Santa Teresa de Jesús, Santa Teresa de Lisieux (en uno de sus sueños) y otros casos como el de la niña Alexia (1971—1985+) volverán a hablar de que vieron a hombres pequeños y de color muy negro.

Cuando decimos que Satán es un dragón o una serpiente lo que queremos decir es que tiene el carácter monstruoso, fiero, venenoso y astuto de esos seres. Pero en ningún caso que tenga esa forma visual, ya que sigue siendo un bellísimo ángel en su naturaleza, aunque repugnante en su aspecto moral. La deformación él la ha sufrido sólo en su persona, pero no en su naturaleza. Su ser personal se ha deformado, pero su naturaleza permanece y permanecerá intacta haga lo que haga. Dado que ambas cosas son inseparables, él auténticamente es un monstruo, un ser deforme, alguien que produce repugnancia y aversión.

Cuestión 52

¿Es el demonio el que provoca la noche del espíritu?

Toda persona que busque a Dios con todo su corazón y dedique grandes esfuerzos a la oración y al ascetismo, antes o después penetrará en una fase conocida por todos los santos como la noche del espíritu. Es una fase de la evolución espiritual, pasarla es necesario para penetrar en la vida mística. Es imposible alcanzar ciertos niveles de amor a Dios sin sufrir esta purificación. Esta purificación se hace a través del sufrimiento aceptado con amor de Dios y perseverancia. Esta noche consiste en una serie de tentaciones obsesivas de origen demoníaco.

En esta fase es como si el demonio se empeñara a toda costa en detener el avance espiritual de esa persona haciéndola sucumbir en graves pecados. El demonio sabe que o trata de hacerle pecar entonces o el alma se elevará más allá de su alcance. La literatura de los santos es riquísima en textos, pongo a continuación la descripción que nos da de esta fase una humildísima costurera extremeña del siglo XIX cuyo nombre fue Javiera del Valle:

"Cuando el alma se resuelve a no querer nada si no es el seguir a su amado Redentor, y poniendo en El fija su mirada con el único fin de hacer por El, si pudiera lo que ve que ha hecho y sufrido por ella su adorable Redentor, enfurecido Satanás, prepara una gran batalla y a ella trae todo su ejército infernal.

(...) se propone arrancar de nosotros las tres virtudes teologales. Pero donde va directamente a poner el blanco es en la fe, porque conseguida esta, fácil cosa le es conseguir las otras dos; porque la fe es como el fundamento donde se levanta todo el edificio espiritual, que es lo que él quiere y desea y pretende destruir.

Dios entonces calla; no le impide su intento, antes prepara los caminos para que sea más ruda la batalla.

Y también tiene en ello sus fines, porque el prepararle los caminos es para dejarle en la batalla confundido, burlado y derrotarlo con la más completa derrota, y salgamos nosotros vencedores de esta batalla y quedemos invencibles en lo por venir.

Cuando Satanás ya se acerca a la pelea, lo primero que echamos de menos es la luz clara y hermosa que nos había Dios dado, para con ella conocer la verdad.

La escuela [del Espíritu Santo] se cierra; la memoria y la razón por la fuerza del dolor y sentimiento que el alma tiene, parece que se ha perdido.

¡Pobre alma! Quiere buscar a su Dios, y no sabe. Le quiere llamar, y no puede articular palabra. Todo se le ha olvidado; con tan profunda pena, se siente sola, sin compañía ninguna.

¿A qué compararé yo este estado? Nada hallo, si no es a esas noches de verano, en que se levantan de repente esos nublados tan fuertes y horribles, que por su oscuridad tenebrosa nada se ve, sino relámpagos que asustan, truenos que dejan a uno temblando, aires huracanados, que recuerdan la justicia

de Dios al fin del mundo, el granizo y piedra, que parece todo lo va a destruir.

No hallo a que poderlo comparar: sola, sin su Dios, siente venir a ella como un ejército furioso, que la gritan que está engañada, que no hay Dios, y la cercan por todas partes, llenos de retórica que la dan conferencias, sin ella quererlo, pero no la dejan un punto, y con razonamientos tan fuertes y violentos, que a la fuerza la quieren hacer creer que no hay Dios, y con horribles bocachadas (sic), que no hay el tal Dios a quien ella busca, y como con poder sobre las potencias para no poder ni discurrir ni creer otra cosa si no es aquello que a la fuerza y más que a la fuerza quieren hacer entender y creer a uno que nada más se crea lo que ellos dicen, y a ninguna otra cosa más se crea.

(...) En esta tan inmensa y como infinita pena, allá a lo lejos y como una cosa que se soñó y que no se sabe que se ha soñado, se acuerda de la Iglesia y del amor que a ella debemos tener, y este recuerdo, como cuando a uno le ha faltado el conocimiento, y al volverle quiere hablar y habla como entrecortadas palabras, así el alma sin voz, y tartamudeando, como que atinó a decir: me uno a las creencias todas de mi madre la Iglesia y no quiero creer ninguna cosa más. Y sin poder decir más, ni hablar, ni entender así pasé meses y meses hasta pasados dos años.

Tenía dieciocho años cuando esto pasó por mí, y cuando tanto yo sufría y lloraba sin consuelo la pérdida de mi fe, he aquí que amaneció para mí el día claro y hermoso.

Y así como yo, sin saber nada, en este estado me vi que me metieron, también ahora vi y sentí que de él me sacaron."
Javiera del Valle (1856-1930), Decenario del Espíritu Santo, día octavo.

La noche del espíritu supone una serie de tentaciones de ateísmo, contra la fe, de escrúpulos, de suicidio, de depresión o de cualquier otra cosa, pero muy intensas. Las tentaciones de suicidio las pasaron San Ignacio de Loyola o Santa Teresa de Lisieux. Contra la fe en la existencia de Dios las padeció terribles la madre Teresa de Calcuta. El gran maestro sobre la noche del espíritu es, sin duda, San Juan de la Cruz. La lectura de la Subida al monte Carmelo será sin duda la mejor lectura para los confesores de estas almas atribuladas.

Los directores espirituales, sobre todo de religiosas, deben recordar a estas almas sufrientes que no hay nada que pueda evitar el sufrimiento de la noche del espíritu. Es una fase que sólo acaba cuando Dios quiere. Deben consolar a esas almas recordándoles que el demonio está ahí cumpliendo la función de un cilicio. Pero que cuanto peores sean sus tentaciones, más breves serán. Y cuanto más moderadas, más prolongadas.

Parte·IV

Cuestiones teológicas

Cuestión 53

¿Odia Dios a los demonios?

La respuesta es no. Dios no odia nada ni a nadie, es un acto de amor puro, no cabe el odio en Dios. El obrar de Dios es un sólo acto de amor en el que estamos incluidos todos. Decimos que Dios ama u odia, ama más o menos, según los efectos que proceden de El hacia nosotros. Si Dios permite el castigo del pecador, decimos que Dios castiga al pecador. Si Dios premia al virtuoso, decimos que ama al virtuoso. Si Dios premia más en el cielo al más santo, decimos que Dios ama más al santo. Y así podríamos seguir con todas las gradaciones posibles y todas las especies de bendiciones, premios, sufrimientos y condenas. Pero esto es así según nosotros (*quoad nos*, como diría Santo Tomás de Aquino) porque en Dios sólo existe un solo acto de su voluntad. Y su voluntad sólo ama.

Y eso es lo terrible. Los condenados no pueden pedir misericordia de Dios porque ha sido el Amor Infinito el que les ha condenado por toda la eternidad. En la *Divina Comedia* Dante coloca esta inscripción en el dintel de entrada al infierno:

> *«Por mí se va a la ciudad del llanto; por mí se va al eterno dolor; por mí se va hacia la raza condenada (...) me hizo la Divina Potestad, la Suprema Sabiduría y el primer Amor. (...) ¡Oh vosotros los que entráis, abandonad toda esperanza!"*

Lo terrible de esta inscripción, por más literaria que sea, es que es verdad que ha sido el Amor —y no el odio— el que ha permitido la existencia del infierno. Luego no se puede apelar al Amor para que destruya el infierno. Dios ama a los demonios, pero les condena.

Si Dios no odia tampoco el exorcista debe odiar cuando realiza el exorcismo. El demonio puede decir cosas que le inciten a odiarle, para así dificultar el exorcismo. Recuerdo un exorcismo en el que la madre perdió el control de sí y se dirigió furiosa contra el demonio que poseía a su hija. Con toda tranquilidad el demonio sonrió malévolamente y le dijo: con odio no me sacarás.

Cuestión 54

¿Pueden los demonios aunar y concentrar sus esfuerzos para influir en una sociedad?

El gran poder del demonio es tentar. Y como los demonios se comunican entre sí, pueden ponerse de acuerdo para tentar en una misma dirección. En 1932, los demonios entendieron perfectamente que para sus planes era mejor tentar a la gente para que votase a ese candidato bastante desconocido que era Hitler. ¿Eso significa que su ascenso al poder se debió a la acción de los demonios? No, pero ellos indudablemente le ayudaron.

Igualmente, hay que recordar que los Santos Padres de los primeros siglos de la Iglesia al tratar el tema de las persecuciones contra los cristianos, señalarán como primera y principal causa de esa persecución la instigación de los demonios tanto sobre las masas como sobre los gobernantes.

Otro ejemplo abundando en lo dicho ya dicho sería el del cardenal Nasalli Rocca cuando escribió en su Carta Pastoral de Cuaresma (Bolonia 1946) que el secretario del Papa, mons. Rinaldo Angeli, le había contado varías veces como León XIII tuvo una visión de los espíritus infernales que se concentraban sobre Roma, y que ese fue el origen de la oración que quiso que se recitara en toda la Iglesia, y que fue expedita a los Ordinarios en 1886.

Sí, efectivamente también los demonios tienen sus estrategias y se ponen de acuerdo para llevarlas a cabo. Pueden concentrarse en un lugar determinado. Ambicionan todas las almas, pero saben muy bien que algunas personas tienen el poder de arrastrar a otras personas, bien por su cultura, por su poder o por su dinero. Y por lo tanto las fuerzas del mal son conscientes de que esas élites son especialmente deseables. En política los demonios nunca son neutrales, analizan la situación y están seguros de cuáles son las personas que más favorecerán sus estrategias. Afortunadamente el lado del bien tiene a los ángeles y a las muchas personas que con su oración desbaratan los planes de las tinieblas. Por eso es tan importante la oración y el sacrificio. Los monasterios, las personas orantes, son las fuerzas invisibles que no sólo contrarrestan el poder del infierno en este mundo, sino que envían sobreabundantemente todo tipo de bendiciones sobre nosotros.

Aunque explicar esta lucha invisible de poderes espirituales, no nos debe hacer olvidar que los autores de nuestra historia somos nosotros. Todas estas fuerzas invisibles del mal sólo son una influencia. Y al final cada hombre hace lo que quiere y es responsable de lo que hace. Ni todos los demonios del mundo pueden obligar a alguien, aunque sea un pecador, a tomar una decisión si él decide tomar la otra.

El poder de la oración es tan poderoso como los mayores ejércitos, o las mayores fortunas. Una sola persona humilde y desconocida, con su oración puede evitar guerras, puede evitar que ideologías políticas malignas lleguen al poder, etc, etc. Sólo los demonios saben hasta que punto es temible la oración para ellos.

Cuestión 55

¿Por qué Satanás no se manifiesta a los hombres desplegando todo su poder?

Así como el Mesías se manifestó con milagros y muchos creyeron en El, así también el Diablo podría manifestar plenamente su poder para engañar y seducir a las multitudes. Qué duda cabe que si Satán se manifestara abiertamente bajo la apariencia de ángel de luz, muchos le seguirían. Podría hacer portentos, sanar algunas enfermedades, predecir cosas futuras. La razón por la que Satán no despliega sus facultades a plena luz nos la da San Pablo:

> *Y sabéis lo que ahora lo retiene, para que se revele a su debido tiempo; pues el misterio de la iniquidad está actuando ya, sólo hasta que se retire de en medio el que lo retiene ahora; y entonces se revelará el Impío.*
>
> *(...) Cuya venida, dada la energía del Adversario, estará acompañada de toda clase de prodigios, señales y portentos propios de la mentira. 2 Tes 2, 6-9*

El Diablo es soberbio, querría ser adorado, y la gente es débil, muchos serían engañados. Pero no puede desplegar su poder, Dios retiene la manifestación de su fuerza. Hasta Satán que odia a Dios y que trata de hacer todo el mal que puede, está atado a los designios de la voluntad de Dios. Y el designio de Dios es que él no podrá manifestarse abiertamente hasta que llegue el fin de los tiempos. Hasta que llegue ese momento, los portentos están limitados sólo a los pequeños grupos satánicos donde sí que puede, al ser invocado, mostrarse. Por esas reducidas actuaciones extraordinarias y por su obrar ordinario (es decir, la tentación) y por la concentración de fuerzas demoníacas en lugares y momentos concretos para aunar fuerzas y lograr algo, por todo eso dice San Pablo en la epístola que el misterio de la iniquidad está actuando ya, pero que no se ha revelado todavía.

Cuestión 56

¿Dentro de la Iglesia a quién odia más?

La Iglesia cuenta en su seno con cardenales, arzobispos, pastores de todo tipo, teólogos, personas dedicadas a la caridad, misioneros, etc, etc. Pero lo que más odia el demonio es el ascetismo. Esto podemos decirlo con seguridad porque a nadie tienta tanto como al que se dedica a la ascesis. Cualquiera, que esté dedicado a cualquier ministerio o función eclesial, lleve en ello los años que lleve, si se dedica a hacer la prueba de comenzar una vida más ascética, comprobará que las tentaciones se le multiplican por cien.

Ello se debe a que el maligno sabe muy bien que la ascesis es una fuerza poderosísima, es la fuerza de la Cruz. Y que la fuerza de la Cruz quebranta su influencia en este mundo.

Alguien podría decir que lo que más debería temer el demonio es el amor, y que por tanto lo que más debería odiar él serían las obras de caridad. Pero el demonio sabe que el que comienza la vía del ascetismo, si persevera, Dios le concederá el don de la caridad en grado eximio. Mientras que el que se dedica a obras de caridad solamente, quizá nunca llegue a comenzar una vida ascética.

Hay personas que se han dedicado toda la vida a obras de caridad y, sin embargo, albergan en su espíritu muchos defectos. Uno puede dedicarse a ayudar a los pobres o a los enfermos, por ejemplo, y sin embargo hacerlo con murmuraciones, juicio crítico, desobediencias, etc. Mientras que el asceta si persevera en la purificación gradual de su alma obtendrá todos los dones. Por eso el demonio odia mucho más al asceta que a la jerarquía eclesiástica o a los mismos exorcistas. El exorcista expulsa a uno, dos, una docena de demonios... El hombre que se mortifica, quebranta de un modo mucho más poderoso la influencia demoníaca en este mundo por el mero hecho de sobrellevar sobre su cuerpo y su espíritu la pasión cotidiana de su vida crucificada.

Cuestión 57

¿Mientras anduvo Jesús en carne mortal sobre la Tierra sabía el demonio que Él era el Mesías?

Como ya se ha dicho el demonio no lo sabe todo. Ni siquiera saben todo lo que sucede en la tierra. Los demonios recorren este mundo, están entre nosotros pero yendo y viniendo. Los espíritus malignos de un modo muy especial vigilan a los santos. A los demonios no se les pasó por alto que Jesús era un hombre especialísimamente santo. El Maligno veía que Jesús y María eran los humanos más santos que habitaban la tierra. No percibía en ellos la comisión de ningún pecado, ni siquiera de imperfección moral alguna. El Diablo puede ser un pecador, pero sopesa y pondera perfectamente la virtud. En este aspecto podemos decir que es un consumado valorador de la virtud, es un consumado tasador de joyas espirituales. Esta tarea, la de valorar, la realiza como el más perfecto maestro de vida espiritual. Pero a pesar de que Jesús y María estaban siendo vigilados, él sólo veía su cuerpo. La Divinidad de Jesús es un atributo invisible. Cuando dieron comienzo los milagros de la vida pública de Jesús, los demonios cada vez se preguntarían con más insistencia si aquel era un profeta más, o era el Mesías. La sospecha poco a poco iría dando lugar a la certeza. La sospecha iba creciendo no sólo por lo que hacía sino también por lo que decía y enseñaba. Puede que los Apóstoles en algunas ocasiones escucharan a Jesús amodorrados y aburridos. Desde luego los que no se perdían ni una palabra eran los demonios. Tras deliberaciones y análisis entre ellos, la certeza de que El era Dios pronto, muy pronto debió quedar clara.

Pero aunque les quedó claro que aquel hombre no era un hombre más, el asunto hubiera sido complejo para un teólogo humano. Moisés había hecho milagros más espectaculares. Es cierto que Jesús hacía milagros que iban más allá de una naturaleza angélica (resucitar a muertos, por ejemplo). Pero contra eso se podía alegar que en el fondo no era él —Jesús— el que los hacía sino su padre Dios. Y si los hacía El —Jesús— por su propio poder y no Dios Padre, ¿cómo distinguir de donde procedía el milagro, ya que ellos sólo veían el efecto? El asunto no era sencillo, pero pronto les quedó claro como buenos conocedores de la Teología que son, que aquel hombre era Dios encarnado. Y así se manifiesta en las posesiones cuando por ejemplo le dicen: "¿has venido a atormentarnos antes de tiempo?". Al decir eso muestran que sabían que El era Dios, el mismo Dios que al final de los tiempos, en el Juicio Final, les condenaría.

Cuestión 58

¿Jesús sufrió la tentación?

Jesús era impecable. Como auténtico hombre que era nada le impedía pecar, era libre de pecar, sólo necesitaba un acto de su voluntad, pero al mismo tiempo era imposible que pecara por su bondad. Pero el que Jesús fuera impecable no significa que no sufriera la tentación. La sufrió. Como hombre padeció los dardos de la tentación y tuvo que resistirla, y le costó. En El no había concupiscencia, no había inclinación al mal, ni debilidad en su alma, pero para sentir los atormentadores dardos de la tentación no hace falta ninguna de esas tres cosas. Muy a menudo los cristianos, al meditar la vida de Cristo dando por descontado que era Dios, no valoramos suficientemente el sufrimiento de la tentación en Cristo.

Y especialmente deberíamos agradecerle su última tentación en la Cruz, la más fuerte de todas, la más punzante: la del abandono. De la Pasión valoramos sus sufrimientos físicos, pero no nos damos cuenta de que sus sufrimientos espirituales fueron mucho más dolorosos que los externos. La Pasión interna fue mucho peor que la externa, la Pasión espiritual mucho peor que la corporal. Allí, delante de la Cruz, estuvo el infierno entero. Todos y cada uno de los demonios estaban allí, rodeando la Cruz, contemplando con delectación su triunfo: ¡Dios crucificado! Era el mayor de sus sueños, el más acariciado de sus anhelos, ¡hecho realidad!

Lo que ellos no podían imaginar en ese momento de venganza y odio, era que la mayor derrota era su mayor victoria. La mayor derrota en este mundo, era la mayor victoria del Reino de los Cielos. La Redención estaba consumada. Y posteriormente la Resurrección fue algo que les dejó sin habla. Su victoria demoníaca no había servido absolutamente para nada, y encima regresaba embellecido con todos los tesoros del amor logrados en su Pasión. La derrota era como un guante al que se le daba completamente la vuelta del revés. Y ellos, los demonios, habían sido los instrumentos de esa victoria del amor.

Pero para acabar de complicarles más las cosas había un hecho para ellos tan espantoso o más que la victoria del Amor, y era que de pronto se hicieron conscientes de que Dios Padre no había perdonado la Pasión ni a su mismo Hijo. Este hecho tenía consecuencias tremendas. Si Dios Padre en pago de reparación por los pecados de la humanidad, no había perdonado ni al Justo, entonces podían olvidarse los demonios de ser perdonados al final de los tiempos. La Pasión en la Cruz suponía la prueba palpable de que la Justicia Divina no era trasgredida en vano. Fue en ese momento cuando se hicieron plenamente conscientes todos los demonios de que su condenación no tendría indulto alguno por los siglos de los siglos. Por eso ellos de estar contemplando la Cruz con la alegría de su victoria maligna, pasaron a entender que para ellos sería para siempre el recuerdo terrible de la Justicia Divina. Y por eso por encima de todo, los demonios odian la imagen de la cruz, más que la imagen de la Santísima Virgen María o la imagen de cualquier otro santo o la representación de otro misterio sagrado. El recuerdo de lo que ellos contemplaron como testigos hace dos mil años, presentes, allí, es un recuerdo que querrían borrar de sus mentes y no pueden. En la visión de cualquier cruz recuerdan su derrota y recuerdan que allí perdieron la esperanza de cualquier amnistía.

Cuestión 59

¿Cuál fue la criatura más excelsa creada por Dios: la Virgen o Lucifer?

La palabra Lucifer es una palabra latina que significa *Estrella de la mañana*.[5] Nadie tiene que extrañarse de que un ser maligno, ahora ya monstruoso, tenga un nombre tan bello, pues éste fue el nombre que el Padre de los ángeles le puso esta criatura al crearlo. Lo cierto es que éste era su nombre antes de caer. Se da por supuesto que Lucifer era la más alta naturaleza angélica creada por Dios.

Hay que decir que la naturaleza más excelsa creada por Dios fue la de Lucifer. La Virgen se santificó día a día con esfuerzo. Ella con su sacrificio y sus obras y la gracia de Dios logró ser la criatura más excelsa. Pero su excelsitud no fue un acto de creación de Dios, sino de santificación.

5 Yo, el autor, no suelo hacer juicios de valor sobre las cuestiones que he escrito, pero esta cuestión es mi favorita de todas las que hay en *Summa Daemoniaca*.

María, al nacer, recién salida de las manos de Dios, era sólo un ser humano. Es seguro que el Creador, incluso nada más nacer, le debió conceder grandes perfecciones a su alma, pero esas perfecciones estaban lejos del inmenso poderío que tuvo la cúspide de la Creación, el más alto espíritu angélico. Mientras que la naturaleza más grandiosa que creada Dios, la más alta de las criaturas angélicas, era la coronación de la obra de Dios. Dios creó magnífico a Lucifer en su naturaleza, y él se corrompió. Dios creó humilde a María en su naturaleza, mera mujer y por tanto inferior a los ángeles, y ella fue la que se santificó. Como se ve, hay un gran paralelismo entre ambas figuras, sólo que es un paralelismo inverso:

Uno es la criatura más perfecta por la naturaleza, la otra por la gracia.

Uno se corrompe, ella se santifica.

Uno quiere ser rey y no servir, y al final no es nada. Ella quiere ser nada y servir, y al final es reina.

Uno fue creado para ser la Estrella de la mañana angélica (Lucifer). Ella (María) acabó siendo la Estrella de la Mañana de la Redención, es decir, la estrella que en el firmamento anuncia la nueva era del Mesías.

La primera estrella cayó del firmamento angélico, la segunda estrella se elevó en el firmamento de los santos.

La primera estrella (que era espíritu) cayó a tierra, la segunda estrella (que era corporal) ascendió a los Cielos.

Lucifer no quiso aceptar al Hijo de Dios hecho hombre, la Virgen no sólo lo aceptó sino que lo acogió en su seno.

Lucifer era un ser espiritual que finalmente se hizo peor que una bestia (sin dejar de ser espiritual). Ella era un ser material que finalmente se hizo mejor que un ángel (sin dejar de ser material).

Lucifer se bestializó, ella se espiritualizó.

Ahora ya sólo hay una única estrella de la mañana que es la Virgen. Pues además de que la primera estrella cayó, la segunda estrella de la mañana brilló con la luz de la gracia, luz mucho más bella e intensa que la luz del primer astro, que brilló sólo con la luz de su naturaleza. Los ángeles, los miles de millones de ángeles, recuerdan perfectamente el poder y belleza de la luz de la primera estrella antes de su oscurecimiento. Sin embargo, el nuevo lucero con su luz purísima ha eclipsado completamente el recuerdo de esa luminaria angélica. Ahora, Lucifer es la estrella de la oscuridad. En el firmamento de la desdicha, él destaca por el brillo de su luz oscura. Sigue siendo la estrella de la mañana, pero no de la mañana de luz, sino la estrella que anuncia la mañana de una eterna noche, una mañana que no ha hecho más que comenzar.

Cuestión 60

¿Por qué el agua bendita atormenta al demonio?

Cómo algo material puede tener una influencia del tipo que sea sobre algo espiritual? Parece que son campos tan distintos, tan independientes, que lo material de ningún modo parece que pueda expulsar, producir incomodidad o efecto alguno en un demonio. Hace tiempo escribí en obras anteriores que si lo material (agua bendita, santo crisma, etc) tiene una influencia en atormentar y expulsar demonios no es por su materialidad misma, sino porque la Iglesia ha unido a esa materia un poder espiritual al bendecirla. Es decir, que la Iglesia con el poder que ha recibido de Cristo puede unir un efecto espiritual a un objeto. Y que por tanto el objeto no es nada en sí, sino el poder de Cristo que se ha unido a ese objeto.

De todas maneras, la experiencia de los últimos años me ha hecho complementar esta opinión. Complementar, que no cambiar. Sigo sosteniendo lo mismo, pero he comprobado que no da lo mismo bendecir una materia que otra. Hay materias que por lo que simbolizan en sí tienen una efectividad concreta. Y a este respecto puedo contar una anécdota. En cierta ocasión no teníamos agua en la parroquia. Hacía mucho frío y el agua estaba congelada en las cañerías. El agua de las pilas de agua bendita no se le podía dar a beber a la posesa dado que llevaba ya unos días en las pilas y la gente mete los dedos en ellas. Así que cuando ya estaba a punto de salir de la parroquia en busca de agua en aquella frígida mañana, me di cuenta de que había una botella de limonada que había sobrado de una reunión de catequistas. Se me ocurrió bendecir el contenido de la botella, pensando que el tipo de materia era lo de menos y que lo importante era la oración que se vinculaba a ella. Pues bien, pronto observé que aunque producía algún efecto, era mucho menor. Al cabo de unos minutos ordené en el nombre de Jesús al demonio que me dijera por qué era eso así. Se resistió, pero al final dijo que el agua era símbolo de pureza y limpieza. Si bien, dijo que aquel otro líquido bendito también le producía algún efecto, pero menos.

Si observamos las materias que la Iglesia ha bendecido o consagrado, nos daremos cuenta de que todas tienen un simbolismo ínsito en ellas: la sal, el incienso, el agua, el óleo, las velas, el pan.

Cuestión 61

¿Qué otros objetos atormentan a los demonios?

Las reliquias de los santos atormentan a los demonios porque están llenas de la unción espiritual de esos santos. Un crucifijo atormenta al demonio, incluso aunque no esté bendecido, porque le recuerda su derrota en el Calvario y el triunfo de Dios, le recuerda que El será su Juez en el Juicio Final, etc. Lo mismo es válido para todas las imágenes religiosas, le atormentan por lo que le recuerdan aun sin estar bendecidas. Y más si están bendecidas. Y todavía más si en la bendición expresamente se pidió a Dios que repelieran a los demonios.

Cuestión 62

¿Cuál es el demonio meridiano?

La acedia es la continuada e intensa desgana por las cosas espirituales que sufren los ascetas en determinado momento de la evolución de su vida interior. Al demonio que tienta a los que se mortifican con la acedia, se le ha llamado por la tradición demonio meridiano. El nombre de *meridiano* le viene de una mala traducción del versículo del salmo 91, 6 por San Jerónimo. El salmo decía en hebreo: *no temerás (...) el exterminio que devasta en el sur*. Pero San Jerónimo lo tradujo por: *no temerás al demonio me-*

ridiano. Meridianus en latín significa tanto "del sur" como "del mediodía".

Desde que el versículo en la Vulgata quedó así, fueron muchos los comentaristas que construyeron sus exégesis bajo la segunda acepción de la palabra latina. Y así se fue creando toda una literatura que hablaba del demonio que venía a tentar a los eremitas al mediodía. ¿Por qué al mediodía? Pues porque era la hora en que descansaban del trabajo de la mañana tras el almuerzo. En ese tiempo de descanso, en soledad, sin ninguna oración fijada para ese momento, era cuando sentían el peso de la vida ascética que habían abrazado. De ahí que fuera tan explicable por qué sentían las punzadas de la tentación justo en ese momento del día.

De ahí que el demonio meridiano en la literatura ascética representa no a un demonio, sino a un tipo de tentaciones. Es decir, la sensación continua y prolongada de desabrimiento que sufren los eremitas al sentir la dureza de la vida que han abrazado y ningún gusto por las cosas espirituales.

Esto que se ha dicho es lo que la tradición espiritual entiende por demonio meridiano. Ahora bien, ¿es además el nombre de algún demonio concreto? ¿Todas las tentaciones de acedia proceden de un demonio? Si es un demonio concreto es algo que nunca podremos estar plenamente seguros, aunque ya dije que un demonio en un caso de posesión había dicho que Meridiano era el quinto demonio en importancia en la jerarquía demoníaca. Pero puesto que no lo dice la Biblia no podemos estar seguros. A la pregunta de si la tentación de acedia procede siempre del demonio la respuesta es que no necesariamente. Una persona colocada en una situación de renuncia total a los placeres del mundo puede tener esas tentaciones sin necesidad de intervención del demonio.

Cuestión 63

¿En qué ocupan su tiempo los ángeles?

En el mundo de los ángeles, a similitud del de los humanos, hay unos que se ocupan de unas cosas, otros de otras. Aunque los ángeles no tienen que cultivar, ni que construir casas, ni confeccionar artefactos, ni nada de todo aquello que a nosotros nos ocupa tanto tiempo. Los ángeles se ocupan en glorificar a Dios, en profundizar en el mundo del conocimiento, en relacionarse entre sí y en ayudar a los hombres.

El mundo intelectual es un mundo tan vasto que les ocupa en un modo completamente similar a nosotros. En una universidad, por ejemplo, puede haber cientos de profesores, cada uno especializado en una rama del saber. En una universidad trabajan muchas horas al día cientos de profesores y catedráticos, y todo ese trabajo, toda esa actividad está en orden a producir una sola cosa: *conocimiento*. Lo mismo sucede en el mundo de los espíritus angélicos.

Las relaciones entre los ángeles pueden parecen poca cosa. Pero las relaciones entre los hombres precisan de actos protocolarios, embajadores, cónsules, visitas, reuniones. Un centenar de seres humanos se comunican entre sí en seguida. Pero 6000 millones, no. Algo semejante ocurre con los ángeles que conforman una verdadera sociedad, sociedad compleja. Además, esas relaciones entre los ángeles no sólo son relaciones de conocimiento, sino también de caridad. Los ángeles no sólo se cuentan cosas, también se reencuentran, se quieren, hay amistades, etc, etc. No olvidemos que los hombres somos, al igual que ellos, entendimiento y voluntad. Y que nuestras relaciones nos sirven muy adecuadamente para comprender como son las interactuaciones entre seres dotados de esas dos potencias del espíritu.

Cuestión 64

¿Existe un sacerdocio en el mundo angélico?

Ante todo hay que tener claro que entre los hombres existe un sacerdocio natural. Melquisedec era auténtico sacerdote, lo afirma la Biblia, y sin embargo, ni siquiera pertenecía al Pueblo Elegido. La esencia del sacerdocio está en ofrecer sacrificios. El sacerdote es aquel que ofrece sacrificios en nombre de toda la comunidad. Es un rasgo de todas las civilizaciones el designar a alguien para ocuparse del culto a la Divinidad. Y ese sacerdocio, aunque no esté instituido directamente por Dios, es un verdadero sacerdocio, y un sacerdocio que da gloria a Divinidad. Pues se ofrece un culto a El en nombre de todos. Esta función litúrgica, cultual, sacrificial es una institución que no sólo Dios no condena en la Revelación, sino que además la eleva: la hace suya y le concede poderes especiales.

Si, como hemos dicho antes, hay muchas ocupaciones entre los ángeles, no debemos olvidar la más importante de todas: la glorificación de la Divinidad. Todos los ángeles le glorifican. Pero no sólo hay una glorificación individual, sino también colectiva. Bastaría que Dios fuera glorificado, alabado y enaltecido por cada uno de los seres inteligentes. Pero el amor a Dios lleva a glorificarle de todos los modos posibles. Y uno de esos modos es la glorificación colectiva. Cuando varios que aman a Dios se ponen de acuerdo para honrarle conjuntamente, desde ese momento se están colocando las bases de un acto litúrgico. Cuando ese acto ya no es de unos pocos centenares de seres, sino de miles de millones, entonces nos encontramos con una verdadera liturgia celestial.

En este sentido sí que hay ángeles que cumplen una función sacerdotal. Es decir, hay espíritus angélicos que en esa liturgia eterna representan a todos los ángeles. ¿Qué sacrificio ofrecen? El sacrificio de las alabanzas de todos los espíritus a los que representan y cuya gloria ofrecen a la Trinidad. Se trata de un sacrificio incruento e inmaterial. Es una ofrenda de gloria.[6]

Cuestión 65

¿Es adecuado pintar al demonio con cuerpo de hombre y cuernos?

Ya se ha dicho que el demonio no tiene forma alguna que se pueda ver, así que ese modo de representación tradicional con cuernos es completamente convencional. Es decir, se trata de un signo asenta-

6 Debo decir que esta cuestión acerca del sacerdocio de los ángeles se me planteó por primera vez dando vueltas a la etimología del nombre Leviatán. En el Antiguo Testamento, Leví era el nombre del sacerdote por excelencia. ¿No podría ser que el Leviatán fuera la corrupción de Leví, así como Judas Iscariote fue la corrupción de un apóstol? ¿Habría cumplido Leviatán, antes de caer, una función sacerdotal? Sólo Dios lo sabe. Desde luego en la Biblia los nombres no son casuales, todos encierran un misterio. Y el más terrible de todos los demonios tiene el nombre del sacerdote por excelencia. En mi opinión personal, Leviatán es la corrupción de Leví.

do por la tradición occidental durante siglos, que es portador de un significante. De todas maneras es un signo muy adecuado, porque combina dos elementos: la racionalidad representada por la forma humana (única forma visual que conocemos de ser racional) y la bestialidad simbolizada por los cuernos, rabos y garras. De manera que se trata de un signo muy simple pero que refleja tanto la inteligencia como el carácter lleno de furia, de animalesca bestialidad que caracteriza a las manifestaciones de ellos en todas las épocas a través de los posesos.

Igualmente el modo de representar a los ángeles que ha decantado la tradición iconográfica es muy adecuada. El ángel al ser representado como hombre con alas, es un modo de significar por el aspecto humano la racionalidad, y por las alas la sutilidad. Es decir, las alas representan la capacidad de transportarse de un lugar a otro a voluntad, sin obstáculos. También es curioso observar que los ángeles son representados vestidos, mientras que los demonios no, como signo de su carácter bestial.

Cuestión 66

¿Por qué hay agua bendita a la entrada de las iglesias?

Si uno se santigua con agua bendita con devoción, eso produce tres efectos: atrae la gracia divina, purifica el alma y aleja al demonio. Ese gesto de santiguarse con ese agua nos atrae gracias divinas por la oración de la Iglesia. La Iglesia ha orado sobre ese agua con el poder de la Cruz de Cristo. El poder sacerdotal ha dejado una influencia sobre ese agua. Al mismo tiempo purifica parte de nuestros pecados, tanto los veniales como el reato que quede en nuestra alma. El tercer poder del agua bendita es alejar al demonio. El demonio puede entrar perfectamente en una iglesia, sus muros no le contienen, el suelo sagrado no le refrena. Sin embargo, el agua bendita sí que le aleja.

La gente se suele quejar de que se distrae mucho en la iglesia, el demonio tiene gran interés en distraernos justo cuando vamos a estar en contacto con las realidades sagradas. Por eso es tan útil el agua bendita de la entrada. Aun usando el agua bendita podemos despistarnos, pero tendremos la seguridad de que las distracciones proceden de nosotros y no del demonio.

Aunque nosotros con los ojos del cuerpo no podamos ver la cruz que forma el agua bendita en nuestro cuerpo al santiguarnos, el demonio sí que la ve. Para él esa cruz es de fuego, es como una coraza que no puede traspasar. Insisto en que santiguarse con agua bendita al entrar en una iglesia no es un mero símbolo. Es un símbolo, pero ese agua tiene un poder, un poder que Cristo ganó con sus sufrimientos en la Cruz y que el sacerdote administra con toda facilidad.

Cuestión 67

¿Es el demonio un mero símbolo del mal o existe en la realidad?

Siempre me ha admirado la capacidad de algunas personas para cerrarse a la realidad. Comprendo a aquellos no creyentes que con humildad dicen que no han visto nada extraordinario en toda su vida, y que por tanto suspenden su juicio. Pero resulta chocante encontrarse a personas que afirman con rotundidad absoluta, tajante, que es imposible que exista el demonio. ¿Han llegado a tal conclusión tras revisar todos los rincones del universo con un don extraordinario que les permite ver los espíritus?

Nadie, salvo por especial permisión de Dios puede ver a los espíritus. Pero los fenómenos que ellos producen (posesión de personas, infestación de lugares) sí que es posible verlos. Cuando un poseso, en mitad de una sesión de exorcismo, vomita trozos de hierro, eso es una prueba. Cuando el vaso se mueve sin tocarlo por un tablero de ouija, eso es una prueba al menos de la existencia de espíritus. Cuando toda una familia se despierta en mitad de la noche por los ruidos tremendos que provienen de una habitación, que cuando la abren comprueban que está vacía, eso es una prueba.

Pero ninguna prueba convencerá a los fanáticos del ateísmo. Porque en ellos el ateísmo no es sólo una postura, sino una fe, un dogma, una religión a la que se aferran con todas sus fuerzas. No con las fuerzas de su razón, sino de su espíritu. En esos casos no hay nada que hacer. Sólo rezar para que Dios envíe su gracia y se abran a la verdad.

Nota a esta cuestión:

Hace años, la primera versión de *Summa Daemoniaca* incluía aquí un pequeño *iocus*, un juego irónico con los conceptos. Pero esa broma fue malinterpretada por los lectores más sencillos. Así que, tras la última protesta, decidí cambiar el contenido de la cuestión y dejarlo todo como queda.

Parte·V

Cuestiones bíblicas

Cuestión 68

¿Qué diferencia hay entre el temor a Dios y el temor al demonio?

No temáis a los que matan el cuerpo, pero al alma no pueden matarla. Temed más bien al que puede destruir alma y cuerpo en la gehenna. Mt 10, 28. Este versículo es de una complejidad extraordinaria a pesar de su aparente sencillez. La gran pregunta que subyace es ¿a quién hay que temer?

En una primera lectura parece que lo que afirma es que habría que temer al demonio. El mensaje del versículo sería no temáis a los hombres, no temáis a lo que os pueden hacer mal en esta vida. Sino temed al demonio, es decir, temed al que os puede hacer mal para la otra vida. La enseñanza sería que no debemos preocuparnos por los males de esta vida, sino por los de la futura y perpetua.

Esta lectura estoy seguro que es la que ha sido la más frecuente y popular a lo largo de la historia. Y no es errónea. La enseñanza que trasmite es clara y sencilla: si es cierto que nos preocupamos por los que nos provocan males en este mundo, mucho más nos deberíamos preocupar por el que busca nuestro mal eterno.

Pero creo que hay un sentido mucho más profundo en el versículo. Y el mensaje más sutil es que nadie nos puede arrojar al infierno sino Dios. Ni hombres, ni demonios, sólo Dios es juez, sólo El puede enviarnos allí. De ahí que lo que nos dice el versículo es que si vivimos en este mundo para la eternidad no hay razón para temer a nadie. Sólo al Juez eterno. El versículo por tanto sería una incitación al santo temor de Dios.

El temor al demonio es por los males que nos pueda causar en la vida material (enfermedades, desgracias) o en la vida espiritual (hacernos pecar o condenarnos). Pero tales males no están en su mano. Las desgracias y enfermedades sólo nos sucederán si Dios lo permite. El pecado y la condenación sólo si nosotros queremos. Luego el temor al demonio no tiene sentido pues todo está en las manos de Dios. El temor al demonio está, por tanto, teológicamente infundado, no tiene sentido. Con Dios no hay razón para temer al demonio. Ser creyente y temer al demonio supone una contradicción.

El temor al demonio supone una cierta falta de fe en la omnipotencia de Dios, una cierta desconfianza en su cuidado amoroso, y una cierta ofensa a su santidad, pues un Dios que permitiera sin razón alguna el sufrimiento de sus hijos sería un Dios injusto. El temor al demonio es malo por tanto. Hablo, por supuesto, del temor consentido, no del sentimiento. El sentimiento de miedo hacia ese ser es para algunas personas inevitable y por encima de sus fuerzas, como para otras lo es el temor a las alturas o a las serpientes.

Si el temor al demonio es malo, el santo temor de Dios es un don del Espíritu Santo. Es el temor de ofenderle, el temor de perderle y, sobre todo, el temor que nos produce comparecer ante la santidad de su presencia sabiendo como lo sabemos que somos nada e indignidad. Algún día en el Reino de los Cielos ya no temeremos ni perderle, ni ofenderle, pues será imposible, pero todavía mantendremos, por toda la eternidad, el santo temor de Dios. Ni contemplándolo cada día, ni contemplándolo como Padre, perderemos ese santo don. Por el contrario entonces seremos todavía más conscientes de la infinita distancia entre su altura y nuestra poquedad.

Este don de Dios nos lleva a estar más agradecidos por permitirnos estar ante El sin merecerlo. Es un temor no malo, sino bueno. No contrario al amor, sino que lo perfecciona.

Por supuesto que hay un temor malo de Dios que lleva a la desesperación, de ese miedo habla San Juan en su epístola. Ese miedo lo incita el demonio. Mientras que el temor de Dios es un don del Espíritu Santo.

De ahí que ese maravilloso y profundo versículo del capítulo 10 de Mateo es como si nos dijera: no deberíais temer a nada ni a nadie, pero si teméis (porque sois débiles) temed lo que provoca males eternos y no los males de este mundo. Pero las mismas palabras, exactamente las mismas, que nos dicen eso, nos dicen al mismo tiempo: pero en realidad, temed sólo a Dios que es Juez de la eternidad.

Si se ve, es un versículo con dos piezas internas que parecen contradictorias, pero que forman un rompecabezas que encaja del modo más inteligente posible.

Cuestión 69

¿Qué orden siguen las tres tentaciones que sufrió Jesús en el desierto?

Todo el mundo conoce las tentaciones que Satán hizo a Jesús en el desierto. La tentación de los panes, de los reinos, de ser reconocido. Ahora bien, ¿por qué le tienta a que le adore cuando no ha logrado siquiera que acepte la tentación de que quebrantara el ayuno? ¿Y por qué finalmente le tienta a que se tire del pináculo del Templo? Si ha despreciado la gloria del mundo entero, ¿por qué la última tentación es de menor cuantía? A primera vista parecería lógico que la tentación comenzara por el pecado más grande. Y al no conseguirlo, que Satán le tentara con pecados cada vez menores, de menor malicia. Si una llave no entra por una cerradura, se intenta con otra más pequeña. ¿Qué lógica siguen esas tentaciones? Parecería más razonable que le tentara con la idolatría primero, y al no conseguirlo que le tentara con algo intermedio, y finalmente con lo que ni siquiera es pecado venial como era el romper un ayuno voluntario.

Pero esta primera impresión de que se trata de una sucesión ilógica de tentaciones es una falsa impresión. La sucesión de ataque sigue una lógica más sutil. Sigue el orden de tentaciones que sufre un alma que se decide a llevar una vida espiritual. Por eso hay un gran simbolismo en estas tres tentaciones. El demonio primero tienta con tentaciones de la carne, simbolizadas en el pan. Esta tentación simboliza lo que en ascética se llama la noche del sentido. Si un alma resiste este tipo de tentaciones (todas las de los apetitos corporales), ya no hay razón para continuar tentando en un campo en el que alma ya se ha fortificado suficientemente.

Pasada la noche del sentido, el Diablo tienta con el mundo. El santo siente la belleza del mundo, los atractivos de ese mundo que ha dejado. Esto es símbolo de la noche del espíritu. En la noche del espíritu no se tienta con tal o cual delectación concreta. Sino que la tentación entonces es el mundo entero en el que uno vive, pero del que ya no se goza. Si se resiste esta prueba, ya sólo quedará la posibilidad de la soberbia. Una vez que uno ha sobrepasado la noche del espíritu, el último peligro que queda es la soberbia por los propios dones recibidos. Por eso la última tentación va contra la humildad.

Las tres tentaciones son símbolo de las fases de las tentaciones de la vida espiritual. A ello hay que añadir que concretamente las que el Diablo le hizo a Jesús fueron especialmente sutiles. Se le tienta primero no al pecado, sino a la imperfección, es decir a dejar de hacer un bien. Después le tienta con el bien espiritual de los pueblos. Es como si le dijera, haz un signo de reconocimiento hacia mí que soy soberbio, y en pago me pongo de tu lado. Sólo te pido un signo de reconocimiento y te ayudaré en tu tarea de salvar almas. ¿Es que no eres humilde? ¿Es que no eres capaz de anonadarte un poco más por el bien eterno de las almas? La segunda tentación como se ve, también admite un sentido tremendamente espiritual. No se le pedía a Jesús que dejara de ser Dios, sólo se le pedía el sacrificio de humillarse un poco. ¿El Justo que había hecho tantos sacrificios por las almas no podría hacer uno más? Es la tentación de hacer un pequeño mal por lograr un grandísimo bien. La tercera tentación es la de la soberbia, la de no ocultarse, la de ser reconocido públicamente. Era prescindir del hecho de que es Dios en el momento que El determina, el que ensalza a sus servidores. Pero aunque Dios determine ese momento y esa hora, ¿por qué no adelantar ese momento? ¿Por qué permanecer en la oscuridad cuando se puede hacer tanto bien saliendo a la luz de un modo glorioso y espectacular? La tercera tentación, como se ve, es la más compleja de todas.

Cuestión 70

¿Qué son los mil años en los que estará encadenado el Diablo?

> *Lo encadenó [al Diablo] para mil años [...], para que no engañe más a las naciones hasta que se cumplan mil años; después de eso, tiene que quedar suelto un poco de tiempo.*
> Ap 20, 2-3

¿Pueden ser esos mil años símbolo de la eternidad de la condena del Diablo? No, pues el texto que sigue dice que después de ese encadenamiento será dejado suelto por un poco de tiempo.

En mi opinión, ese periodo de mil años son un símbolo del tiempo que transcurre entre el final de las persecuciones que sufrió la Iglesia en su comienzo hasta las persecuciones del fin de los tiempos. Esto es, desde el final de las persecuciones romanas hasta las que comenzarán tras la Gran Apostasía. Como es evidente la Iglesia ha sufrido muchas persecuciones desde el término de las persecuciones del Imperio, pero tanto las del comienzo como las postreras (las descritas en el Apocalipsis) tienen una característica: su universalidad.

También se podría entender, pero de un modo secundario, es decir como símbolo accidental, que esos mil años son el tiempo de la Cristiandad. La Cristiandad es un concepto técnico de significado muy concreto y que duró desde la proclamación del cristianismo como religión oficial en tiempos de Teodosio hasta la rebelión protestante. Después de un milenio de Cristiandad, esa realidad se quebranta, los cristianos se dividen y la división de los cristianos favorece la acción del demonio.

En mi opinión, esos mil años son símbolo de lo dicho al comienzo de esta cuestión, pero este segundo sentido también se puede aplicar, pero como un símbolo secundario dentro del símbolo primario.

Cuestión 71

¿Qué significado tenía el envío de la oveja a Azazel que aparece en el libro del Levítico?

> *Aarón echará suertes sobre los dos machos cabríos: una suerte para Yahvéh y otra suerte para Azazel. Aarón apoyará sus dos manos sobre la cabeza del macho y confesará sobre él de todas las faltas de los hijos de Israel, así como de todas sus transgresiones y todos sus pecados; los depositará sobre la cabeza del macho cabrío y lo enviará al desierto por medio de un hombre preparado al efecto. El macho cabrío llevará sobre sí todas las iniquidades de ellos y se le dejará libre en el desierto. Respecto a quien condujo el macho cabrío hacia Azazel lavará sus vestidos, bañará su cuerpo en el agua.* Lev 16, 8 y 21-22 y 26

Esta extraña entidad llamada Azazel era misteriosa pocos siglos después incluso para los mismos judíos. Ni se conoce con certeza ni el origen etimológico de la palabra, ni vuelve a aparecer tal nombre en toda la Biblia. Pero hubo una conciencia constante entre los judíos de que de lo que estaba hablando allí era de un espíritu de carácter maligno. Esto se ve porque el texto deja claro que Azazel es el opuesto a Aquel a quien se ofrece el cordero del sacrificio en la Tienda de la Reunión. Un cordero, el de Yahveh, es el cordero sin mancha, limpio de defecto, que se ofrece con todos los ritos. Y el otro es un cordero con todos los pecados que se abandona.

El sentido de este rito del Levítico es que el cordero de Azazel porta todos los pecados del pueblo elegido, porta el mal de Israel. El sacrificio inmaculado para Yahveh, la oveja portadora de la iniquidad para Azazel. Es como si se concentrara el pecado en un ser que Satán va a devorar, al estilo de la bola de grasa y pelo que traga el dragón del libro de Daniel en el capítulo 14.

Este pasaje de la oveja de Azazel y el del dragón de Daniel, en mi opinión, son como dos piezas que encajadas a la luz del Nuevo Testamento se complementan ofreciendo un nuevo sentido mucho más profundo. Cristo sería la oveja abandonada a Azazel, oveja que porta todos los pecados y que es devorada por el Dragón. Pero que una vez devorada hace reventar el seno de Satán.

Cuestión 72

¿Por qué la Sagrada Escritura dice que los demonios están en las regiones del aire?

> *Vestíos la armadura de Dios, para que podáis resistir las estratagemas del Diablo; porque no entablamos el combate contra una criatura humana, sino contra los principados, contra las potestades, contra los dominadores de este mundo tenebroso, contra las fuerzas espirituales del mal que están en las regiones del aire.* Ef 6,11-12

La Sagrada Escritura al hablar de los demonios siempre los sitúa en uno de dos lugares: o en el infierno (es decir, en *lo que está debajo,* pues eso significa *infierno*) o en el aire. Al decir que están en el aire lo único que se quiere expresar es que pueden estar en todas partes, que no se desplazan como nosotros sobre la tierra, sino que se mueven con completa libertad. San Pablo vuelve a mencionar esto al llamar al Diablo "el Jefe de la autoridad del aire" (Efes 2,2). Aunque este versículo cabe traducirlo también como "el Dominador del poder del aire".

Cuando la Sagrada Escritura dice que algunos están en el infierno ¿está queriendo decir que no están tentando entre los hombres? Probablemente signifique eso. Lo que no parece es que haya diferencia de sufrimiento entre ese "estar en el infierno" y "estar entre los hombres tentando".

Cuestión 73

¿Por qué en la Sagrada Escritura Dios llama al Diablo el Príncipe de este mundo?

En ciertas ocasiones la Biblia utiliza para referirse al Diablo expresiones que pueden parecer excesivas. Sin embargo, todo en el Libro Sagrado está perfectamente medido. Dios es el *Dominus* (Señor) y el *Rex* (Rey), estos dos términos siempre están reservados a Dios en la Sagrada Escritura. Sólo hay un Rey y un único Señor. Es decir sólo hay un detentador del poder y un único detentador de los derechos.

Dios es el Rex, mientras que el Diablo es el *princeps.* Esta palabra *—princeps—* en latín significa "el que ocupa el primer lugar, el primero, el más importante, el más principal". Existe una larga tradición, que se remonta a los Santos Padres, que considera que el Diablo antes de rebelarse era el más poderoso y bello de todos los ángeles. Aunque esta tradición es extrabíblica hay ciertos versículos que de un modo oscuro estarían en consonancia con ella. Así por el ejemplo la Sagrada Escritura al denominarlo *Príncipe de este mundo* está queriendo decir sin dejar lugar a dudas *el más importante de este mundo.*

Cuestión 74

¿Por qué el demonio Asmodeo huye al quemar Tobías el corazón y el hígado del pez?

Ya se ha dicho antes que no hay poder alguno en la materia para poder influir en el espíritu. También se han hecho las matizaciones pertinentes a esa afirmación. Dicho lo cual habría que decir que lo que habría expulsado a Asmodeo no sería, propiamente hablando, la virtud ínsita en el corazón e hígado del pez, sino la obediencia de Tobías al hacer lo que el ángel le pidió. Es la obediencia, y no aquellas entrañas, lo que provoca el exorcismo. O dicho de otro modo, no es aquella materia sino el poder de Dios el que expulsa al demonio.

De la misma manera cuando Dios en el Antiguo Testamento mandó que para la purificación de los pecados se sacrificara un cordero en el altar del Templo, El sabía que la materialidad de esa muerte no perdonaba nada, ni tenía ningún efecto espiritual, sino que era la obediencia al Dios que mandaba ese rito la que purificaba y la que provocaba efectos espirituales. El rito en sí no purificaba, el rito era la verificación de esa obediencia.

Esta cuestión acerca de las entrañas del pez es muy útil para recordar que en el ejercicio del ministerio del exorcismo hay que evitar toda tentación de caer en cualquier tipo de especie de prácticas mágicas aunque su contenido sea cristiano. Es el poder de Dios lo que expulsa al demonio, lo que vaya más allá de la simplicidad de insistir en la oración y de la sencilla aplicación de cosas bendecidas sobre el cuerpo del poseso, lo que va más allá de la llana transparencia de la fe, es materia no sólo peligrosa, sino errada. Pues es caer en prácticas mágicas con la excusa de que lo estamos haciendo con objetos bendecidos u oraciones dirigidas a Dios. Sería algo mágico, por ejemplo, el que el sacerdote dijera que para liberar a alguien del demonio hay que aplicarle una mezcla de óleo sagrado con agua bendita e incienso en polvo durante cuatro domingos seguidos, y que cada vez que se haga se tiene después que recitar el padre nuestro de pie y otro de rodillas. U otro ejemplo de práctica mágica con elementos cristianos sería por ejemplo decir que hay que rezar una determinada oración siete veces y que tras cada recitación hay que darle a beber agua bendita y después mirar a la Virgen juntando las manos y recitando tres veces el Gloria. Todo esto, aunque sea con objetos cristianos sería de hecho una práctica mágica. Pues la eficacia de la liberación ya no se pondría en la fe en Dios, en la oración simple dirigida a El con la confianza de un niño que pide a su padre, sino que la eficacia habría pasado a la materialidad de un objeto que debe ser aplicado de un modo extremadamente determinado para que funcione la oración.

Cuestión 75

¿Hay algún símbolo en ese corazón e hígado del pez de Tobías?

Podemos hacer una lectura simbólica de lo que hace Tobías con el demonio Asmodeo, entendiéndolo como una alegoría de la acción de Jesús respecto al Diablo. No en vano "tob" en hebreo significa *bueno.* La lucha entre Tobías y el pez, sería alegoría de la lucha entre el Bueno por excelencia —Jesús— y el Leviatán. El Leviatán es símbolo del Diablo pero bajo atributos de monstruo marino. Cristo vence y le arranca el corazón y el hígado, y los quema. Esto produciría el exorcismo del mundo, la conjuración del mal en el mundo humano. Es decir, el poder de Satán queda quebrantado tras la victoria de Cristo en la Cruz. *He visto a Satanás caer como un rayo*, dirá Jesús. Por supuesto el mundo no estaba poseído por Satán, es una imagen, aunque sí que yacía en las tinieblas.

El matrimonio entre Tobías y Sara liberada del poder del demonio sería metáfora del matrimonio místico entre Cristo y la Iglesia. La recuperación de la vista del padre de Tobías sería símbolo de visión espiritual recuperada. Visión perdida con el pecado. El signo mesiánico de la visión de los ciegos, se produce ya en el libro de Tobías con la hiel del hígado del pez derrotado. La hiel es símbolo del sufrimiento redentor. El sufrimiento de Cristo nos ha devuelto la vista. Pero para obtener esa hiel que nos produce la salvación fue precisa esa lucha con el Leviatán. La hiel símbolo del sufrimiento de Cristo, aplicada por su misma mano, devuelve la vista a la humanidad. La vista que perdimos por la ceguera que nos produjo el Príncipe de este mundo.

Es interesante observar que la hiel amarga la produce el pez, símbolo del Diablo. El la produce y esa amargura la alberga en su seno. Pero esa misma hiel —símbolo del sufrimiento— en manos de Tobías —símbolo de Cristo— se transforma en medicina. Cristo transforma el sufrimiento en medicina de redención.

También es curioso que en toda la Biblia sólo se menciona una sola vez el hecho de salar un pez, y eso es en Tobías 6, 5. ¿Qué símbolo hay en salar ese pez que personifica al Leviatán? Yo creo que eso es símbolo de la condenación eterna. El pescado salado ya no se corrompe. Está muerto, completamente muerto, pero no se corrompe. Ese pez salado sería representación de la muerte eterna del Leviatán.

Cuestión 76

¿Qué quiere significar San Pablo al decir que Cristo llevó en su cortejo triunfal a los demonios?

Por *ella* [por la Cruz] *después de despojar* [Jesucristo] *a los principados y potestades los exhibió públicamente, llevándolos en el cortejo triunfal* (Col 2,15). Cuando se habla aquí de principados y potestades se está refiriendo a los ángeles pertenecientes a esas dos jerarquías que se rebelaron. Hay unos principados y potestades angélicos que se mantuvieron fieles, y otros principados y potestades que se tornaron demoníacos. ¿De qué se les despoja a los rebeldes? Del poder sobre la humanidad. Los demonios gracias a los pecados de los hombres habían estado ejerciendo sobre estos un verdadero poder. Esa influencia ejercida a través de la tentación, quedará quebrantada gracias a la Cruz. La Cruz no es que se limite a debilitar el poder del demonio sobre la Tierra, sino que queda completamente quebrado. La Redención es una liberación como la del Pueblo Elegido de Egipto. El Pueblo Elegido ha escapado del yugo del pecado. Ese es el quebrantamiento de los principados y potestades.

San Pablo cuando dice que Cristo los ha llevado en su cortejo triunfal, está pensando en la imagen de los generales victoriosos entrando en la Urbe seguidos a pie por los caudillos enemigos derrotados. Esta imagen literaria lo que quiere expresar es que entre el Mesías y Satán hubo una verdadera lucha. Lucha espiritual, pero verdadera y auténtica lucha.

De todas maneras el cortejo de vencidos no fue como los cortejos materiales, los espíritus no ocupan lugar ni se les puede poner en fila. Sino que la exhibición pública de la que habla San Pablo fue la exposición ante todos los ángeles y bienaventurados de todas esas victorias una a una que logró en esas batallas del espíritu contra los espíritus malignos.

Cuestión 77

¿Por qué se le llama al Diablo el Acusador?

Porque *ha sido expulsado el Acusador de nuestros hermanos, el que los acusaba ante nuestro Dios día y noche.* Ap 12,10 Satán se alegra cada vez que los hombres pecan, y no deja ninguna oportunidad de decirle a Dios que tal o cual alma ha caído. Satán cada vez que quiere hablar a su Creador sólo tiene que dirigirse a El. Dios escucha todo lo que se le dice, es decir conoce cualquier especie inteligible que procede de cualquier demonio. El demonio no tiene que ir a ningún lugar pues Dios está en todas partes. Que Satán le recuerda a Dios los pecados que cometemos, es lo que se quiere expresar cuando se dice que nos acusa. Este tipo de comunicación entre Dios y Satán viene reflejada tanto en el libro de Job cuando ambos hablan, como en el libro de Zacarías (Zac 3,1).

Satán lo único que desea con ello es recordar a Dios sus triunfos sobre nosotros. Tras el Juicio Final ya no se cometerán más pecados, así que el Diablo ya no podrá acusarnos de nada.

Cuestión 78

¿Conversan entre sí Dios y el Diablo?

En la cuestión anterior ha quedado claro que Satán sí que habla a veces con Dios para echarle en cara los pecados que cometemos. Pero eso no es una verdadera y auténtica conversación. ¿Se producen estas conversaciones?

Aunque ambos son dos seres espirituales, y los seres espirituales por su propia naturaleza gustan de la comunicación entre sí, sin embargo, estas conversaciones no se producen. Y eso se debe a que por parte del Diablo no hay ningún interés en comenzar una conversación con aquel a quien odia con todas sus fuerzas. Y por parte de Dios tampoco hay ningún interés en hablar con aquel que respira odio contra El continuamente. Dios tiene su dignidad, y por eso no quiere conversar con el que le insulta y blasfema continuamente. No quiere conversar porque en realidad no hay nada de qué conversar.

Cuestión 79

¿Es lícito insultar a los demonios?

En la Sagrada Escritura podemos encontrar tres versículos que están indudablemente relacionados si se colocan uno junto al otro.

> ***Dijo** pues el ángel de Yahveh a Satán: ¡Conténgate Yahveh, oh Satán, conténgate Yahveh, que ha escogido a Jerusalén!* Zac 3,2

+

> ***Sin embargo**, estos visionarios (...) maldicen a los seres gloriosos. El arcángel Miguel, por su parte, cuando altercando con el Diablo discutía acerca del cuerpo de Moisés, no se atrevió a pronunciar una sentencia injuriosa, sino que dijo: ¡Que el Señor te reprenda!* Jud 1, 9

+

> ***Atrevidos**, arrogantes, no tiemblan cuando maldicen a los seres gloriosos, mientras que los ángeles, que son superiores en fuerza y poder, no pronuncian contra ellos una sentencia injuriosa en presencia del Señor. 2 Pe 2, 10-11*

Los textos tanto de San Pedro como de la epístola de San Judas Tadeo son la prueba de que en aquella época hubo algún tipo de culto pagano que entre las cosas que practicaban en sus ritos estaba también el insultar a entidades espirituales malignas. Bien se tratara de *daemones* (genios) o quizá más probablemente de determinados *eones*, figuras espirituales que aparecerán en las doctrinas gnósticas. Los textos dejan claro que sólo insultaban a las entidades malignas. Sin embargo, ambos apóstoles censuran tal práctica. Pues dirán que ni los ángeles insultan a los demonios. Pues los demonios, aunque se hayan rebelado, siguen teniendo una naturaleza gloriosa, muy superior a las naturalezas del cosmos material. Y por eso los ángeles no les insultan, no quieren insultar a seres que por su naturaleza suponen la cúspide de la creación de Dios.

Estos versículos interesantísimos nos muestran que es suficiente para atormentar a los demonios con que los ángeles pidan a Dios que El les contenga o les reprenda. Pues incluso los demonios, seres rebeldes, no pueden resistir el poder divino cuando refrena los poderes de su naturaleza. E incluso cuando mucho peor, les reprende. La reprensión de Dios debe ser algo terrible puesto que los ángeles amenazan con ello a los demonios.

Los ángeles están ante la presencia del Altísimo, y la santidad de El es tan grande que no quieren manchar su boca con sentencias ofensivas hacia nada ni nadie. Por eso en esos dos casos de los que hablan los dos apóstoles se limitan a comunicarles que van a pedir a Dios que les contengan o reprendan. Los ángeles no insultan, sólo desean amar y bendecir. Por eso la enseñanza de esos versículos es clara: nadie debe insultar a los demonios. Nadie debe insultar a nadie, ni siquiera a los demonios.

En los exorcismos se les llama *serpiente, dragón, bestia inmunda,* etc, pero tales términos no son insultos, sino que se les dice lo que son, aunque ello les atormente. Se les dice la verdad para que no resistan más el sufrimiento que les produce oír la verdad y salgan. Pero se les dice eso sin odio. Con autoridad e imperio, pero sin odio. El odio no serviría para nada. El odio no procede de Dios.

Cuestión 80

¿Por qué dice el apóstol Santiago que los demonios creen en Dios?

En el seminario, cuando yo era un joven imberbe y todavía con abundante pelo sobre la cabeza, el profesor en una clase de Sagrada Escritura nos leyó el texto de Sant 2, 19: *¿Tú crees que hay un Dios? Haces bien. Hasta los demonios creen, pero se estremecen.*

Y nos dijo que aunque el original griego usa el verbo "creer" que en realidad lo que quería decir el apóstol era que. *hasta los demonios saben que Dios existe y se estremecen.*

La explicación del profesor me satisfizo completamente. No sólo parecía congruente, sino que parecía la única explicación posible. Los demonios no podían tener fe, ya sabían que Dios existía, pensaba. Sin embargo, una sola cosa no me dejaba del todo feliz en todo este tema del verbo griego: ¿por qué el apóstol había usado una palabra si quería usar otra? ¿Por qué había usado el verbo *creer* pudiendo usar perfectamente el verbo *saber*? El asunto quedó olvidado durante unos quince años en mi memoria hasta que la conversación con un demonio en un exorcismo me dio la respuesta, una respuesta que nunca se me hubiera ocurrido aunque la hubiera pensado otros quince años más. He buscado aquel diálogo con ese demonio pero desafortunadamente no lo trascribí al acabar la sesión. Pero en esencia la respuesta a esta cuestión es la siguiente:

Los demonios no ven a Dios, saben que existe, pero no le ven. Con su inteligencia conocen que existe un ser espiritual que no es un espíritu más, sino la Divinidad. Pero sólo los bienaventurados ven su esencia. Los demonios le han escuchado (es decir, han tenido conocimiento de las especies inteligibles que les ha comunicado directamente), han visto sus efectos (por ejemplo, la creación del cosmos), pero no han visto su esencia. Su inteligencia les dice que el Creador, que el Motor Inmóvil, tiene que ser un ser infinito. Pero aunque conocen su existencia, no han visto lo que ven los bienaventurados. En ese sentido se puede decir que ellos creen, aunque no hayan visto.

Pero no es una fe sobrenatural, sino que ellos creen que existe lo que su inteligencia les dice que tiene existir. Es creer que El tiene que ser del modo que su inteligencia les dice que tiene que ser.

Pondré un ejemplo de esta fe natural: yo no tengo la menor duda, ni la más pequeña, de que el continente asiático existe aunque nunca he estado en él, ni lo he visto. Lo creo con la sola inteligencia de un modo natural. Algo así sucede con los demonios. Así como creer que existe Asia no es un acto sobrenatural, así los demonios creen en Dios de un modo natural. Pero saber que existe y que tiene que existir y que no puede ser de otra manera, no les causa gozo, sino pesar.

¿Por qué dice el apóstol que se estremecen? Pues se estremecen por saber que existe esa felicidad y no la pueden gozar. Lo que les apena no es tanto el haber perdido a Dios, sino la felicidad de Dios. Tampoco han visto nunca esa felicidad, ni la han gozado, y, sin embargo, saben que existe.

También se estremecen porque temen el castigo de Dios. Le odian y temen que Dios actúe como ellos, de un modo vengativo ante ese odio. Porque ellos todo lo ven según la deformación de su inteligencia.

Cuestión 81

¿Los hechos ocurridos en el libro de Job son históricos?

Muchos afirman que el libro de Job se trata de una narración ficticia. Contra esta opinión están los datos concretos dados por el libro acerca de la región y tribu a la que pertenecía, además de la consideración continua del pueblo judío de que tal libro era histórico. No hay duda de que el gran argumento en contra de que sea un libro histórico radica en los desastres que provoca Satán contra el justo en el capítulo 1. Si leemos el texto, reconozco que resultan difíciles de creer. Pero si analizamos de nuevo el texto veremos que todo lo que ocurre se reduce a que: 1. las reses fueron robadas, 2. un rayo mata el ganado menor sin especificar número, 3. un accidente posteriormente mata a sus hijos. Eso es todo. Tras lo cual, Job cae enfermo. En mi misma parroquia he conocido casos de accidentes o malas noticias tan concatenados como estos que aparecen en la historia de Job. Incluso el caso de un rayo que mata un rebaño entero podrá parecer algo portentoso, pero es algo que he conocido cerca de mi tierra. Allí en los ambientes ganaderos de los Pirineos, antes de conocer la historia de Job, sabía que un rayo puede matar un rebaño entero.

Por tanto sostengo que los hechos del libro de Job son históricos pues se nos dice el lugar geográfico donde sucedió y los detalles contenidos en él pueden ser perfectamente históricos, no hay detalles que nos fuercen a pensar que se trata de un texto sapiencial.

Cuestión 82

¿Por qué se dice que el Leviatán tiene varias cabezas?

Si el Leviatán es sólo uno, si es un único ser personal, por qué en el salmo 74, 14 se dice: *Tu despedazaste las cabezas de Leviatán.* De manera semejante a como el Sumo Pontífice es la cabeza visible de la Iglesia. Y así como cada Papa es una persona, y cada uno a su vez es cabeza de la Iglesia. De un modo parecido también, hay personajes a lo largo de la historia que son como cabezas visibles y manifiestas de la iniquidad y poder de Satán. Sin dificultad podemos ir rastreando la historia y encontrando esas cabezas: Antíoco Epifanes, Nerón, Diocleciano, Napoleón, Hitler, Stalin, Pol—Pot. Pero si en cada momento la Iglesia tiene una sola cabeza, el mal, la iniquidad, pueden tener varias cabezas simultáneas. La Iglesia forma un cuerpo místico, el mal no. El bien es orden, unidad. El mal es desorden, dispersión.

Cuestión 83

¿Por qué aparece con más frecuencia Satanás en el Nuevo Testamento que en el Antiguo?

El término Satán aparece 18 veces en el Antiguo Testamento. En el Nuevo Testamento, Satán aparece 35 veces y Diablo 36 veces. El término *demonio* aparece 21 veces en el Nuevo. Mientras que en el Antiguo Testamento los terminos equivalentes a demonio (seirim, Lilith, etc) muchas veces menos. El Nuevo Testamento es mucho menos extenso y sin embargo aparecen más veces los demonios. ¿Por qué?

Pienso que eso se debe a que Dios no quiso infundir miedo en el Pueblo Elegido. Tampoco quiso dar ocasión a que se implantara la falsa creencia de un dualismo en igualdad de condiciones: un dios del bien y un dios del mal. El paralelismo al que se hubiera prestado ese dualismo hubiera sido fácil: un Dios del bien con sus ángeles y un dios del mal también con sus ángeles. Por eso Dios no sólo silencia bastante la figura de los demonios, sino que va incluso más allá. No solo la figura central será Dios, sino que el mundo angélico aparecerá en contadas ocasiones, para no dar pábulo a idolatrías. Sin embargo, en el Nuevo Testamento, la Revelación puede ser ya completada y se muestra de un modo más profundo la existencia de este mundo espiritual.

Cuestión 84

¿El Anticristo es el Diablo?

Muchos, incluso clérigos, identifican la figura bíblica del Anticristo con la del Diablo, tal cosa es un error. El Anticristo es presentado en el Apocalipsis siempre como un hombre. Expresamente en Ap 13, 18 se dice que el 666, el número del Anticristo, es *número de un ser humano*. Luego si es un ser humano no es un espíritu. El Anticristo no es el demonio, por tanto, sino un hombre que propaga el odio, la guerra y el mal. Nerón, Napoleón, y especialmente Hitler, son figura y bosquejo del Anticristo definitivo y perfecto.

También nos aclara mucho la figura del Anticristo su mismo nombre ANTI-CRISTO. Es decir, se trata de la figura contraria a Cristo. Cristo era un hombre, el Anticristo también. Cristo extendió el amor, la paz, la misericordia. El Anticristo extenderá el odio, la guerra, la venganza. Ambos hicieron portentos en vida, ambos tendrán sus seguidores. Uno es una figura humilde que acaba crucificado, el otro es una figura soberbia y triunfante. El uno tiene un padre que es Dios, el otro tiene un padre que es Satán.

Cuestión 85

¿Puede tener un hijo Satán?

No, es completamente imposible que un espíritu tenga un hijo. El espíritu no puede procrear carnalmente. Al ser inmaterial no puede fecundar nada. La idea que aparece en tantas novelas y películas de que al final de los tiempos el Diablo tendrá un hijo suyo que será el Anticristo, no sólo es extrabíblica, sino teológicamente imposible. Si se apareciera con apariencia corporal, ello no deja de ser una mera apariencia. Esa apariencia no es su cuerpo, pues no tiene cuerpo. La apariencia con que se manifieste es algo completamente externo a su ser.

Alguien podría pensar que es posible aparecerse con una apariencia corporal y en el interior portar un óvulo tomado de una mujer, o un espermatozoide tomado de un hombre, y que así sí que sería posible mantener una relación. Esta posibilidad nunca se ha dado en la realidad, pero aunque se diera el problema de la imposible paternidad del Diablo sigue siendo insoluble, pues esa apariencia corporal sería mera portadora de una semilla ajena. Aunque tuviera una relación en que o fecundara a una mujer o fuera fecundado ese óvulo, el problema seguiría siendo el mismo: él sólo ha sido portador de aquel óvulo ajeno o aquel espermatozoide ajeno. Se mire como se mire, el Diablo no puede tener un hijo.

Cuestión 86

¿Cabe una paternidad espiritual del Diablo?

Sí, el único modo de paternidad posible para el Diablo es la paternidad espiritual. Es decir, del mismo modo que el que hace las obras de Dios acaba pareciéndose cada vez más a su Padre Dios, así también el que hace las obras de la iniquidad, paulatinamente se va pareciendo más a él. En este sentido sí que existe una paternidad espiritual. Y por eso en Hech 13, 10 se dice del mago Barjesús que era *hijo del Diablo*. Y por eso también San Juan dice en 1 Jn 3, 8: *el que comete el pecado procede del Diablo*. Y en 1 Jn 3, 10 se dice: *en eso se muestran los hijos de Dios y los hijos del Diablo*. Y el mismo Jesús en Jn 8, 44 dice: *vosotros sois hijos de vuestro padre que es el Diablo*.

Cuestión 87

¿La bestia del Apocalipsis es el Diablo?

No, el Apocalipsis distingue muy bien entre tres figuras: el Anticristo, la Bestia y el Dragón (o Serpiente). El Anticristo es un hombre, la Bestia es un poder político, una gran nación que lleva la guerra a los confines del mundo, y el Dragón (o Serpiente) que es el Diablo. Todos los versículos del Apocalipsis están escritos de acuerdo a esta distinción nítida y en ningún momento del libro hay conflictos ni ambigüedades entre estas tres figuras. Aunque en algún momento entre la figura de la Bestia y del Anticristo hay cierta identificación pues el Anticristo es la cabeza de la Bestia.

Cuestión 88

¿Qué significa el 666?

Todo el mundo da por supuesto que el 666 es el número o símbolo del Diablo. Pero de este número que aparece en un solo versículo (Ap 13 , 18) se dice que *es el número de la Bestia, pues es número de un ser humano*. Luego no es el número del Diablo, sino el del Anticristo. Centenares de personas me han preguntado a lo largo de mi vida qué significa este número y a quién corresponde. Siempre les contesto que está muy claro: cuando llegue el fin de los tiempos ya se sabrá. Es un mensaje cifrado para reconocer al Anticristo, hasta que no llegue no tiene ningún sentido hacer especulaciones. Esta profecía es como algunas profecías del Antiguo Testamento respecto al Mesías. Profecías que resultaban completamente incomprensibles *ante-eventum*. Pero *post-eventum* quedan perfectamente claras e iluminadas. Pero el número se da como signo para reconocerle, de manera que cuando llegue quedará claro el sentido de la profecía.

Parte VI

El infierno

Cuestión 89

¿Cuántos demonios se condenaron?

Nadie puede responder a esta pregunta. Sabemos que existen miles de millones de ángeles puesto que en el libro de Daniel se dice, refiriéndose a los ángeles, que *miles de millares le servían, miríadas de miríadas estaban en pie delante de Él* (Daniel 7,10). Sería razonable pensar que los condenados sean un número muy inferior al número de los que se salvaron, puede que incluso que los condenados formen un número exiguo. La condenación eterna es algo tan terrible que muy pocos son los que perseveran en el mal a pesar de la invitación de la gracia al arrepentimiento. Aquí en la tierra existe mucho pecado porque en nosotros los humanos existe la debilidad de la carne. Entre las filas de los ángeles hubo menos pecados pues en ellos no existe la concupiscencia. Por contra, aunque entre los ángeles existió un número menor de pecados, los pecados que hubo fueron más intensos y más culpables, pues no existía el aliciente de las pasiones corporales.

Podríamos decir que entre los ángeles los pecados fueron menos abundantes, pero más demoníacos. Mientras que en este mundo, los pecados son más abundantes pero menos intensos pues proceden en su mayor parte de la debilidad.

A pesar de esta diferencia, los paralelismos entre el mundo humano y angélico son evidentes. La evolución de la santidad o de la iniquidad son similares, aunque no idénticas. Podemos comprender como es la psicología de un demonio pues algunos hombres entre nosotros llegan a ser como demonios. Un SS como Menguele, un mafioso que asesina por dinero, un terrorista que busca hacer el mayor mal posible, son como demonios con cuerpo. Y aunque mientras tengan vida pueden arrepentirse, cada vez más se van asemejando a auténticos y verdaderos demonios ya en vida. Por el contrario también entre nosotros hay hombres que llegan a tal grado de bondad que son verdaderamente como ángeles con cuerpo.

Como se ve, la iniquidad como la santidad llega en algunos hombres a un grado tan alto, que tanto la condenación como la beatitud ya comienzan en vida. Pues ya hay hombres que viven en un verdadero odio y rabia continua, así como otros ya viven inmersos en un verdadero abismo de amor. En cierto modo, la eternidad no es otra cosa que la continuación en ese estado en el que cada uno se puso. Para los santos la eternidad será ese amor que ya tienen más Dios. Para los condenados, la condenación será dejarles por la eternidad en ese estado que ya tienen en la tierra. Cielo e infierno ya comienzan en la tierra.

Muchos, muchísimos, escritores eclesiásticos a lo largo de la historia han querido ver una respuesta a la pregunta de cuántos ángeles se condenaron en el versículo de Ap 12,4 donde se dice: [el Dragón] *barrió con su cola la tercera parte de las estrellas del cielo y las lanzó a tierra.* Yo interpretaría este versículo como que en un primer momento, se dejaron seducir por las razones de Satán una tercera parte de los ángeles. Pero después, en mi opinión, muchos volvieron gracias a la gran batalla que hubo en los cielos.

Cuestión 90

¿Por qué no aniquila Dios al demonio?

Los demonios son una manifestación del poder de Dios en su atributo de la justicia. Por tanto la mera existencia de los demonios proclama que la Ley de Dios no se vulnera en vano. Ellos son una prueba de que la santidad de la Trinidad es inviolable. El que viola esa santidad se deforma a sí mismo transformándose en demonio. Hay una violación de esa Ley y de esa santidad que es reversible, pero si la voluntad opta por no retornar de esa transgresión, entonces la deformación se vuelve eterna. De ahí que los demonios dan gloria a Dios. Dan gloria a Dios con su existencia. Le glorifican sin quererlo, del único modo que pueden: siendo demonios. Ellos son la terrible prueba del orden divino. El que existan muestra el poder de Dios que contiene y castiga a seres tan poderosos.

Su existencia también es una muestra la santidad divina, pues en la historia de cada uno de ellos está el que Dios como un Padre les llamó tantas y tantas veces al arrepentimiento. Su existencia muestra su sabiduría, la sabiduría de su orden, un orden en el que hasta ellos tienen cabida. Mejor que nunca jamás hubieran existido demonios, pero la Creación es más rica, más variada, con la existencia de este tipo de entes maléficos. Hasta los seres deformes enriquecen la Creación con su mera presencia. Una catedral no sería más bella si arrancáramos de ella sus seres monstruosos e híbridos esculpidos en sus capiteles y gárgolas. No por esculpir sólo seres bellos es más bella una catedral gótica. Todo tiene su lugar, su razón de ser.

Los demonios como se ha dicho muestran de Dios su justicia terrible, su santidad y su sabiduría al crear tal orden en la Creación. Un orden tan perfecto el del Universo, que ni el mal destruye esa arquitectura divina. Hubiera sido preferible que no existiera el mal, pero ya que existe, hasta el mal engrandece más esa catedral dispuesta por la mente de la Santísima Trinidad. La catedral tiene sus altas torres, pero también sus criptas y subterráneos lóbregos.

Lo dicho puede parecer muy poético, pero hay momentos en que la Teología sólo puede expresar con poesía ciertos conceptos. Pero volviendo a la férrea lógica de los conceptos teológicos, hay que considerar por otro lado que los demonios no sufren en todos y cada uno de los momentos. De forma que incluso ellos gozan del don de la existencia. La existencia es un don. Y aun sufriendo en muchos momentos, aun viviendo una vida lejos de Dios, los demonios gozan del grado más bajo de felicidad, la felicidad de existir. Sufren en muchos momentos, pero en otros gozan de la potencia racional del conocimiento. De manera que incluso para ellos es preferible existir a no existir. Incluso para ellos Dios es bueno concediéndoles la existencia.

El ser es un bien, aunque sea sufriendo. Si se dejara de existir se dejaría de sufrir, pero se perdería la posibilidad de todo bien, por pequeño que fuera. El bien de la existencia en medio del sufrimiento es pequeño, pero real. Quien pierde la existencia pierde completamente todo.

Ahora bien, entonces por qué en la Sagrada Escritura se dice: "*¡Ay de aquel por quien el Hijo del hombre es entregado! Le era mejor no haber nacido*" (Mt 26, 24). A este tema le he dado muchas vueltas y reconozco que para él no tengo una solución.

Por un lado considero que mi razonamiento es verdadero y explica por qué el Señor los mantiene en la existencia. Ya que Dios no desearía mantener existencias que son sólo sufrimiento y dolor en estado puro. Por lo menos, así me lo parece. Pero por otra parte, las palabras de Jesús parecen indicar que en una situación así, es preferible no existir.

Quiera Dios que alcance luces para entender esta paradoja. A veces, en un libro hay que dejar constancia de lo que se sabe, y de aquello de lo que se duda.

Cuestión 91

¿Los demonios preferirían dejar de existir?

Los siglos de los siglos se suceden en los demonios sin esperanza. Indudablemente si pudieran suicidarse, antes o después, desesperados, llenos de tristeza, acabarían con sus vidas para poner fin a sus sufrimientos. Pero la vida de un demonio es indestructible. No hay manera de destruir un espíritu. No tiene órganos, no puede envenenarse, no puede dejar de comer. Ni siquiera puede dejarse morir de tristeza. Haga lo que haga seguirá existiendo.

De todas maneras ya se ha dicho que aunque sufran por toda la eternidad, no sufren en todos y cada uno de los instantes. De manera que aunque ellos no lo reconozcan, su existencia es un don de Dios. Y aunque una y otra vez caen en actos de odio, de reproche, de remordimiento, el resto del tiempo conocen y gozan de una existencia natural, la de su propia naturaleza

Cuestión 92

¿Es peor la condenación de los demonios o la de los hombres?

Depende. Hay hombres que han cometido pecados peores que los cometidos por algunos demonios, de la misma manera que hay hombres que están más alto en el cielo que algunos ángeles. El pecado, como la virtud, no depende de la naturaleza, sino, esencialmente, de la voluntad. De la misma manera que aquí en el mundo una persona sin cultura y sin poder puede pecar mucho más intensamente que un gobernante poderoso o que un profundo y reputado filósofo. Del mismo modo una viejecita analfabeta puede llegar a ser muchísimo más santa que el Sumo Pontífice. El orden de la gracia no guarda relación de proporción con el orden de la naturaleza. O dicho de otro modo, los méritos o deméritos son independientes de la naturaleza recibida, sólo dependen de nuestra voluntad y de la gracia. Por eso, hay hombres que han pecado más que los demonios y que sufrirán más que estos. Así también hay ángeles de la jerarquía más inferior que amaron más que los serafines, y por tanto gozarán más que estos.

Cuestión 93

¿Por qué el infierno tiene que ser eterno?

El arrepentimiento sólo puede nacer de la gracia. Si Dios no envía una gracia al espíritu haciéndole comprender el mal cometido, no puede haber arrepentimiento sobrenatural. Sin la gracia un demonio puede entender que ha sido una mala decisión el haberse rebelado, que ha sido una decisión que le ha provocado males, que ha sido un necio. Pero el arrepentimiento sobrenatural es otra cosa, cualitativamente es otra cosa. No es un mero acto de nuestro entendimiento. Es un don de Dios enviado al espíritu para que doblemos nuestra rodilla y le pidamos de corazón perdón a Dios, con humildad. Sin esta gracia invisible, cabe perfectamente el dolor por la decisión errada, pero sin petición de perdón. Cabe admitir el error que se cometió, pero con soberbia. Los demonios pueden llegar a admitir que su opción les llevó al sufrimiento, pero no por eso dejan de odiar a Dios.

Dios ya no enviará ninguna gracia de arrepentimiento a los demonios. Hubo un momento en que se les concedió la última, después de la cual ya no hay ninguna más. Los demonios saben que el último tren ya ha partido, y que ya no hay ninguno más. Ni uno solo en toda la eternidad. Es en este sentido en el que se puede afirmar que los demonios han sido abandonados por Dios. Pues el Creador los ha abandonado a sí mismos para siempre.

Como se ve la eternidad de la pena no viene dada por una arbitraria decisión divina, sino que esa eternidad viene dada de que ellos se han alejado y no quieren volver. Muchas veces muchos cristianos consideran a Dios excesivamente severo por imponer una condenación eterna, y no se dan cuenta de que es Él, Dios, el que ha sido abandonado y que a ellos se les concede justamente lo que desean.

Algunos al escuchar esto pensarán: *ah, pues yo por más que peque no querré alejarme de Dios, siempre le querré pedir perdón.* Y con tal razonamiento se quedarán tranquilos sin salir del pecado. A esos hay que decirles que nadie que está condenado por toda la eternidad pensó que lo estaría algún día. Si uno continua en el pecado, esos pecados le llevarán a otros pecados peores. Y esos a otros peores. Y finalmente no querrá pedir perdón. Es lo que sucede con los consumidores de droga, al principio ellos eran, todos, personas normales que cuando vieron los casos más extremos se preguntaron cómo era posible llegar a tal necedad y debilidad. Pues lo mismo sucede con el pecado. Todo condenado creyó que no llegaría a traspasar ciertos límites.

Cuestión 94

¿Puede Dios perdonar a los demonios?

En el año 543 el papa Virgilio proclamó: *si alguno dice o piensa que el castigo de los demonios o de los hombres impíos es temporal y en algún momento tendrá fin, o que se dará la rehabilitación o restablecimiento de los demonios o de los hombres impíos, sea anatema.* (DS 411).

Dios puede perdonar cualquier pecado por grave que sea. Pero Dios no puede perdonar un demonio. Porque Dios no puede perdonar a quien no se arrepiente de su pecado. Hacer tal cosa sería un desorden, y Dios no puede cometer desórdenes. Como se ve el problema no está en el pecado (Dios puede perdonar todo) sino en la voluntad (Dios no fuerza la voluntad).

Como se ha dicho antes, mucha gente piensa que Dios no debería ser tan severo y tendría que perdonar a los condenados. Pero por la razón ya aducida, el mismo Dios que puede crear un millón de cosmos con sólo quererlo, no puede perdonar a un solo demonio. Dios que lo puede todo, no puede lo imposible. Y es un imposible que Dios que crea una voluntad libre, Dios después la fuerce. Terrible advertencia ésta a los que traspasan la Ley de Dios con toda tranquilidad una y otra vez diciéndose en su corazón: bah, Dios me lo perdonará todo. Los que obran así desconocen que hay un límite más allá del cual la misericordia de Dios se da la vuelta y abandona al pecador a la justicia. O dicho de otro modo más exacto: hay un límite más allá del cual el alma se endurece hasta tal punto que rechaza toda gracia. Y allí, en ese punto, el Creador no puede hacer otra que dejarle seguir su camino a la criatura.

Cuestión 95

¿Qué penas hay en el infierno?

¿Existe fuego? Sí, existe el fuego del remordimiento. Fuego material no, pues los demonios ni están en ningún lugar, ni les puede dañar ya ningún castigo corporal. Ese remordimiento que ya nada puede apagar, que arde en el interior de cada espíritu condenado, que atormenta espiritualmente a los espíritus es el *fuego que no se apaga* (Mc 9, 48), *el fuego eterno* (Mt 25, 41), el *horno de fuego* (Mt 13, 42), el *fuego ardiente* (Heb 10, 27), el *lago de fuego y azufre* (Apoc 19, 20), *la Gehena de fuego* (Mt 5, 22), la *llama que atormenta* (Lc 16, 25).

El *gusano que nunca muere* del que se habla en Marcos 9, 48 es igualmente el gusano del remordimiento que horada la conciencia una y otra vez durante la eternidad. Las *tinieblas exteriores* (Mt 8, 12) son las tinieblas y oscuridad del alejamiento de Dios.

Las penas del infierno no son otras que el odio, la tristeza, la ira, la soledad, la melancolía, el remordimiento y el sufrimiento que produce la propia deformación del espíritu, es decir la deformación de todos los pecados que contiene cada ángel caído.

Si uno analiza los términos que usa la Biblia al hablar de la condenación, usa términos de alejamiento, de apartamiento, del fuego del remordimiento, pero nunca usa términos de tortura que sea aplicada por parte del Juez. Al hablar de la condenación, la Biblia nunca presenta a Dios como el torturador. Usa términos impersonales como fuego, tinieblas o lago de azufre. La condenación por tanto es el alejamiento de Dios y es la tortura que cada espíritu se aplica a sí mismo por la propia deformación del espíritu. Dios no ha creado los sufrimientos infernales, el infierno es fruto de la deformación de cada espíritu.

Parte VII

Apéndices

Apéndice 1

La Mística Ciudad de Dios

Al hablar del pecado de los demonios es imprescindible trascribir las páginas de una monja concepcionista del siglo XVII, la Venerable Sor María de Jesús de Agreda (1602-1665+), quien afirmó haber recibido revelaciones sobre este punto. La obra donde se habla de estas revelaciones fue titulada *La Mística Ciudad de Dios*. No deja de ser sorprendente meditar estos párrafos escritos por una humilde monja que jamás cursó estudios de teología. Es impresionante observar como las más complejas y profundas cuestiones de la demonología fueron reveladas por Dios a esta humilde monja. Colocamos a continuación todos los pasajes esenciales referidos al pecado de los demonios:

Mística Ciudad de Dios
lib 1, cap 7, n. 82

De la tierra, dice Moisés, que estaba vacía, y no lo dice del cielo; porque en éste crió los ángeles en el instante cuando dice Moisés: Dijo Dios: *sea hecha la luz, y fue hecha la luz*; porque no habla sólo de la luz material, sino también de las luces angélicas o intelectuales. Y no hizo más clara memoria de ellos que significarlos debajo de este nombre, por la condición tan fácil de los hebreos en atribuir la divinidad a cosas nuevas y de menor aprecio que los espíritus angélicos; pero fue muy legítima la metáfora de la luz para significar la naturaleza angélica, y místicamente la luz de la ciencia y gracia con que fueron iluminados en su creación. Había de dividir luego el Señor la luz de las tinieblas y llamar a la luz día y las tinieblas noche; y no sólo sucedió esto entre la noche y día naturales, pero entre los ángeles buenos y malos, que a los buenos dio la luz eterna de su vista, y la llamó día, y día eterno; y a los malos llamó noche del pecado y fueron arrojados en las eternas tinieblas del infierno; para que todos entendamos cuán juntas anduvieron la liberalidad misericordiosa del criador y vivificador y la justicia de rectísimo juez en el castigo.

n. 83

Fueron los ángeles criados en el cielo empíreo y en gracia, para que con ella precediera el merecimiento al premio de la gloria; que aunque estaban en el lugar de ella, no se les había mostrado la divinidad cara a cara y con clara noticia, hasta que con la gracia lo merecieron los que fueron obedientes a la voluntad divina. Y así estos ángeles santos, como los demás apóstatas, duraron muy poco en el primer estado de viadores; porque la creación, estado y término, fueron en tres estancias o mórulas divididas con algún intervalo en tres instantes. En el primero fueron todos criados y adornados con gracia y dones, quedando hermosísimas y perfectas criaturas. A este instante se siguió una mórula, en que a todos les fue propuesta e intimada la voluntad de su Criador, y se les puso ley y precepto de obrar, reconociéndole por supremo Señor, y para que cumpliesen con el fin para que los había criado. En esta mórula, estancia o intervalo sucedió entre San Miguel y sus ángeles, con el dragón y los suyos aquella gran batalla que dice san Juan en el cap. 12 del Apocalipsis; y los buenos ángeles, perseverando en gracia, merecieron la felicidad eterna y los inobedientes, levantándose contra Dios, merecieron el castigo que tienen.

n. 84

Y aunque en esta segunda mórula pudo suceder todo muy brevemente, según la naturaleza angélica y en el poder divino, pero entendí que la piedad del Altísimo se detuvo algo y con algún intervalo les propuso el bien y el mal, la verdad y falsedad, lo justo y lo injusto, su gracia y amistad y la malicia del pecado y enemistad de Dios, el premio y el castigo eterno y la perdición para Lucifer y los que le siguiesen; y les mostró Su Majestad el infierno y sus penas y ellos lo vieron todo, que en su naturaleza tan superior y excelente todas las cosas se pueden ver, como ellas en sí mismas, siendo criadas y limitadas; de suerte que, antes de caer de la gracia, vieron claramente el lugar del castigo.

Y aunque no conocieron por este modo el premio de la gloria, pero tuvieron de ella otra noticia y la promesa manifiesta y expresa del Señor, con que el Altísimo justificó su causa y obró con suma equidad y rectitud. Y porque toda esta bondad y justificación no bastó para detener a Lucifer y a sus secuaces, fueron, como pertinaces, castigados y lanzados en el profundo de las cavernas infernales y los buenos confirmados en gracia y gloria eterna. Y esto fue todo en el tercer instante, en que se conoció de hecho que ninguna criatura, fuera de Dios, es impecable por naturaleza.

n.85

Y según el mal afecto que de presente tuvo entonces Lucifer, incurrió en desordenadísimo amor de sí mismo; y le nació de verse con mayores dones y hermosura de naturaleza y gracias que los otros ángeles inferiores. En este conocimiento se detuvo demasiado; y el agrado que de sí mismo tuvo le retardó y entibió en el agradecimiento que debía a Dios, como a causa única de todo lo que había recibido. Y volviéndose a remirar, agradóse de nuevo de su hermosura y gracias y adjudicóselas y amólas como suyas; y este desordenado afecto propio no sólo le hizo levantarse con lo que había recibido de otra superior virtud, pero también le obligó a envidiar y codiciar otros dones y excelencias ajenas que no tenía. Y porque no las pudo conseguir, concibió mortal odio e indignación contra Dios, que de la nada le había criado, y contra todas sus criaturas.

n. 86

De aquí se originaron la desobediencia, presunción, injusticia, infidelidad, blasfemia y un casi alguna especie de idolatría, porque deseó para sí la adoración y reverencia debida a Dios. Blasfemó de su divina grandeza y santidad, faltó a la fe y lealtad que debía, pretendió destruir todas las criaturas y presumió que podría todo esto y mucho más; y así siempre su soberbia sube y persevera, aunque su arrogancia es mayor que su fortaleza, porque en ésta no puede crecer y en el pecado un abismo llama a otro abismo. El primer ángel que pecó fue Lucifer, como consta del capítulo 14 de Isaías, y este indujo a otros a que le siguiesen; y así se llama príncipe de los demonios, no por naturaleza, que por ella no pudo tener este título, sino por la culpa. Y no fueron los que pecaron de sólo un orden o jerarquía, sino de todas cayeron muchos.

n. 87

Y para manifestar, como se me ha mostrado qué honra y excelencia fue la que con soberbia apeteció y envidió Lucifer, advierto que, como en las obras de Dios hay equidad, peso y medida, antes que los ángeles se pudiesen inclinar a diversos fines determinó su providencia manifestarles inmediatamente después de su creación el fin para que los había criado de naturaleza tan alta y excelente. Y de todo esto tuvieron ilustración en esta manera:

Lo primero, tuvieron inteligencia muy expresa del ser de Dios, uno en sustancia y trino en personas, y recibieron precepto de que le adorasen y reverencias en como a su Criador y sumo Señor, infinito en su ser y con alguna diferencia; porque los ángeles buenos obedecieron por amor y justicia, rindiendo su afecto de buena voluntad, admitiendo y creyendo lo que era sobre sus fuerzas y obedeciendo con alegría; pero Lucifer se rindió por parecerle ser lo contrario imposible. Y no lo hizo con caridad perfecta, porque dividió la voluntad en sí mismo y en la verdad infalible del Señor; y esto le hizo que el precepto se le hiciese algo violento y dificultoso y no cumplirle con afecto lleno de amor y justicia; y así se dispuso para no perseverar en él: y aunque no le quitó la gracia esta remisión y tibieza en obrar estos primeros actos con dificultad, pero de aquí comenzó su mala disposición, porque tuvo alguna debilidad y flaqueza en la virtud y espíritu y su hermosura no resplandeció como debía. Y a mi parecer, el efecto que hizo en Lucifer esta remisión y dificultad fue semejante al que hace en el alma un pecado venial advertido; pero no afirmo que pecó venial ni mortalmente entonces, porque cumplió el precepto de Dios; mas fue remiso e imperfecto este cumplimiento y más por compelerle la fuerza de la razón que por amor y voluntad de obedecer; y así se dispuso a caer.

n. 88

En segundo lugar, les manifestó Dios había de criar una naturaleza humana y criaturas racionales inferiores, para que amasen, temiesen y reverenciasen a Dios, como a su autor y bien eterno, y que a esta naturaleza había de favorecer mucho; y que la segunda persona de la misma Trinidad santísima se había de humanar y hacerse hombre, levantado a la naturaleza humana a la unión hipostática y persona divina, y que a aquel supuesto hombre y Dios habían de reconocer por cabeza, no sólo en cuanto Dios, pero juntamente en cuanto hombre, y le habían de reverenciar y adorar; y que los mismos ángeles habían de ser sus inferiores en dignidad y gracias y sus siervos.

Y les dio inteligencia de la conveniencia y equidad, justicia y razón, que en esto había; porque la aceptación de los merecimientos previstos de aquel hombre y Dios les había merecido la gracia que poseían y la gloria que poseerían; y que para gloria de El mismo había sido criados ellos y todas las otras criaturas lo serían, porque a todas había de ser superior; y todas las que fuesen capaces de conocer y gozar de Dios, habían de ser pueblo y miembros de aquella cabeza, para reconocerle y reverenciarle. Y de todo esto se les dio luego mandato a los ángeles.

n. 89

A este precepto todos los obedientes y santos ángeles se rindieron y prestaron asenso y obsequio con humilde y amoroso afecto de toda su voluntad; pero Lucifer con soberbia y envidia resistió y provocó a los ángeles, sus secuaces, a que hicieran lo mismo, como de hecho lo hicieron, siguiéndole a él y desobedeciendo al divino mandato. Persuadióles el mal Príncipe que sería su cabeza y que tendrían principado independiente y separado de Cristo. Tanta ceguera pudo causar en un ángel la envidia y soberbia y un afecto tan desordenado, que fuese causa y contagio para comunicar a tantos el pecado.

n. 90

Aquí fue la gran batalla, que san Juan dice sucedió en el cielo; porque los ángeles obedientes y santos, con ardiente celo de defender la gloria del Altísimo y la honra del Verbo humanado previsto pidieron licencia y como beneplácito al Señor para resistir y contradecir al dragón, y les fue concedido este permiso. Pero sucedió en esto otro misterio: que cuando se les propuso a todos los ángeles que habían de obedecer al Verbo humanado, se les puso otro tercero precepto, de que habían de tener juntamente por superiora a una mujer, en cuyas entrañas tomaría carne humana este Unigénito del Padre; y que esta mujer había de ser su Reina y de todas las criaturas y que se había de señalar y aventajar a todas, angélicas y humanas, en los dones de gracia y gloria. Los buenos ángeles, en obedecer este precepto del Señor, adelantaron y engrandecieron su humildad y con ella le admitieron y alabaron el poder y sacramentos del Altísimo; pero Lucifer y sus confederados, con este precepto y misterio, se levantaron a mayor soberbia y desvanecimiento; y con desordenado furor apeteció para sí la excelencia de ser cabeza de todo el linaje humano y órdenes angélicos y que, si había de ser mediante la unión hipostática, fuese con él.

n. 91

Y en cuanto al ser inferior a la Madre del Verbo humanado y Señora nuestra, lo resistió con horrendas blasfemias, convirtiéndose en desbocada indignación contra el Autor de tan grandes maravillas; y provocando a los demás, dijo este dragón: Injustos son estos preceptos y a mi grandeza se le hace agravio; y a esta naturaleza, que tú, Señor, miras con tanto amor y propones favorecerla tanto, yo la perseguiré y destruiré y en esto emplearé todo mi poder y cuidado. Y a esta mujer, Madre del Verbo, la derribaré del estado en que la prometes poner y a mis manos perecerá tu intento.

n. 92

Este soberbio desvanecimiento, enojó tanto al Señor, que humillando a Lucifer le dijo: Esta mujer, a quien no has querido respetar, te quebrantará la cabeza y por ella serás vencido y aniquilado. Y si por tu soberbia entrare la muerte en el mundo, por la humildad de esta mujer entrará la vida y la salud de los mortales; y de su naturaleza y especie de estos dos gozarán el premio y coronas que tú y tus secuaces habéis perdido. —Y a todo esto replicaba el dragón con indignada soberbia contra lo que entendía de la divina voluntad y sus decretos; amenazaba a todo el linaje humano. Y los ángeles buenos conocieron la justa indignación del Altísimo contra Lucifer y los demás apóstatas y con las armas del entendimiento, de la razón y verdad peleaban contra ellos.

cap 8, n. 103

Y fue vista en el cielo otra señal: vióse un dragón grande y rojo, que tenía siete cabezas y diez cuernos y siete diademas en sus cabezas; y con la cola arrastraba la tercera parte de las estrellas del cielo y las arrojó en la tierra. Después de lo que está dicho, se siguió el castigo de Lucifer y sus aliados. Porque a sus blasfemias contra aquella señalada mujer, se siguió la pena de hallarse convertido de ángel hermosísimo en dragón fiero y feísimo, apareciendo también la señal sensible y exterior figura. Y levantó con furor siete cabezas, que fueron siete legiones o escuadrones, en que se dividieron todos los que le siguieron y cayeron; y a cada principado o congregación de éstas le dio su cabeza, ordenándoles que pecasen y tomasen por su cuenta incitar y mover a los siete pecados mortales, que comúnmente se llaman capitales, porque en ellos se contienen los demás pecados y son como cabezas de los bandos que se levantan contra Dios. Estos son soberbia, envidia, avaricia, ira, lujuria, gula y pereza; que fueron las siete diademas con que Lucifer convertido en dragón fue coronado, dándole el Altísimo este castigo y habiéndolo negociado él, como premio de su horrible maldad, para sí y para sus ángeles confederados; que a todos fue señalado castigo y penas correspondientes a su malicia y a haber sido autores de los siete pecados capitales.

n. 104

Los diez cuernos de las cabezas son los triunfos de la iniquidad y malicia del dragón y la glorificación y exaltación arrogante y vana que él se atribuye a sí mismo en la ejecución de los vicios. Y con estos depravados afectos, para conseguir el fin de su arrogancia, ofreció a los infelices ángeles su depravada y venenosa amistad y fingidos principados, mayorías y premios. Y estas promesas, llenas de bestial ignorancia y error, fueron la cola con que el dragón arrastró la tercera parte de las estrellas del cielo; que los ángeles estrellas eran y, si perseveraran, lucieran después con los demás ángeles y justos, como el sol, en perpetuas eternidades; pero arrojolos el castigo merecido en la tierra de su desdicha hasta el centro de ella, que es el infierno, donde carecerán eternamente de luz y de alegría.

cap 9, n. 106

Y sucedió en el cielo una gran batalla: Miguel y sus ángeles peleaban con el dragón, y el dragón y sus ángeles peleaban. Habiendo manifestado el Señor lo que está dicho a los buenos y malos ángeles, el santo príncipe Miguel y sus compañeros por el divino permiso pelearon con el dragón y sus secuaces. Y fue admirable esta batalla, porque se peleaba con los entendimientos y voluntades.

n.107

Con estas armas peleaban San Miguel y sus ángeles y combatían como con fuertes rayos al dragón y a los suyos, que también peleaban con blasfemias; pero a la vista del santo Príncipe, y no pudiendo resistir, se deshacía en furor y por su tormento quisiera huir, pero la voluntad divina ordenó que no sólo fuese castigado sino también fuese vencido, y a su pesar conociese la verdad y poder de Dios; aunque blasfemando, decía: Injusto es Dios en levantar a la humana naturaleza sobre la angélica. (...) Pero San Miguel le replicó: ¿Quién hay que se pueda igualar y comparar con el Señor que habita en los cielos?

libro I, cap 9, n110

El que en su pensamiento hería a las gentes, fue traído a los infiernos, como dice Isaías, capítulo 14, a lo profundo del lago, y su cadáver entregado a la carcoma y gusano de su mala conciencia; y se cumplió en Lucifer todo cuanto dice en aquel lugar el profeta Isaías, capítulo 14.

Apéndice 2
El Leviatán y el Behemot

Hay un texto de la Sagrada Escritura que los Santos Padres han aplicado a Satán. El texto del profeta Ezequiel, está dirigido contra el Principe de Tiro, pero el lector enseguida se dará cuenta de que esos versículos se aplican mejor a Satán que a un ser humano:

> *"Tu eras el sello de la perfección, lleno de sabiduría y acabada belleza; en el Edén, jardín espléndido, habitabas; toda suerte de piedras preciosas eran tu vestido (...)*
>
> *Tú eras un querubín consagrado como protector, Yo te había establecido tal; estabas en la montaña santa de Dios y te paseabas en medio de piedras de fuego, hasta que se descubrió en ti la iniquidad. (...)*
>
> *Se engrió tu corazón por tu belleza, echaste a perder tu sabiduría por tu esplendor. (...) He hecho brotar un fuego de en medio de ti, que te ha devorado." Ez 28, 12 y siguientes*

Existe un segundo texto, del profeta Isaías, al que le sucede lo mismo que al primer texto aducido. Los versículos se aplican mejor a otra figura del mundo demoníaco que al príncipe babilónico al que iban dirigidos:

> *"¿Cómo has caído del cielo astro rutilante, hijo de la aurora, has sido arrojado a tierra, tú que vencías a las naciones? **Tú dijiste en tu corazón: el cielo escalaré,** por encima de las estrellas de Dios elevaré mi trono. (...) Por el contrario, al seol has sido precipitado." Is 14, 12-15*

Si nos fijamos en estos dos textos de Isaías y Ezequiel nos daremos cuenta de que ocultamente se nos está hablando de Satán (en el de Ezequiel) y de Lucifer (en el de Isaías). Por eso en el segundo texto se nos dice que era un *astro rutilante, hijo de la aurora*, pues Lucifer significa Estrella-de-la-mañana. Normalmente la tradición ha identificado la figura de Satán y Lucifer, sin embargo, algunos exorcistas han advertido (entre ellos el padre Amorth) que son dos demonios distintos, los dos demonios más altos en la jerarquía demoníaca.

En apoyo de esta distinción entre el Diablo y Lucifer vendrían los textos del libro de Job referidos al Leviatán y al Behemoth. La tradición judía y patrística siempre entendió que Leviatán era figura que representaba a Satán. Pero entonces ¿quién era Behemoth? La figura de Lucifer entendida no como sinónimo del Diablo sería la respuesta. Para ver tales diferencias coloco a continuación el texto de Job 40, 15-41, 26 referido a tales seres.

> *He aquí el Behemot, que yo crié contigo; hierba cual buey come. Ve, pues su fuerza en sus riñones, y su vigor en los músculos de su vientre. Atiesa su cola como un cedro, los nervios de sus muslos están entrelazados.*
>
> *Sus huesos son tubos de bronce, sus miembros como barras de hierro. Es la obra maestra de Dios; dióle su espada su Hacedor como presente;*
>
> *pues tributo le aportan las montañas, así como todas las bestias salvajes que allí retozan. Bajo los lotos se tumba, en escondrijo de cañas pantanosas.*
>
> *Los lotos le recubren de sombra, rodéanle los sauces del torrente. Si el río está bravío, él no se conmueve, tranquilo está aunque salte el Jordán hasta su boca. ¿Se le prenderá acaso por sus ojos? ¿Se le taladrará con espinas la nariz?*
>
> *¿Pescarás con anzuelo al Leviatán y con cordel sujetarás su lengua? ¿Por su nariz harás pasar un junco y con gancho taladrarás su quijada? ¿Multiplicará él hacia ti sus ruegos? ¿Te hablará lisonjas? ¿Celebrará alianza contigo? ¿Lo tomarás por servidor perpetuo? ¿Jugarás tú con él cual con un pájaro y lo atarás como a uno de tus gorriones?*

¿Traficarán con él tus asociados? ¿Se le repartirán entre los mercaderes? ¿Acribillarás de dardos su piel, y con el arpón de peces su cabeza? ¡Pon sobre él tu mano: piensa ya en el combate, no volverás a hacerlo!

He aquí que su esperanza queda burlada, con solo su vista es derribado. ¿No es cruel cuando se le despierta? ¿Y quién es el que ante él se mantendrá? ¿Quién me ha adelantado algún servicio para que yo le pague? ¡Cuánto hay bajo todos los cielos, mío es! No silenciaré sus miembros, ni lo que al vigor respecta y la gracia de su estructura.

¿Quién ha alzado la delantera de su vestido? En su doble coraza, ¿quién penetra? Las puertas de su boca, ¿quién abrió? En derredor de sus dientes hay espanto. Su espalda son hileras de escudos, clausurada cual por sello de piedra: están aproximados uno a otro y ni un soplo pasa entre ellos; cada cual a su compañero está pegado, forman bloque y no se separan.

Su estornudo hace brillar la luz, y son sus ojos cual los párpados de la aurora. De su boca brotan antorchas, chispas de fuego se escapan. De sus narices sale humareda, cual de caldero encendido e hirviente. Su aliento enciende los carbones y una llama emerge de su boca. En su cuello asiéntase la fuerza y ante él brinca la violencia.

Las papadas de su carne son compactas; se le presiona y no se mueve. Su corazón es duro cual piedra y duro como piedra molar inferior .Su erguimiento temen los adalides y ante las fracturas se retiran.

A quien da alcance la espada nada supone, ni la lanza, ni el arma arrojadiza, ni la punta de saeta; considera el hierro como paja, al bronce cual madera carcomida. No le pone en fuga el disparo del arco, pajilla le resultan las piedras de la honda.

Cual pajilla reputa el arma arrojadiza, y se burla del silbido del venablo. Debajo de sí lleva puntas de teja, un trillo imprime sobre el lodo. Hace hervir el abismo como olla, trueca el mar en pebetero. Tras sí va dejando vereda luminosa: ¡una melena cana diríase el abismo! ¡No hay en la tierra parejo suyo; él, creado impávido!¡A todo ser altivo mira de frente, es rey sobre todas las bestias feroces!

Como se ve, la Biblia dedica casi íntegros dos capítulos a la descripción de los dos seres más grandiosos creados por la mano de Dios. Yahveh no tendrá inconveniente alguno en elogiar en su Libro Santo la grandeza de la naturaleza de la criatura que su mano creó. Estamos hablando ni más ni menos de la obra que coronaba su Creación visible e invisible, en cuanto a la naturaleza, no en cuanto a la gracia. Ahora, sin embargo, es otra la criatura que ha sido coronada. Ellos *ex natura* nacieron como príncipes de la Creación, y sin embargo, otra criatura, una sierva, ha sido coronada como reina de los ángeles *ex gratia*. Hecha esta salvedad y volviendo al capítulo 40 y 41 de Job, Dios está ahí hablando de la obra creada más sublime, de la culminación, de su Creación. De una de ellas se dice que es la *obra maestra*. Es tradición, extrabíblica, afirmar que se rebeló el más bello de los ángeles.

De todas maneras, aunque la Palabra de Dios elogia el poderío que les confirió y la grandeza que poseen, las describe como monstruos, como seres malignos, dignos de temor, seres de los que hay que alejarse.

Estas dos naturalezas angélicas, Satán y Lucifer, las describirá bajo la apariencia de dos figuras mitológicas preisraelíticas, dos gigantescas figuras procedentes del Caos inicial, dos figuras que ya aparecían en la mitología ugarítica de la mitad del segundo milenio antes de Cristo. Leviatán (Satán, la Serpiente Antigua, el Dragón) aparece bajo la forma de un monstruo marítimo, habitante del Abismo. Behemot (Lucifer) nos es descrito como un engendro gigantesco que, aunque habita las profundidades de las ciénagas, es un formidable monstruo terrestre. Expresamente se nos dice de él que es "la obra maestra de Dios". Es posible que aunque Satán fuera el que acabó siendo el más maligno de todos los ángeles que se rebelaron, el que se hizo el más perverso de todos, sin embargo, Lucifer puede que fuera superior en naturaleza. El nombre de *Estrella de la mañana* parece indicar esta preeminencia de naturaleza, y la aseveración de que Behemoth, y no Leviatán, fuera la obra maestra del Creador de nuevo parece confirmar esta hipótesis.

Si comparamos estos textos referidos al Leviatán y el Behemoth con los de Ezequiel e Isaías sacamos varias conclusiones. El Diablo fue el sello de la perfección, un querubín, consagrado como protector, sabio y bello. Mientras que Lucifer fue la obra maestra de Dios, al cual le dio una espada, su nombre hace referencia a la luz, luego brillaba con una luz especial y única en el firmamento de las naturalezas angélicas. La tradición presenta a Satán como el más perverso y el que lideró la rebelión, pero Lucifer es la Estrella de la mañana. Esta existencia de dos grandes figuras infernales, en vez de una sola, rompe la fácil idea de pensar que Satán es como el Dios del lado maligno. Pues le guste o no a Satán, lo dicho indicaría que a pesar del liderazgo del Diablo, las turbas infernales tienen dos grandes figuras demoníacas. Este tipo de dualidades en la cúspide siempre son una mortificación para los soberbios. No deja de tener algo de gracia el que ni en esto el Diablo haya podido tener todo a su gusto.

Tras las siguientes consideraciones teológicas no me resisto a tratar de hacer una exégesis espiritual del texto de Job. De Behemoth se nos habla de su fuerza, de su vigor, de los músculos de su vientre. Se nos dice que posee una cola que es como un cedro, bien es sabido que un simple cocodrilo con su cola podía no sólo matar a un hombre, sino partir una barca sin problema. La cola en un cocodrilo es un arma formidable, cuajada de músculos, incontenible ni entre muchos hombres, ni cuerdas. Se nos dice que su estructura es como de bronce y hierro. Y se añade que el Creador *le dio su espada*. La espada sólo se da a un guerrero. Un espíritu angélico sólo puede hacer la guerra de un modo intelectual. De modo que esa espada era una espada intelectual.

El versículo *tributo le aportan las montañas, así como todas las bestias salvajes que allí retozan*. Se podría entender de la siguiente manera: las montañas son símbolo de los más elevados y grandiosos espíritus angélicos, que como montañas se elevan sobre el resto. Todos reconocen la grandeza que Dios derramó en él, ese es el tributo. Las bestias salvajes son símbolo de los demonios, espíritus que se han transformado en seres bestiales. Siendo tan poderoso que *nada le conmueve*, sin embargo, vive *en escondrijos y pantanos.*

¿Se le prenderá acaso por sus ojos? ¿Se le taladrará con espinas la nariz? Dado que el ojo es símbolo del conocimiento, este versículo se puede interpretar que ni con el conocimiento ni por la fuerza se le puede dominar.

Del Leviatán se dice que vive en el "tehom", el Océano originario. El mar en el Apocalipsis se dice que simboliza la multitud de las gentes. En medio de ese "mar" el Leviatán se mueve y bucea.

No es posible pescarlo, ni atraparlo, ni atarlo no es posible sujetar su lengua. Jamás te rogará, es altivo y soberbio. No es posible hacer un pacto, ni alianza con él, se trata de un ser bestial que sólo busca devorarte. No es posible traficar con él, él no sirve a tus fines, acabas al final en sus garras.

¿Acribillarás de dardos su piel, y con el arpón de peces su cabeza? Es imposible atravesar su piel, pero la Mujer ha aplastado su cabeza.

¡Pon sobre él tu mano: no volverás a hacerlo! No se puede decir de un modo más gráfico que no se puede jugar con el demonio. El que enrede o pacte con el demonio comprobará que con él no se juega, que jamás se le invoca en vano.

He aquí que su esperanza queda burlada, con solo su vista es derribado. A la vista del poder, fuerza y furor de Satán se pierde la esperanza de la salvación. Sólo con verlo uno queda desalentado, sin esperanza de sobrevivir al combate. Los testimonios de todos los santos que han sufrido las tentaciones del Diablo en la noche oscura son concordantes. Sin Dios que le pusiera coto, el combate de un alma con él sería tan desigual que no habría posibilidad de resistir sus embates. *¿Y quién es el que ante él se mantendrá.* Dios sólo permite a Satán tentar a un alma cuando ésta ya está muy curtida en la lucha ascética y fortalecida por la gracia. Y sólo con la ayuda de Cristo sale victoriosa el alma. Este combate del que se habla es espiritual. Pero Dios le pone límites a su acción en el alma y en el cuerpo. Pues su naturaleza angélica de la más alta jerarquía le permitiría provocar enfermedades, accidentes, desastres y, en definitiva, matar a voluntad. Por eso dice la Biblia: *¿No es cruel cuando se le despierta?* Los que le despiertan son aquellos que le invocan. Los que le invocan no saben qué fuerzas están despertando.

¿Quién me ha adelantado algún servicio para que yo le pague?¡Cuánto hay bajo todos los cielos, mío es! Este versículo es una intervención de Satán. El se pregunta que a quién debe pagarle algo, pues cree que no debe nada a nadie. En su soberbia afirma que cuanto hay bajo los cielos es suyo por razón del pecado, además es el Príncipe de este mundo. Sabe que los cielos son de Dios, pero reclama que ha conquistado la tierra con sus seducciones, sembrando el pecado, el odio, la guerra.

Pero a pesar de todo este engreimiento, a Dios no le duelen prendas a la hora de elogiar la culminación de su Creación que es él y por eso dice Yahveh: *No silenciaré sus miembros, ni lo que al vigor respecta y la gracia de su estructura. ¿Quién ha alzado la delantera de su vestido? En su doble coraza, ¿quién penetra? Las puertas de su boca, ¿quién abrió? En derredor de sus dientes hay espanto*

Su espalda son hileras de escudos, clausurada cual por sello de piedra: están aproximados uno a otro y ni un soplo pasa entre ellos; cada cual a su compañero está pegado, forman bloque y no se separan. Esta referencia a los escudos nos da idea de sus dimensiones, cada escama es del tamaño de un escudo.

Cuando dice que ni un soplo pasa entre ellos podemos recordar que soplo (en latín *spiritus*) se puede interpretar como que en Satán el Espíritu Santo con sus inspiraciones no puede penetrar. Está herméticamente cerrado (*forman bloque, no se separan*), nada ya entra en él.

Su estornudo hace brillar la luz, y son sus ojos cual los párpados de la aurora. De su boca brotan antorchas, chispas de fuego se escapan. De sus narices sale humareda, cual de caldero encendido e hirviente. Su aliento enciende los carbones y una llama emerge de su boca. Esta figura mítica exhala llamas de su boca como un dragón. De hecho este es el Dragón del que se habla en el Apocalipsis.

Su corazón es duro cual piedra y duro como piedra molar inferior. Este versículo se refiere a su fortaleza, pero también a su corazón duro e inmisericorde.

Algunos exegetas contra la tradición ininterrumpida del pueblo hebreo, han afirmado que el Leviatán es el cocodrilo. Es sorprendente cómo los exegetas mantienen sus teorías aferrándose ellas, y despreciando todo lo que en el texto no les encaja. El texto afirma claramente, de un modo que no es oscuro, cosas que no encajan con el cocodrilo: se dice que vive en el mar, que exhala llamas de su boca, que hace hervir el abismo como olla. Eso son detalles concretos, pero el texto entero indica que se está hablando de algo más que un mero animal. Hecho este inciso para los exegetas, prosigamos con el análisis del pasaje.

¡A todo ser altivo mira de frente, es rey sobre todas las bestias feroces! Antes se ha elogiado mucho al Behemoth, pero en ningún momento se le ha llamado *rey*. Lucifer es *la obra maestra de Dios*, pero Satán es el *rey sobre todas las bestias feroces*. Creo que estos pasajes de Job dejan claro que uno es superior en naturaleza y otro en perversidad y maldad.

A quien da alcance la espada nada supone, ni la lanza, ni el arma arrojadiza, ni la punta de saeta; considera el hierro como paja, al bronce cual madera carcomida. Hay hombres soberbios y poderosos que se creen invulnerables. Y no saben que si una naturaleza angélica maligna quiere matar a alguien (y Dios se lo permite) ni los muros podrán evitar que entre donde quiera, ni las armas ni los guardaespaldas le contendrán, ni todo el poder del mundo podrá evitar que haga su daño.

Debajo de sí lleva puntas de teja, un trillo imprime sobre el lodo. Cuando uno ve los terribles paisajes de ruinas de las guerras, poéticamente es como si por allí hubiera pasado este monstruo con su vientre como un trillo, arrasándolo todo. Además, ya hemos dicho que el mar simboliza la multitud de los pueblos, de manera que él, el sembrador de la guerra y la muerte, *hace hervir el abismo como olla, trueca el mar en pebetero.* Él instiga para que el mar de los pueblos se inflame con el fuego del odio y la guerra. *Tras sí va dejando vereda luminosa: ¡una melena cana diríase el abismo!*

Esta melena, es decir, esta estela (como la que dejan los barcos) son las vidas de los hombres que arrastra y destruye a su paso por las gentes.

¡*No hay en la tierra parejo suyo; él, creado impávido!* Sí, eso lo he comprobado en los exorcismos, el Diablo aparenta no temer a nadie, ni a Dios. Puedo asegurar que no parece que exista en él temor de Dios, sólo odio. Pero existe en él un cierto conocimiento de que Dios lo puede todo y le puede castigar, lo que sucede es que no quiere pensar en ello porque tal pensamiento le tortura. En cierto modo se puede decir que habla con furia de Dios, y hasta blasfema de él, pero aunque no quiere temerlo y habla como si no le temiera, en realidad, su inteligencia le dice que El es omnipotente. El Diablo teme a Dios aunque no quiera reconocerlo, ni pensar sobre ello. Pero su hasta su inteligencia deformada le recuerda una y otra vez que debe temerle pues al final de los tiempos será arrojado al lago de fuego y azufre. Símbolo del sufrimiento eterno que le producirá su propia iniquidad soportada por los siglos de los siglos. Pienso que ese lago no será otra cosa más que símbolo de ese sufrimiento. No será por supuesto nada físico, sino ni siquiera algo creado por Dios para producir sufrimiento. Si el mar simboliza la multitud de los pueblos, de ese mar sólo se condenara un lago que será de fuego y remordimiento.

Apéndice 3
El demonio y las Reglas de San Ignacio de Loyola

Acerca del modo de actuar el demonio a la hora de tentar un alma transcribimos las profundas palabras de San Ignacio de Loyola en sus *Ejercicios Espirituales*, cuando en las Reglas para discernir espíritus escribió:

1ª regla. “En las personas que van de pecado mortal en pecado mortal, acostumbra comúnmente el enemigo proponerles placeres aparentes, haciéndoles imaginar deleites y placeres de los sentidos, para conservarlos y hacerlos crecer más en sus vicios y pecados.

2ª regla. En las personas que van intensamente purgando sus pecados, y de bien en mejor subiendo en el servicio de Dios nuestro Señor, sucede de contrario al de la primera regla; porque entonces es propio del mal espíritu morder (con escrúpulos), entristecer y poner obstáculos, inquietando con falsas razones para que no pase adelante.

12ª regla: El enemigo (...) es débil ante la fuerza y fuerte ante la condescendencia. (...) De la misma manera es propio del enemigo debilitarse y perder ánimo, huyendo sus tentaciones, cuando la persona que se ejercita en las cosas espirituales pone mucho rostro contra las tentaciones del enemigo, haciendo lo diametralmente opuesto. Y por el contrario, si la persona que se ejercita comienza a tener temor y perder ánimo en sufrir las tentaciones, no hay bestia tan fiera sobre la faz de la tierra como el enemigo de la naturaleza humana, cuando intenta realizar su dañina intención con tan crecida malicia.

14ª regla. Se comporta como un caudillo para conquistar y robar lo que desea; porque así como un capitán y caudillo de un ejército en campaña, asentando su campamento y mirando las fuerzas o disposiciones de un castillo le combate por la parte más débil, de la misma manera el enemigo de la naturaleza humana, rodeando mira en torno todas nuestras virtudes teologales, cardinales y morales. Y por donde nos haya más débiles y más necesitados para nuestra salvación eterna, por allí nos combate y procura tomarnos."

Manual del exorcista

Capítulo I
La posesión

En orden a evitar equívocos y confusiones, la numeración de las cuestiones del Manual continúa la numeración del Tratado de demonología. Tanto el Tratado como el Manual forman una unidad temática. Si bien el Tratado aborda cuestiones teóricas, relativas a la esencia de las cosas. Mientras que el Manual aborda más bien el tema de los fenómenos.

Cuestión 96

¿Qué es la posesión?

Posesión es el fenómeno por el que un espíritu maligno reside en un cuerpo y en determinados momentos puede hablar y moverse a través de ese cuerpo sin que la persona pueda evitarlo.

El espíritu maligno no reside en el alma, ésta en toda circunstancia sigue siendo libre e incapaz de posesión alguna. Sólo el cuerpo es susceptible de sufrir posesión.

Cuestión 97

¿Cuáles son las características esenciales para diagnosticar una posesión?

Los criterios diagnósticos que debería presentar un sujeto para que sospecháramos de posesión serían los siguientes:

1.–Ante lo sagrado o lo religioso se da una gama de sensaciones que van, según el sujeto, desde el fastidio hasta el horror, desde la leve expresión de molestia hasta la manifestación de ira y furia.

2.–En estos casos más extremos, el horror lleva a accesos de furia, acompañados normalmente de blasfemias o insultos dirigidos hacia el objeto religioso que se ha situado en la proximidad.

3.–El poseso en los episodios agudos de manifestación de ira furiosa, pierde la consciencia. Cuando vuelve en sí no recuerda nada. La amnesia es total y absoluta. Sin embargo, aunque no recuerde nada el sujeto durante el episodio ha padecido un cambio de personalidad mientras ha durado esa crisis de furia. Durante esa crisis una segunda personalidad emerge.

4.–Esa segunda personalidad siempre tiene un carácter maligno. Es frecuente que durante esos momentos las pupilas se vuelvan hacia arriba, o hacia abajo, dejando los ojos en blanco. Los músculos faciales se ponen frecuentemente en tensión. También las manos muestran crispación. En esos momentos de crisis, la persona articula la voz llena de odio y rabia.

5.–Acabada la crisis furiosa, la persona vuelve lentamente a la normalidad, el tránsito de vuelta a la normalidad es prácticamente similar en cuanto al tiempo y al modo al tránsito que se observa de la vuelta del estado de hipnosis al estado normal de conciencia.

6.–Fuera de las crisis furiosas en que emerge la segunda personalidad, la persona lleva una vida completamente normal, sin que esta patología afecte para nada ni a su trabajo ni a sus relaciones sociales. El sujeto aparece como una persona perfectamente cuerda. En todo momento distingue perfectamente entre la realidad y el mundo intrapsíquico, no observa una conducta delirante.

7.–En algunos casos sí exponen cosas que parecen alucinaciones sensoriales (concretamente exponen que, esporádicamente, ven sombras, sienten una difusa sensación extraña en alguna parte concreta del cuerpo u oyen crujidos). Por el contrario no oyen voces internas, ni sienten que algo les corre bajo la piel.

Cuestión 98

Consideraciones psiquiátricas(*7)

Al explicar este fenómeno a psiquiatras a estos siete criterios habría que añadir que no se puede considerar dentro de este campo de la posesión los casos en que el sujeto meramente dice sentir una presencia. En la mayor parte de los casos estos fenómenos de posesión se producen tras participar en algún tipo de rito esotérico: ouija, práctica de espiritismo, santería afrocubana, macumba, vudú, etc. Este tipo de personas, tal como se ha mencionado en el punto 7, sufren alucinaciones sensoriales siempre con una temática muy precisa (la referida en el citado punto) pero no se ven afectadas por ningún tipo de delirio. Por el contrario hay una total ausencia de construcción patológica de conjuntos de ideas que puedan justificar ese tipo de trastornos explicados en los ocho puntos anteriores. El paciente mantiene un razonamiento claro, y se muestra sumamente crítico respecto a los síntomas que él mismo describe al médico. Es muy frecuente que comience su exposición al especialista médico o al sacerdote con las palabras "va a pensar que estoy loco", "no me va a creer" o "no sé por donde empezar". El mismo poseso es el primero en reconocer que su discurso va a resultar poco digno de crédito. El poseso sitúa perfectamente en el tiempo el inicio de sus trastornos. Y suele referir como causa de ellos la participación de ese rito esotérico.

Cuando se dice de alguien que es un psicótico caben varias definiciones, "la definición más limitada de *psicótico* se restringe a ilusiones o alucinaciones notables, con las alucinaciones teniendo lugar con ausencia de conocimiento de su naturaleza patológica"[8].

---

7 Esta cuestión está redactada para psiquiatras, el lector no versado en esa materia puede saltársela.

8 DSM IV, pg 273. En este libro, las citas de la obra *Diagnostical and Stadistiscal Manual of Mental Disorders* de la American Psychiatric

Como se ve no acaba de encajar este tipo de pacientes en el concepto de psicótico ya que mantienen una continua conciencia crítica respecto a los trastornos que refieren.

Podríamos decir que la *posesión* tiene algún ligero aspecto en común con la esquizofrenia paranoide. Dado que la característica esencial de una esquizofrenia de tipo paranoide es la presencia de notables ilusiones o alucinaciones en el contexto de una relativa preservación de la función cognitiva y afectiva[9]. El punto 7 (expuesto anteriormente) daría la impresión de que este tipo de pacientes entrarían en la clasificación para este tipo de enfermedad. Aunque hay que hacer notar que ese tipo de alucinaciones en estos casos mantendrán una temática constante. Aunque transcurran varios años, las alucinaciones no cambiarán de temática, ni tampoco variarán en su frecuencia. Frecuencia tan irrelevante que no llevarán a catalogar al que las padece de persona esquizoide. En este tipo de enfermos esta patología alucinatoria en ningún caso deriva hacia el delirio.

Lo verdaderamente relevante, el factor predominante, será el hecho de que en los momentos de mayor furia en los que emerge esa segunda personalidad da todos signos el paciente de sufrir un desorden disociativo de la personalidad. La presencia de una identidad distinta que toma control sobre la conducta de la persona entra plenamente en la descripción de esta patología de la disociación. Esta segunda identidad siempre aparece con unos rasgos muy fijos: hablará con rabia, con ira, exponiendo un gran odio hacia todo lo relativo a la religión, y hablará además con la expresión facial manifestando una gran tensión. En unos pacientes esta segunda identidad es locuaz en cuyo caso manifiesta una gran procacidad en su vocabulario y expresiones blasfemas. En otros pacientes esta segunda identidad es casi muda, hablando en contadas ocasiones y de un modo extremadamente lacónico, sus intervenciones cargadas de odio y tensión tienen en común con el tipo anterior en que la voz cambia por efecto de esa ira contenida.

Association, se harán siguiendo la edición norteamericana de 1994.

9 DSM, pg 287.

Hablando de la generalidad de las patologías de personalidad disociada, en estos casos el paciente asume un segundo rol de modo inconsciente, y fruto de la profunda asimilación inconsciente de esa segunda personalidad puede venir la prontitud y coherencia de las respuestas adecuadas. Pero hay que hacer notar que en los enfermos de *posesión* esta segunda identidad siempre presenta los mismos rasgos, aunque dividida en esos dos tipos citados (personalidad locuaz o muda). ¿Cuales son esos rasgos? Esa segunda personalidad exclusivamente se manifiesta en los momentos de furia que producirán la amnesia de lo dicho y realizado durante esa crisis. Esa segunda personalidad siempre es maligna. Y, por último, manifiesta una terrible aversión a todo lo sagrado (personas, objetos o palabras).

El horror que sienten los posesos hacia todo lo sagrado, no supone ninguna fobia específica. Ya que incluso si apareciera como síntoma aislado completamente desligado a todo el cuadro de síntomas que acompañan a este síndrome aparecería claro que ese rechazo no es que provoque ansiedad, sino una reacción automática de ira. El poseso no manifiesta una ansiedad provocada por una exposición a cualquier objeto, persona o palabra sagrada. Sino que esa exposición es causa de emergencia de la segunda personalidad. Al no existir fobia tampoco ese rechazo provoca ningún desorden obsesivo-compulsivo, ni tampoco ese rechazo da lugar a ningún tipo de ritual de evitación (usada aquí la palabra *ritual* en su sentido psiquiátrico; dado el tema que tratamos la aclaración no es ociosa).

El pensamiento en todo momento (salvo en los momentos de trance) es claro, y esa es otra característica que suele llamar la atención de los especialistas que atienden a estos pacientes: la claridad de pensamiento, la capacidad de autocrítica, coexistiendo con los otros rasgos patológicos que por su gravedad deberían conllevar una evolución hacia una profunda desestructuración de la personalidad y el raciocinio.

Recapitulando, si un psiquiatra no supiera nada de posesiones, los síntomas que observaría en un poseso típico le llevarían a ver en él un desorden disociativo de la personalidad que provoca alucinaciones sensoriales (escasas), una aversión aguda a lo sagrado, junto con agitaciones propias de una crisis histeriforme.

Como se ve un complejo conjunto de síntomas, todos ellos en un mismo sujeto y manifestándose con simultaneidad. Ello nos lleva a rechazar las clasificaciones simplistas de aquellos que, sin haber visto un caso real, sentencian que se trata de tal o cual enfermedad mental. El cuadro sintomatológico aquí definido refleja un síndrome tan especial que no se lo puede encuadrar sin más en tal o cual apartado de la patología psiquiátrica. Hay que admitir que nos encontramos no ante un desorden mental simple, sino ante un síndrome para el que hay que buscar un lugar específico dentro de la catalogación médica. Y digo un síndrome porque es un conjunto de signos y síntomas que existen a un tiempo y definen un cuadro morboso determinado. Cuadro morboso que se repite de un modo milimétrico en los pacientes que lo padecen y cuya simultaneidad en la concurrencia de esos rasgos (antes descritos) llevan a la perplejidad a los especialistas que los atienden.

Por lo tanto, es totalmente inadecuado hablar de este hecho como esquizofrenia, psicosis, y mucho menos como epilepsia, porque el cuadro entero no encaja en la catalogación de cada una de estas enfermedades. Este síndrome sólo encaja en pequeñas partes de la sintomatología de esas otras patologías. Pienso que el mejor término, puesto que hay que crear una denominación *ex profeso*, sería *síndrome demonopático de disociación de la personalidad*.

El DSM, en el Apéndice I, ofrece un glosario de síndromes relacionados con culturas étnicas determinadas[10], en la pg 849 aparece el término zar al que se da la siguiente definición descriptiva:

> *Un término general de Etiopía, Somalia, Egipto, Sudán, Irán y otras sociedades del Medio Oriente aplicado la experiencia de espíritus poseyendo a una persona. Las personas poseídas por un espíritu puede experimentar episodios disociativos que pueden incluir gritos, risas, golpes de la cabeza contra la pared, cantos o llantos. Las personas pueden mostrar apatía y apartamiento, rehusando comer o el llevar a*

10DSM, pg 849.

cabo las tareas diarias, o pueden desarrollar una relación a largo plazo con el espíritu que los posee.

Pero mucho más importante que ese término, que había que reseñar ya que esa obra hace mención, el DSM en el apartado 300.15 dedicado a los *desórdenes no especificados de otra manera* (pg 490) trata de un modo confuso y mezclado con otros desórdenes, el cuadro que aquí se ha presentado de un modo detallado. Ese apartado trata este tema de un modo sumario esta cuestión, y ya advierte que hay casos en que *la característica predominante es un síntoma disociativo (...) y que* [sin embargo] *no concuerdan con los criterios de ningún desorden específico.* Es interesante observar lo categóricos que se muestran algunos especialistas en clasificar el síndrome que he descrito (y de los que ellos sólo han tenido referencias) como una mera y simple disociación, cuando el mismo DSM, ante la evidencia de casos conocidos de primera mano, advierte claramente que hay casos que escapan a los criterios de la misma clasificación que acaba de hacer. Y de modo expreso el DSM menciona la posesión (al final del punto 4 del apartado 300.15) como un tipo de trance en el que la característica predominante es esa disociación de la personalidad pero cuyas características no coinciden con los criterios dados para ningún tipo de desorden de disociación.

Lo denominemos como lo denominemos hay que convenir que clasificarlo en otra de las categorías hasta ahora existentes es podar el fenómeno de muchos de sus elementos específicos. Por eso es más adecuado crear un término específico para una realidad específica. No basta con decir que es una patología demonopática pues son muchos los desórdenes psiquiátricos en los que el enfermo cree ser un demonio, o que la persona con la que convive se ha transformado en un demonio, o que oye voces de demonios, etc.

Tampoco basta con decir que es una mera disociación de la personalidad, porque la disociación aquí descrita presenta un cuadro demasiado *sui generis* en las características que la acompañan (vg. fase convulsiva sin pérdida de conciencia, una fobia exacerbada en medio de una crisis de apariencia histeriforme). Sin embargo, esa disociación de la personalidad, con ser sólo un síntoma diagnóstico más, es el más específico de la posesión. Así que por ello creo que psiquiátricamente el término más adecuado sería, como ya he dicho antes, *síndrome demonopático de disociación de la personalidad,* incluyendo en la palabra *síndrome* todas las fobias específicas y los otros aspectos de los que he hablado. Creo que de todos los términos es el más descriptivo de sus características esenciales. El adjetivo *demonopático* no aparece en vano, ya que designa el tema con el que cursa la enfermedad, y es necesario mencionarlo parra evitar confusiones con el término *desorden de trance de disociación* que se menciona en el DSM (apartado 300.15, punto 4, pg 490) y que se prestaría a confusión con otros casos, puesto que hay trances (por ejemplo, los hipnóticos) en los que se puede producir esa disociación temporal e inducida y que nada tienen que ver con el cuadro aquí descrito. El que se añada el término *de disociación de personalidad* también es necesario. Pues además de ser la característica más patente y predominante en esta enfermedad, nos ayuda a no confundir esta patología con otras en que el enfermo cree estar poseso pero cuyo cuadro es claramente esquizoide. El esquizoide presentará quizá un cuadro histriónico, un cuadro obsesivo y su pensamiento aparecerá desestructurado, características estas radicalmente diferentes al cuadro que presentan los afectados del síndrome ya descrito.

Cuestión 99

¿El demonio también posee el alma del poseso?

No, como se ve es un fenómeno que afecta al cuerpo. El alma puede estar en gracia de Dios. El raciocinio y la voluntad siguen pensando y decidiendo con libertad. Si un poseso muere, y está en gracia de Dios, el alma iría al cielo. Por todo lo dicho, también le es lícito comulgar. En unos casos esto será posible, en otros no le será posible ni entrar en el templo.

Pero el poseso no es responsable, moralmente hablando, de lo que haga o diga durante los trances de posesión. Por el contrario, el poseso es perfectamente libre y por tanto responsable de lo que haga fuera de esos trances.

Cuestión 100

¿Cuál es el modo más práctico para saber si alguien está poseso?

Hablar con el supuesto poseso para que nos explique lo que le pasa es importante, pero hay que recordar que el enfermo mental puede haberse leído todos los libros sobre el tema e imitar perfectamente los signos que ha leído. Por eso lo mejor es que el supuesto poseso nos explique lo que le pasa con gran brevedad y después sin más preámbulos orar sobre él.

Es la oración la que dará la seguridad si se trata de una posesión o no. Si la persona está posesa al bendecirla durante unos momentos, comenzará a crispar las manos, la tensión se irá reflejando en su rostro. Cerrará los ojos, si se le levantan los párpados el sacerdote verá que están en blanco. Si se sigue insistiendo en la oración, el poseso puede comenzar a gritar o a hablar, con una voz maligna. En otros casos comienza una risa maligna, o a bufar.

Hay casos en que no se observa trance, sino que el poseso al momento abre los ojos y habla. Su voz es maligna y angustiada, y habla para ordenar que pare, que detenga la oración. Aunque no se observe trance, al volver en sí no recordará nada.

En otros casos lo que no se observa es que emerja esa segunda voluntad. Lo único que se percibe externamente es que la persona pone los ojos en blancos y no se mueve. A veces, como mucho, puede agitar un poco las manos o el cuerpo, pero levemente. Estos son los demonios mudos. Mudos porque no hablan. Pero aunque no hablen durante mucho tiempo ya comenzado el ritual exorcismo, la persona entra en trance.

Cuestión 101

¿Qué argucias puede usar el demonio para ocultar su presencia en el poseso?

Esta cuestión debe ser leída muy atentamente por aquel que se vaya a dedicar al ministerio del exorcismo de forma continuada, pues se trata de un tema capital. Tan importante que el demonio por aquí sí que engañará a no pocos exorcistas haciéndoles creer que alguien no está poseso.

Dos son las argucias que pueden usar algunos demonios para no ser descubiertos, dependiendo si son demonios clausi o aperti. Más adelante se explica qué tipo de demonios son éstos.

Si es un demonio de los denominados *clausi*, tratará primero de ocultarse, de no manifestarse. Algunos pueden resistir sin manifestarse durante cinco minutos incluso y hasta más. Por eso es importante hablar con el supuesto poseso antes de bendecirle, para ver si el caso es verosímilmente de posesión o no. Pues si la posesión parece verosimil hay que insistir más tiempo en la oración de bendición. El demonio que es de los clausi cuando no resiste más el poder de la oración hace entrar en trance al poseso, el cual cierra los ojos y los pone en blanco bajo los párpados. Pero sin moverse, sin llamar la atención. Si el sacerdote dejara de bendecirle y no le hubiera levantado los párpados, el poseso volvería inmediatamente en sí, sin recordar nada, y el sacerdote quedaría engañado creyendo que no tiene nada.

Si es un demonio de los *aperti* hará justo lo contrario que lo explicado con los clausi. Abrirá los ojos y dirá que lo que tiene es psicológico, se reirá del sacerdote mientras reza, le preguntará qué tontería está recitando, que si le está tratando de convencer de que está poseso. Pero curiosamente, cuando vuelva en sí, si el sacerdote le pregunta qué por qué le ha dicho tal o cual cosa concreta, verá que no recuerda nada.

Cuando el sacerdote ora por una persona para discernir si está posesa, y comienza este comportamiento burlón o despreciativo, al acabar el sacerdote debe preguntarle que por qué le ha dicho eso o lo otro, porque en el espacio de tiempo en el que ha orado sobre la persona es un intervalo de tiempo en blanco que pasa completamente desapercibido para el poseso. Suele ser normal en este tipo de demonios que durante la oración para discernir, el poseso se ría de lo que está haciendo el sacerdote. Después, incluso, le pide perdón: *perdone, pero es que me hace mucha gracia lo que está haciendo, me parece una tontería*. El poseso ya está en trance, habla con voz completamente normal, con gestos y reacciones que dan a entender que es ella. Pero el sacerdote debe sospechar de que si él ha venido a verle *motu proprio* para ver si está poseso, ¿por qué de pronto al rezar todo le hace gracia, por qué no se puede aguantar la risa y le comenta que cree que todo lo que le pasa en realidad es psicológico? Todo eso le debe hacer sospechar, y si no recuerda nada de lo dicho ya todo está claro: es posesión. Y cuando se proceda al exorcismo se verá todavía más claro.[11]

A veces esta estratagema el demonio la usa incluso durante el exorcismo. Es gracioso que incluso después de haber entendido oraciones en latín y haber mostrado acerva repulsión a todo objeto sagrado, hace un desesperado intento de convencer a todos los presentes con voz normal de que en realidad lo suyo es una enfermedad mental y que le dejen marchar. Pero si el exorcista insiste, vuelve a manifestarse como lo que es, como un demonio.

Cuestión 102

¿Qué son los demonios ocultos?

Los demonios *abditi* u ocultos son los que se esconden en el interior del poseso sin manifestarse de ningún modo. La persona nota un cambio en su vida, siente cosas extrañas que le hacen sospechar que hay una fuerza externa que ha entrado en ella, incluso hasta puede experimentar fenómenos preternaturales. Pero para su desgracia cuando el sacerdote ora, el demonio resiste y no da ningún signo de estar allí.

En esos casos el que tiene ese tipo de demonio lo que ha de hacer es orar mucho, el mismo poseso, durante semanas o meses. Oración en general, no hace falta ninguna en concreto, ni tampoco es necesaria una oración específica contra el demonio. Basta con que cada día rece el rosario, vaya a misa, y hable con Dios un rato. A esos demonios ocultos la oración es lo que les hace salir cada vez más hacia afuera del poseso. Pues es como si al principio estuvieran muy en el interior de la persona, y poco a poco fueran siendo sacados hacia fuera. Por eso cualquier persona a la que se le

11 En ocasiones he observado que esa hilaridad, esas dudas, proceden de una tentación intensa del demonio, sin necesidad de entrar en trance, con perfecta consciencia.

haya dicho por parte de un exorcista que no tiene nada demoníaco, tiene el derecho a que se le examine de nuevo pasado un mes. E incluso, con brevedad, a que se ore por ella más de tres y cuatro veces, dejando un mes entre oración y oración.

En este sentido ha habido posesos cuyos demonios se han ocultado de forma tan absoluta que ningún exorcista hubiera detectado su presencia por mucha ciencia y experiencia que tuviera. Casos, sin embargo, en los que había sucedido algo preternatural con presencia de varios testigos. Y que tras mucha insistencia, el demonio no pudo más y se manifestó con toda su rabia, con todo el despliegue de signos que se puede dar en un poseso.

Incluso ha habido casos de demonios abditi que han podido resistir más de dos horas de exorcismo sin dar el más leve signo de estar allí. Y así he conocido casos en los que durante la sesión de exorcismo, la persona no se notaba ni si quiera ligeramente mal. Pero el exorcista y familiares estaban seguros de que el demonio estaba por las cosas de las que habían sido testigos en ocasiones precedentes. Sin embargo, por más que se resista, cuando un demonio abditus no puede más y revela su presencia, lo hace como todos los demonios en los posesos. No obstante, un exorcista no debe insistir tanto tiempo exorcizando a una persona sin signos salvo que no haya la menor duda por algo que se ha visto de que se trata de un caso de posesión.

En este sentido el exorcista puede afirmar sin la menor duda que alguien está poseso. Pero afirmar lo contrario no es igual de fácil. En cierto modo lo que se puede aseverar es que la persona *no da signos de posesión*. Sin embargo, como norma general, a la gente hay que dejarla tranquila y conviene ser rotundo al decir: usted no tiene nada. Obrar de otra manera sería dejar en una continua intranquilidad psicológica a todas las personas que vienen a vernos. Pero la rotundidad al decir a alguien que no tiene nada, no está reñida con aceptar volver a ver a alguien si éste lo pide.

Recuerdo un caso de una persona que afirmaba que había visto unas luces entrar en su casa por la ventana. Yo le examiné y no vi signo de posesión alguno. El problema era que toda la familia había visto aquel fenómeno, incluida una niña pequeña. Todos los integrantes de la familia estaban presentes delante de mí y confirmaron la historia. Así que mi respuesta fue:

1. *Si no hubiera habido más testigos de lo que usted me dice estaría seguro de que lo suyo es meramente psicológico.*
2. *Pero dado que hay más personas que avalan su historia, tengo mis dudas.*
3. *Por otro lado usted no da signos de posesión.*
4. *Así que haga lo siguiente.*

A. *Tome la medicación que le ha dado el psiquiatra y siga todas sus indicaciones.*

B. *Al mismo tiempo ore, rece el rosario, vaya a misa.*

Si lo suyo es un problema psiquiátrico, ya está poniendo el remedio.

Si lo suyo es un problema que tiene que ver con el demonio, la oración Dios la escuchará y le ayudará.

Y por supuesto puede volverme a ver dentro de un mes o dos o medio año.

He segmentado todos los elementos de la respuesta porque esta respuesta valdrá para todos los casos en los que el dictamen no está claro, y cada punto de la respuesta tiene su razón de ser.

Al cabo de un tiempo volvió y se vio claro que era un problema de posesión. Casos como estos desafortunadamente se dan. Y digo *desafortunadamente* porque ojalá que todo estuviera más claro, que todo fuera más sencillo. Pero este tema tiene el nivel de complejidad que Dios ha querido. Ni más, ni menos.

Por tanto, hay demonios abditi que pueden resistir diez minutos, veinte, una hora, dos... Y los hay que están tan dentro de la persona que necesitarán meses para que por fin la oración del sacerdote no la puedan resistir y tengan que manifestarse. Reconozco que este tipo de demonios abditi introducen un nivel de indeterminación en nuestros diagnósticos que para mí, personalmente, me resulta muy desagradable. Pero las cosas son como son. Y este tipo de demonios, lamentablemente, existen. La demonología es como es, no se trata de una cuadrícula que haya creado un teólogo y en la que todo sea tan fácilmente delimitable que nos movamos con la más perfecta de las seguridades a la hora de dar un dictamen.

Cuestión 103

¿Qué oración se debe hacer para saber si alguien está poseso?

Basta con que el sacerdote bendiga a la persona, bien sea con oraciones ya hechas o improvisadas. Al cabo de un rato se pueden intercalar las siguientes frases fáciles de memorizar:

In nomine Iesu, exorcizo te.
In nomine Iesu, dic nomen tuum.
In nomine Iesu, si es hic, manifesta te.

Al dirigirse al demonio hay que hacerlo con autoridad. Al demonio no se le pide nada, se le ordena. Hacerlo en latín ayudará a que la persona no sepa en qué momento nos estamos dirigiendo al demonio y hemos dejado de bendecirla. Si la persona no da ningún signo ni de trance, ni de que emerja esa segunda personalidad, entonces es que no está posesa. De todas maneras hay demonios que se esconden mucho, que con todas sus fuerzas resisten la oración. Por eso, conviene insistir un poco. Normalmente no es necesario insistir más allá de tres o cuatro minutos. En el 95% de los casos de posesión, el demonio suele manifestarse en muy pocos segundos.

Pero como hay muchos tipos de demonios conviene que el sacerdote se encomiende a Dios para que le ilumine, y que haga caso de la intuición. Si algo le hace sospechar que allí hay un demonio, puede insistir más. Aunque más de cuatro minutos normalmente no habrá necesidad. Durante ese tiempo en que está bendiciendo a la persona, es muy importante que el sacerdote se concentre mucho en la oración. Cuanto más se concentre más fuerza tendrá su oración y más obligará al demonio a manifestarse. Es muy conveniente que el sacerdote cierre los ojos para no distraerse mirando a la persona. Pero conviene que haya alguien más atento al poseso por si el éste tratara de abalanzarse sobre el sacerdote mientras está con los ojos cerrados concentrado en la oración.

El sacerdote aunque esté concentrado en la oración si en algo ha de fijarse tras un rato es en los ojos. Pues en unos casos los ojos se cierran para entrar en trance. O en otros casos el demonio mira a través de ellos, y el demonio tiene una mirada especial, maligna. Si ve esa mirada, al insistir se acabará manifestando si está dentro.

Cuestión 104

¿Cuáles son las causas de la posesión?

Las causas que siempre se han dado para explicar por qué se han producido una posesión son las siguientes: 1. El pacto con el demonio. 2. Asistir a sesiones espiritistas, a cultos satánicos o a ritos esotéricos. 3. Que un hijo haya sido ofrecido por su madre a Satanás. 4. El maleficio.

Nunca se contagia la posesión. Vivir con un poseso no supone ningún peligro de que se pegue algo de este tipo. Como se ve queda poseso el que abre una puerta al demonio. La gente piensa que los pecados provocan la posesión, pero no, hay que abrir expresamente una puerta al demonio para que entre. Una cosa es el pecado y otra la posesión. Lo uno no lleva a lo otro. De la misma manera que uno puede abrir la puerta al demonio aunque no sea demasiado malo, así también uno puede ser muy malo y no quedar poseso.

Puede parecer lógico que quede poseso el que voluntariamente haya abierto una puerta al demonio, pero puede parecer más extraño que alguien quede poseso por un maleficio. Es decir por alguien que haya hecho un rito para que quede poseso o para matarle. Pero no nos olvidemos que la posesión sólo afecta al cuerpo, no al alma. Con lo cual no hay ningún problema respecto a la justicia divina. Pues del mismo modo que alguien puede ir a la mafia para encargar la muerte de alguien, también Dios permite a veces este mal con respecto al cuerpo. La posesión sólo se producirá si Dios lo permite. No importa los ritos que se hagan para que alguien muera o quede poseso, si Dios no lo permite no pasará nada. Y por supuesto, cuanta más vida espiritual y de oración lleve la persona más protegida estará contra todas estas influencias del maligno.

De todas maneras, que gente inocente y hasta en gracia de Dios quede posesa sin culpa no es una teoría, es algo comprobado una y otra vez desde hace siglos. Dios lo permite porque muchas veces los males del cuerpo son una fuente de bendiciones muy grande para el alma. Y tras una posesión la persona queda mucho más agradecida a Dios y con una vida espiritual mucho más fuerte para toda la vida.

Por otro lado hay que decir que las personas que practican maleficios contra la salud de otras personas o para que queden posesas, no suelen hacerlo durante mucho tiempo, ya que este tipo de personas suelen encontrar el castigo divino muy pronto. Pocas cosas atraen tanto el castigo divino como practicar maleficios contra otros. Este tipo de personas pueden practicar sus malas artes por poco tiempo antes de que Dios les reclame la vida y los llame a su juicio terrible.

Cuestión 105

¿Por qué posee el demonio?

Si el demonio sabe que poseer a alguien supone el riesgo de que al final esa posesión produzca bienes mayores para el alma de la persona, ¿entonces por qué posee? Además, ¿la posesión no supone un desenmascaramiento del demonio? ¿No le resultaría más provechoso mantenerse completamente oculto?

Indudablemente al demonio le resultaría más conveniente no poseer a nadie. Pero posee por una única y simple razón: hacer sufrir. El busca hacer sufrir y en la posesión puede hacerlo de un modo directo. La posesión a largo plazo supone un perjuicio para los planes del Maligno, pues se descubre a sí mismo, pero a corto plazo obtiene el sufrimiento de la persona. Y el demonio no se resiste a obtener algo seguro aquí y ahora. Lo que se ha dicho antes acerca de por qué el demonio no se resistió a tentar al Hijo de Dios es igualmente válido para esta materia. Resistir la tentación requiere virtud, y no podemos pedir virtud al demonio. Por eso él busca siempre el beneficio aquí y ahora. La Iglesia piensa a largo plazo, pero el demonio es impulsado por sus propias pasiones. Aunque parezca un contrasentido, el demonio es juguete de sus propias pasiones e impulsos que no controla.

Cuestión 106

¿Por qué Dios permite que existan posesiones?

Dios permite este extraño fenómeno por cuatro razones: 1. se muestra la verdad de la religión católica. 2. es castigo de los pecadores, 3. es provecho espiritual de los buenos, 4. produce saludables enseñanzas para los hombres.

Si Dios permite la enfermedad, más razones tiene para permitir algo cuya existencia es una verdadera razón para creer. Un fenómeno en el que se comprueba el poder de Dios, el poder de Cristo y el poder de la Iglesia. La posesión es como una ventana abierta por la que podemos asomarnos al mundo de odio y sufrimiento demoníaco. Una ventana abierta por la que podemos atisbar algo del poder invisible de las naturalezas angélicas. Y el bien que viene de presenciar todo ello redunda en los presentes y familiares normalmente para toda la vida.

Digo "normalmente" pues presenciar un exorcismo no significa que todas las personas que presencian tal fenómeno a partir de entonces tengan fe. Hay quienes después de ser testigos de un exorcismo, todo lo achacan a causas naturales o, al menos, desconocidas. Si hubo quien no creyó en Jesús habiendo presenciado las curaciones y milagros que realizaba, no podemos extrañarnos de que esto otro suceda. Hemos de comprender que veamos lo que veamos (un milagro, un exorcismo, lo que sea) lo que nos hace creer es la gracia. Si libremente decidimos resistir a esa invitación interior e invisible, no importa que veamos la multiplicación de los panes y los peces. Aunque se abrieran los cielos y Dios no hablara desde lo alto entre las nubes, pensaríamos que se trata de una alucinación. No es lo que vemos, sino la gracia, la que enciende en el interior de nuestra alma inmortal la llama de la fe.

Cuestión 107

¿Qué diferencia hay entre el desdoblamiento de personalidad y la posesión?

La enfermedad de desdoblamiento de la personalidad tiene una causa natural, la posesión tiene su causa en el demonio.

La enfermedad aparece por causas psiquiátricas, la posesión normalmente por participar en ritos esotéricos.

La enfermedad sólo se cura con la ciencia psiquiátrica, la posesión sólo desaparece con exorcismo.

En la enfermedad no hay fenómenos extraordinarios, en la posesión en ocasiones sí que los hay.

Cuestión 108

¿Qué fenómenos extraordinarios se dan en la posesión?

Basta que haya trance o la aparición de la personalidad demoníaca para que hablemos de posesión. Hay casos de posesión en que no habrá manifestación de fenómenos extraordinario alguno. Pero los fenómenos más frecuentes son:

El demonio entiende cualquier lengua, incluidas las lenguas muertas. Obedecerá las órdenes que se le den en latín, griego, hebreo u otros idiomas al momento, con independencia de la edad o inteligencia del sujeto poseso. Aunque no suele ser frecuente, algunas veces los posesos hablan otros idiomas, aunque suelen ser idiomas desconocidos.

Muestran una gran fuerza, a veces durante muchas horas. Y alguna vez incluso fuerza física claramente imposible, pudiendo levantar a varias personas a la vez.

También se puede dar conocimiento de cosas ocultas. Pero el hecho más extraordinario de todos, y el más infrecuente, es la levitación.

Cuestión 109

¿En el Evangelio no podría ser la posesión un mero símbolo de la liberación del mal?

Negar la realidad de las posesiones y afirmar que son sólo un mero símbolo de liberación del mal es una afirmación herética. Tal afirmación es contraria a la tradición constante de la Iglesia. Los Santos, los doctores de la Iglesia, los Santos Padres, la práctica constante de la Iglesia en Oriente y Occidente a través de toda su historia, es unánime en afirmar que la posesión es ese domino del demonio sobre el cuerpo.

Los evangelios distinguen de forma muy clara entre enfermedad y posesión. La distinción entre ambas realidades nunca deja lugar a dudas en ningún evangelista. Siempre se deja claro que la posesión esta causada por un ente maléfico espiritual. Es un fenómeno éste de la posesión tan *sui generis* que se usa un verbo especial cuando Jesús va a expulsar esos *daimonia*, el verbo será *exorkizo* (conjurar), las personas no serán llamadas enfermas sino *daimonizomenoi*. La posesión no se cura, el poseso es liberado. Este grupo de personas que irán apareciendo en los cuatro evangelistas gritarán, tendrán crisis de agitación. Jesús se dirigirá a esos *daimonia* imperativo, dando órdenes sin mostrar compasión alguna.

Cuestión 110

¿Hubo posesiones en la época del Antiguo Testamento?

En el Antiguo Testamento sólo aparece testimoniado un caso de posible posesión que es el siguiente y que aparece en el libro 1 de Samuel: *El espíritu de Yahveh se retiró de Saúl y le* ***agitó*** *un mal espíritu suscitado por Yahveh. Los servidores de Saúl le dijeron: He aquí que te* ***agita*** *un mal espíritu enviado por Dios. Y sucedió que cuando aquel espíritu de Dios* ***asaltaba*** *a Saúl, tomada David el arpa y tañía con su mano. Esto daba a Saúl alivio y le sentaba bien, pues se retiraba de él el mal espíritu* (1 Sam 16, 14 y 15 y 23).

Este texto parece un testimonio de posesión, pues se habla de un *mal espíritu* que lo *agitaba*, que lo *asaltaba* y más adelante incluso se dice que se *apoderaba* de él. Esto aparece en I Sam 18,10 donde se afirma que "*un espíritu malo de Dios* ***se apoderó*** *de Saúl, el cual* ***se puso arrebatado*** *en medio de la casa. (...) y Saúl blandió la lanza pensando: ¡Clavaré a David en la pared!*

En la época del Antiguo Testamento, por supuesto, también hubo casos de posesión, aunque no hayan quedado consignados en la Biblia. Allí donde ha habido práctica de brujería e invocación a fuerzas malignas, allí ha habido posesiones.

Cuestión 111

¿Por qué ahora hay menos casos de posesión que en la época del Evangelio?

Es frecuente oír que después que Cristo derramó su sangre en el Calvario el poder del Diablo sobre el mundo quedó quebrantado y que por eso hay hoy día menos casos de posesión. Bien, se trata de una afirmación bastante difícil de probar. Porque ni de una época ni de otra, poseemos estadística alguna. De todas maneras, eran infinidad los ritos de la Edad Antigua en los que se invocaba a espíritus y dioses de un modo que era casi a una sesión espiritista, favorecían la posesión. De ahí que es evidente que fuera más frecuente la posesión en la Babilonia pagana que en al Europa de Carlomagno. No fue la Redención de Cristo, sino la extensión de la Iglesia y el abandono de ese tipo de ritos de invocación de espíritus malignos los que causaron que la posesión fuera algo verdaderamente excepcional. Porque aunque Cristo nos haya redimido, si se invoca a los demonios, se producen posesiones. Por eso no es el hecho de la Redención lo que ha disminuido el número de posesos, sino la erradicación de esas prácticas de conjuración de fuerzas malignas al implantarse el cristianismo.

Cuestión 112

¿Qué tipos de demonios aparecen en las posesiones?

Hay dos grandes tipos de demonios que provocan dos tipos distintos de posesión. Los *clausi* y los *aperti*. Los demonios clausi hacen que el poseso cierre los ojos al entrar en trance, bajo los párpados los ojos están en blanco. Los demonios aperti provocan una posesión en cuyos trances el poseso está con los ojos abiertos, mirando con furia y odio y hablando locuazmente. Los aperti son locuaces y violentos, y hay que sujetarlos entre varios de los presentes. Los clausi sólo gritarán al cabo de un rato y siempre sin abrir los ojos. Los clausi al cabo de un rato de oraciones hablan, pero otros son completamente mudos, entran en trance pero no dicen nada.

Un tercer tipo de demonios serían los demonios abditi, es decir, los ocultos. Se sabe que están ahí, dentro del cuerpo de los posesos, porque alguna vez se han manifestado indubitablemente. Pero después algunos se ocultan sin dar la menor seña de su presencia. Estos demonios abditi una vez que se manifiesten, lo harán como demonios clausi o aperti.

He dicho antes que son distintos tipos de demonios, pero en realidad, para ser precisos, habría que decir que los calificamos así según sea su modo de reaccionar durante el exorcismo. Los calificamos así según su reacción, pero sin llegar a penetrar en la esencia de lo que les distingue.

Aunque sean distintos tipos de demonios el modo de proceder del sacerdote con ellos, al comienzo será el mismo, sea el tipo que sean. Después ya se irá viendo que es lo que atormenta a cada uno de un modo más específico y se insistirá en ello especialmente.

Cuestión 113

¿Qué sucede si un poseso muere antes de que salga el demonio?

Mucha gente cree que si muere estando poseso, irá al infierno. Eso es un error. Si la persona está en gracia de Dios, irá al cielo. La posesión sólo afecta al cuerpo. Y muerta la persona, el demonio sale y no entra en otra.

Cuestión 114

¿Pueden las almas de los condenados poseer?

Sí, en mi opinión las almas de los condenados pueden poseer exactamente igual que un demonio. Algunos posesos en trance insisten durante las sesiones de exorcismo en que no son demonios, sino difuntos. La pregunta que se hacen algunos exorcistas es si no estarán mintiendo y por eso ésta es una cuestión debatida entre exorcistas. Sin embargo, hay que tener en cuenta que por más que se les ordene en el nombre de Jesús que digan la verdad, no ceden en esta afirmación. Cederán en todo (besarán la cruz, alabarán a Dios, etc), pero no cederán en la afirmación inicial de que no son demonios, sino personas humanas condenadas al infierno. Si obedecen en todo, pero se mantienen firmes sólo en tal afirmación, es un indicio más que razonable para creer que dicen la verdad.

Cuestión 115

¿Puede un poseso matarse?

Dado que el demonio toma posesión de un cuerpo y puede moverlo y hablar a través de él, muchas personas se preguntan si en tal estado podría llegar a matar. La experiencia demuestra que el poseso en estado de trance puede hacer muchas cosas: quedarse quieto con los ojos en blanco, convulsionarse, gritar, etc. Pero normalmente no suele hacer cosas contra sí o contra otros por la sencilla razón de que Dios no se lo permite. El demonio que posee quiere hacer todo el mal que pueda, pero Dios con su voluntad pone límites que él no puede traspasar.

De todas maneras si el poseso tiene un espíritu de suicidio, entonces sí que existe un peligro real de que en ese estado de trance el demonio le impulse a tirarse desde una ventana o a clavarse algo, etc. Los posesos que están poseídos de un espíritu de suicidio deben ser vigilados y los permisos episcopales para proceder a su exorcismo deben tramitarse con la mayor urgencia.

Cuestión 116

¿Puede un poseso matar?

Aunque algunos posesos en estado de trance pueden mostrarse agresivos contra alguien en concreto, es muy raro que puedan hacer algún tipo de daño. La experiencia demuestra que el poseso grita contra alguien, le puede mirar con odio o poner las manos como garras y cosas por el estilo. Pero es muy raro que trate de golpearle o de agredirle con algo. Y normalmente cuando en algún rarísimo caso trata de hacerlo, al final todo queda en un intento. Como si una fuerza le impidiera llevar a cabo su deseo. Pero estos intentos de agresión sólo ocurren muy rara vez y, repito, sin llegar a tener éxito.

Cuestión 117

¿Los asesinos en serie que cometen crímenes horribles son posesos?

Mucha gente sencilla se pregunta si determinados asesinos en serie que comenten crímenes espantosos, horribles y casi impensables, no estarán en realidad posesos. La respuesta es sencilla, unos son meros enfermos mentales, alguno puede estar poseso, otros ni están enfermos ni posesos.

Es cierto que hay casos extraordinariamente inusuales —y que suelen aparecer en los periódicos— de crímenes horrendos y que revisten aspectos que hacen pensar en la posesión. Son los delitos cometidos por ejemplo por miembros de sectas satánicas o determinados asesinos en serie en los que no es fácil diferenciar la raya de lo hecho consciente e inconscientemente. En estas personas desalmadas y al mismo tiempo posesas no resulta sencillo delimitar la raya de lo cometido en estado consciente e inconsciente pues han realizado cosas tan horrendas, sin arrepentimiento alguno, que después esa distinción no es sencilla. Normalmente las descripciones de este tipo de casos suelen hablar de que el hecho horrendo comenzó de forma consciente y de que poco a poco el agresor parecía entrar en un frenesí en el que ya no parecía tener dominio de sus actos. Son crímenes cometidos por personas ya verdaderamente malignas en estado consciente y que al mismo tiempo están posesas. Personas en las que es difícil distinguir donde acaba lo dicho o hecho voluntariamente y donde comienza lo dicho o hecho en estado de posesión.

Desde luego si al orar por un asesino en serie se descubriera que está poseso eso no cambiaría su situación de responsabilidad ante la Ley. La ley no puede eximir a alguien de su responsabilidad penal por el hecho de la posesión. En todo caso se puede equiparar, a efectos legales, la posesión a la enfermedad enajenante. Pero lo que no se puede es dejar impunes las faltas bajo la excusa de una causa invisible. Introducir tal eximente supondría una inseguridad jurídica inaceptable que ningún legislador cuerdo podría aceptar.

Capítulo II

El exorcismo y el exorcista

Cuestión 118

¿Qué es el exorcismo?

Exorcismo es el rito por el que se ordena al demonio salir del cuerpo de un poseso. La esencia del exorcismo es la conjuración, es decir, la orden dada al demonio en el nombre de Jesús para que abandone ese cuerpo.

El rito eclesiástico del exorcismo contiene muchos ritos menores (la letanía de los santos, liturgia de la Palabra, rezo de la oración dominical, etc), pero su verdadera esencia es la conjuración del demonio. Las oraciones dirigidas a Dios son deprecativas, es decir, se le suplica. Mientras que al demonio nunca se le pide nada, sino que se le conjura, esto es, se le ordena. Y se le ordena por el poder sacerdotal o por el poder inherente en el mismo nombre de nuestro Redentor.

Si en un exorcismo no hubiera conjuración, no habría verdadero exorcismo. El rasgo definitorio y específico del exorcismo es la conjuración. De hecho, la palabra griega exorkizein significa justamente eso conjurar. Pongo a continuación dos ejemplos tomados del Ritual de Exorcismos de 1998.

Fórmula de oración deprecativa a Dios:

Dios, creador y defensor del género humano, vuelve tus ojos sobre este siervo tuyo [Nombre del poseso] al que formaste a tu imagen y al que llamas a tu amistad.

El viejo adversario lo atormenta cruelmente, lo oprime con áspera fuerza, lo turba con fiero terror.

Envía sobre él a tu Espíritu Santo que lo fortalezca en las tristezas, que le enseñe a suplicar en la tribulación y que lo custodie con su poderosa protección.

Escucha, Padre Santo el gemido de la Iglesia que te suplica. No permitas que tu hijo sea poseído por el Padre de la mentira. No permitas que tu siervo al que tu Hijo redimió con su sangre, sea retenido en la cautividad del Diablo. No permitas que el templo del Espíritu Santo sea habitado por un espíritu inmundo.

Escucha, Dios misericordioso, las súplicas de la dichosa Virgen María, el Hijo de la cual muriendo en la Cruz quebrantó la cabeza de la Serpiente Antigua y confió a a todos los hombres como hijos a Ella, como madre.

Que brille en este siervo la luz de la verdad, que entre en él el gozo de la paz, que le posea el Espíritu de santidad y que morando en él le torne sereno y puro.

Fórmula de conjuración al demonio:

Te conjuro, Satán, enemigo de la salvación humana, a que reconozcas la justicia y bondad de Dios Padre, el cual con justo juicio condenó tu soberbia y envidia.

Apártate de este siervo [Nombre del poseso] al que el Señor hizo a su imagen, al que embelleció con sus dones y al que adoptó como hijo de misericordia.

Te conjuro, Satán, Príncipe de este mundo, a que reconozcas el poder y fuerza de Jesucristo. El cual te venció en el desierto, te derrotó en el huerto, te despojó en la Cruz, y resucitando del sepulcro llevó consigo tus trofeos al Reino de la Luz.

Retrocede de esta criatura [Nombre del poseso] a la que naciendo la hizo hermano suyo y muriendo la adquirió con su sangre.

Te conjuro, Satán, seductor del género humano a que reconozcas al Espíritu de verdad y gracia. El cual repelió tus insidias y confundió tus mentiras.

Sal de esta criatura de Dios [Nombre del poseso] a la que Él selló con el sello celestial. Retrocede de este hombre al que con la unción espiritual Dios lo hizo templo sagrado.

Retrocede pues, Satán, en el nombre del Padre + y del Hijo + y del Espíritu Santo +. Retrocede por la fe y la oración de la Iglesia. Retrocede por el signo de la santa cruz de Nuestro Señor Jesucristo que vive y reina por los siglos de los siglos. Amén.

Cuestión 119

¿Cuál es el modo ideal de organizar este ministerio del exorcistado?

Lo ideal es que este ministerio se organice muy bien con suficiente número de personas bien capacitadas para la misión que se les va a encomendar. Si para ello se considera que es mejor concentrar el ministerio en la capital de la archidiócesis mejor que en cada diócesis, óbrese de esa manera. Desde luego no es obligatorio que en cada diócesis haya un exorcista.

El modo que voy a exponer de organizar este ministerio está pensado par una gran archidiócesis que posea una gran afluencia de casos a examinar.

La parte más delicada de este ministerio no es el exorcismo, sino el discernimiento. Pues si nos equivocamos y decimos que no está posesa una persona que sí lo está le estaremos infligiendo por omisión un daño terrible que puede tener que llevar a cuestas toda una vida. Pero por otro lado, si le decimos que está posesa y no lo está, la Iglesia quedará muy desprestigiada. Un sólo resbalón en este sentido puede tener pésimas consecuencias, pues la prensa sólo se fijará en el error y no en los éxitos.

Por eso conviene concentrar experiencia en pocas personas y no ir comenzando cada vez con cada caso. Y si los especialistas en discernir deben estar sólo en archidiócesis no pasaría nada dadas las facilidades de comunicación que hay hoy día. Una vez que se comprobara que el caso es verdadero, el especialista podría dar las indicaciones oportunas para que en la diócesis donde reside el poseso un sacerdote autorizado proceda al exorcismo.

Aunque cada caso es suficiente con que lo vea una persona, conviene que sean tres las personas integrantes de ese equipo de discernimiento. Tres personas de distintas edades para que si muere una no se vaya todo el conocimiento con él, sino que por el contrario el conocimiento se vaya poniendo en común. Por más que esta ciencia del discernimiento se ponga por escrito, nada podrá suplir en esta materia a la experiencia. Por eso el que el exorcista joven sea enseñado por el de más edad es muy beneficioso.

Después, comprobado que un caso es de auténtica posesión y conseguida la autorización, lo ideal es que el exorcista tenga un equipo de laicos que le ayuden durante el exorcismo. Laicos que sujeten al poseso y que recen durante el acto litúrgico. Pueden ser entre cinco y diez. Diez pueden parecer muchas personas, pero si están ahí rezando, entonces no estorba ese número, pues la oración se suma. La oración de este equipo de laicos que asisten a las sesiones no son algo sin mucha importancia. Por el contrario el poder de la oración de un grupo es muy superior al de un sacerdote solo.

No necesariamente el equipo de sacerdotes que disciernen tienen que ser los que después hagan los exorcismos. Como se ha dicho ya el exorcismo es una operación más fácil de hacer que la acción de recibir a la persona y discernir. Pues para el exorcismo basta con seguir el manual. Y si hay dudas pueden consultar con alguien del equipo de discernimiento. Pero ningún manual puede dar la experiencia necesaria para discernir los casos verdaderos de los falsos. Es en esa labor de discernir, donde más conviene que se acumule la experiencia y por tanto que las personas sean fijas, siempre las mismas, sin cambios. Por otro lado, exorcizar, si se hace con mucha frecuencia, es un ministerio muy pesado, y aunque parezca paradójico es una función de una gran monotonía y que suele cansar mucho por ser siempre lo mismo. Por eso, discernir es una labor y exorcizar otra. No necesariamente deben ir unidas ambas.

Con lo cual, resumiendo, lo ideal es que el ministerio en las grandes archidiócesis con atención de muchos casos se organice con tres tipos de personas:

los consultores
encargados del discernimiento

los exorcistas
encargados de llevar a cabo el exorcismo

los asistentes
el equipo de laicos que asisten con su oración
y ayuda en los exorcismos

Entre los asistentes podría haber laicos más fijos en este ministerio que se encargaran del acompañamiento espiritual de los posesos y sus familias. Los posesos en la mayor parte de los casos precisan de una verdadera catequesis para acercarse a Cristo.

Algunos de estos asistentes con los años pueden acumular tal experiencia que alguno de ellos podría llegar a ser alguno de los consultores. Si este laico es además psiquiatra, su juicio parecerá más justo a la hora de discernir los casos. Pero digo parecerá, porque en mi experiencia nada es tan valioso como el sentido común y la vida espiritual.

Cuestión 120

¿Es obligatorio un informe psiquiátrico para proceder al exorcismo?

No, la idea de que es preceptivo un informe psiquiátrico antes de proceder al exorcismo no aparece en ningún texto normativo sobre esta materia. Si un obispo espera que un psiquiatra le diga: *este hombre está poseso*, normalmente no se hará ningún exorcismo aunque se presentara allí el mismo endemoniado de Gerasa que tenía una legión dentro.

El informe psiquiátrico sólo va a hablar de posibilidades. Si el exorcista está seguro de que está poseso ¿para qué necesita un informe psiquiátrico? Además, en varias ocasiones ya me ha ocurrido que en un poseso la enfermedad psiquiátrica coexistía con una verdadera posesión. ¿De qué hubiera servido un informe en ese caso?

Desde el momento en que puede coexistir una enfermedad psiquiátrica con la posesión ¿qué sentido tiene un informe psiquiátrico? ¿Es que si está enfermo no puede estar poseso?

Cuestión 121

¿Por qué se necesita permiso del obispo para exorcizar?

Al principio, en la Iglesia primitiva no se necesitaba permiso del obispo. Este ministerio se ejercía cuando se creía oportuno. Sin embargo, muy pronto se impuso la norma de que nadie lo ejerciera sin autorización del obispo. Así consta ya en el año 416, año en el que el Papa Inocencio I le escribe una carta al obispo Gubbio en la que se dice:

> *"Debes tener solicitud caritativa por estos bautizados, que después del bautismo son poseídos por el demonio, a causa de algún vicio o pecado. Y a tal efecto, puede ser designado algún presbítero o diácono. Ya que realizar lo cual [el exorcismo] no les es lícito si no es con el mandato del obispo"*[12].

¿Por qué la Iglesia impuso esta normativa? La Iglesia se dio cuenta de que este campo requería de una especial prudencia. Prudencia para evitar que iluminados y visionarios obraran por su cuenta. Además, era un campo lo suficientemente delicado como para que una actuación imprudente de un clérigo hiciera un daño especial a los supuestos posesos, y al prestigio de la Iglesia en general. Por eso se optó por establecer una especial vigilancia a este ministerio. Vigilancia que se concretó en la restricción que aparece ya en el siglo V en la carta antedicha. Es interesante añadir que en Oriente este ministerio se ejerció como una actividad carismática que no requería de autorización expresa del obispo.

---

12 De his vero baptizatis, qui postea a demonio, vitio aliquo aut peccato interveniente, ARRIPIUNTUR, est sollicita dilectio tua, si a presbytero vel diacono possint aut debeant designari. Quod hoc, nisi episcopus praeceperit non licet. PL XX, 557—558

Cuestión 122

¿Qué era la orden menor del exorcistado?

La orden menor del exorcistado era una bendición que la Iglesia daba a través de un rito litúrgico en el que se pedía expresamente a Dios su gracia para ejercer este ministerio.

Después, aunque habían recibido esta orden menor no podían ejercer ese ministerio sin permiso de su obispo. Con el documento Ministeria Quaedam Pablo VI suprimió esta orden menor. Algunos consideraron que esto suponía la pérdida de un arma de lucha contra el demonio. Pero no era así. La misma orden menor fue totalmente desconocida en los primeros tiempos de la Iglesia. Tal orden menor no era un sacramento, sino un sacramental creado por la Iglesia. El poder exorcístico está incluido en el poder del sacramento del orden. El sacramental de aquella orden menor era una mera bendición en la que se le pedía a Dios su gracia para ejercer bien ese ministerio, sólo era eso. Por lo tanto, aunque se haya suprimido esa orden menor, el poder exorcístico no queda reducido en nada, ni en lo más mínimo. La potestad de orden y la fe y oración del presbítero serán las fuentes de su poder sobre los demonios.

Cuestión 123

¿Qué hacer en caso de absoluta ausencia de exorcista?

Alguna que otra vez me han preguntado qué se debía hacer si había una absoluta ausencia de un sacerdote por encontrarse por ejemplo en territorio de misión. Al principio trataba de capear la pregunta con respuestas del tipo: *hay que conseguir llegar hasta un sacerdote.* Pero los años han presentado ante mí situaciones que me han dado a entender que efectivamente hay situaciones en las que no hay posibilidad alguna de hacer llegar al poseso hasta un sacerdote. Y situaciones en que si el sacerdote llega, va a tener trabajo acumulado de años como para dedicar horas y horas a un exorcismo.

Para esos casos completamente excepcionales en los que se de una absoluta imposibilidad de poder obtener una ayuda ordinaria de la Iglesia, los cristianos que haya allí deben reunirse y rezar la siguiente oración, el siguiente *exorcismus missionalis*:

Señor, Dios todopoderoso, misericordioso y omnipotente, Padre, Hijo y Espíritu Santo, expulsa de él toda influencia de los espíritus malignos.

Padre, en el nombre de Cristo te pido que rompas toda cadena que los demonios tengan sobre esta persona.

Derrama sobre él la preciosísima sangre de tu Hijo. Que su sangre inmaculada y redentora quebrante toda atadura que exista sobre su cuerpo y su mente.

Todo esto te lo pedimos por intercesión de la Santísima Virgen María. San Miguel arcángel, intercede, ven en su ayuda.

En el nombre de Jesús ordeno a todo demonio que pueda tener alguna influencia sobre él, que salga para siempre. Por su flagelación, por su corona de espinas, por su cruz, por su sangre, por su resurrección, ordeno a todo espíritu maligno que salga.

Por el Dios verdadero, por el Dios santo, por el Dios que todo lo puede, te ordeno demonio inmundo que salgas en el nombre de Jesús, mi Salvador y Señor. Amén.

Esta oración debe ser repetida cada día, durante un tiempo que puede variar de unos minutos a un cuarto de hora o media hora o incluso más tiempo. Las oraciones a Dios pídanse con humildad, el mandato al demonio hágase con el tono de una orden. Gritar no tiene más efecto. Si el demonio no se agita al repetirla, récese el rosario allí en grupo en voz alta. Acabado el rosario vuélvase a repetir la oración durante un rato. Si vuelve a no dar signos de agitación, vuélvase a rezar otro rosario. Lo ideal es proseguir así durante mucho tiempo.

Esta oración, junto al rezo del rosario, tiene la ventaja de ser una oración breve unida a un sistema sencillo de exorcizar que se puede usar también, haciendo ligeras acomodaciones, para los casos de infestaciones. Incluso, si no es un caso de posesión, la persona lo puede usar para liberarse de influencias que provengan del demonio. Pero no es una oración de protección, sino de expulsión. Y por tanto debe ser usada sólo por personas que sin ninguna duda tengan ese tipo de disturbios para los que está pensada.

En cada caso habrá que hacer en la oración los cambios pertinentes. Por ejemplo, donde se *dice expulsa* ***de él*** *toda influencia de los espíritus malignos*, habrá que decir *expulsa* ***de esta casa*** *toda influencia...* Hay que repetir que esta oración está pensada para los lugares de misión, para no dejar desamparados a aquellos posesos para los que la aplicación de las normas generales supondría una desprotección del fiel cristiano.

Alguien puede ver este *exorcismus missionalis* como una puerta abierta para que cualquiera comience a practicar exorcismos. Creo que he insistido bastante en las condiciones en las que debe ser utilizado: absoluta imposibilidad de acceder a ministros sagrados durante meses. No es propio de la caridad dejar a esa gente sin nada. Por poner una comparación, todo medicamento debe ser dispensado con receta médica, ahora bien, qué hay que hacer si un enfermo de cálculos en el riñón está en un lugar sin médico y sin hospitales a la redonda. Así que creo que en conciencia algo había que decir para esta gente desamparada. Aun a riesgo de que lo que se diga para ellos sea aplicado por aquellos que no estaban en esa situación. Pero el que exista el riesgo evidente de haya gente que no se someta a las normas canónicas y haga los exorcismos cuando le de la gana, no significa que no se deba decir algo para los casos de fieles hijos de la Iglesia que se encuentren en esa penosa situación.

Cuestión 124

¿Puede exorcizarse a un no católico?

Sí, los no bautizados o los bautizados en otras confesiones pueden ser exorcizados. El exorcismo supondrá una magnífica ocasión de acercamiento a Dios y a la Iglesia. A los que pertenecen a confesiones monoteístas no se les exigirá el abandono de su religión. Así por ejemplo, si un musulmán pide el exorcismo, no se le exigirá la fe en Cristo para ser exorcizado. Bastará por un lado con que aumente su fe en el único Dios verdadero, Creador de todo y Juez de vivos, y por otro que lleve una vida justa y adecuada la ley natural. Sí que se le puede pedir que aumente su tiempo de oración, la oración a Dios, sin exigirle que ore ni a la Virgen ni a los santos. Aunque sí que se puede sugerir. Sin embargo, a alguien que está en una religión politeísta se le debe exigir como condición para comenzar los exorcismos que abandone su falsa creencia en dioses y acepte a Dios.

Cuestión 125

¿Pueden ser infestados los animales?

La posesión de animales, objetos u lugares se llama infestación. La posesión de lugares es un fenómeno común, pero la de animales es extrañísima. Prácticamente no ocurre nunca. Si ocurriera, sacrificando al animal saldría el demonio y no pasaría nada más. Es decir, el demonio al abandonar al animal (porque ha muerto) ya no posee ni perjudica a nadie más. Me han sido referidos muy pocos casos de infestación de animales. En un caso de infestación de una casa, fue un sacerdote a realizar el exorcismo del lugar. Desde ese día la casa quedó liberada pero el perro, un perro bastante voluminoso, comenzó a tener el siguiente comportamiento extraño: cada vez que abrían la puerta de la verja se iba corriendo hacia una carretera muy transitada y se tumbaba en medio del asfalto. Pocas veces tuvieron que sacarlo de ahí, ya que pronto murió arrollado por un coche.

La infestación de la casa puede ocurrir cuando en esa casa se ha practicado de forma continuada espiritismo, ritos satánicos, santería o cualquier otra forma de esoterismo.

La infestación de un objeto (según el sentir de la mayoría de los exorcistas) sólo ocurre si ese objeto se ha usado en un rito de maleficio o hechizo. Que un determinado objeto está infestado lo sabríamos porque ese objeto provoca fenómenos demoníacos allí donde está, normalmente lo que provoca es una influencia externa. Es decir, allí donde está ese objeto se mueven cosas, hay ruidos inexplicables, olores desagradables, etc. Lo que hay que hacer es quemarlo.

De todas maneras, aunque he explicado aquí el sentir casi unánime de los exorcistas, tengo serias dudas de que un objeto pueda sufrir una infestación. Considero que es dificilísimo probar la relación entre un objeto y una influencia externa. Los demonios poseen cuerpos o están en lugares, pero no veo tan claro que se liguen a objetos. No veo ningún problema teológico en ello, pero sí que veo difícil probar que existe esa relación. Hoy por hoy soy escéptico, y no creo que exista ningún objeto que tenga influencias maléficas, ni que las cree alrededor.

Los demonios en los exorcismos siempre están hablando de que poseyeron a esa persona gracias al concurso de tal o cual objeto sobre el que se había hecho un maleficio, pero veo muy difícil que se pueda probar esa relación.

Cuestión 126

¿Es cierto que el demonio se venga de los exorcistas?

El demonio ya trata de hacer todo el mal que puede. Si pudiera hacer más mal, lo haría. Si el sacerdote reza el rosario cada día y le pide a Dios que le proteja contra toda asechanza del Maligno, nada debe temer. El poder de Dios es infinito, el del demonio no.

De todas maneras San Pablo nos dice: *Vestíos la armadura de Dios, para que podáis resistir las estratagemas del Diablo.*

Y San Juan dice: *Sabemos que todo el que ha nacido de Dios no peca, sino que el que nació de Dios el Unigénito lo guarda, y el Malo no puede tocarle.* 1Jn 5, 18-20

Y Jesús nos dijo: *Mirad os he dado poder de pisar sobre serpientes y escorpiones, y autoridad contra toda fuerza del enemigo, y nada podrá dañaros.* Lc 10, 17—19. Las palabras de Jesús son taxativas: nada podrá dañaros.

Para un cristiano temer al demonio está completamente injustificado, la fe en Dios rechaza todo temor. Santa Teresa de Lisieux antes de entrar en el Carmelo, siendo niña tuvo una vez un delicioso sueño:

"Una noche soñé que salía a dar un paseo sola por el jardín. Al llegar a la escalera había que subir para llegar a él, me paré sobrecogida de espanto. Delante de mí, cerca del emparrado, había un barril de cal, y sobre aquel barril bailaban con agilidad sorprendente, a pesar de las planchas que arrastraban sus pies, dos horribles diablillos. De repente, fijaron en mí sus encendidos ojos, y luego, en aquel mismo instante, mostrándose mucho más espantados que yo, saltaron del barril y fueron a esconderse en la ropería, que estaba enfrente. Viéndoles tan poco valientes, quise saber lo que iban a hacer, y me acerqué a la ventana. Los pobres diablillos estaban allí, corriendo sobre las mesas, sin saber qué hacer para huir de mi vista. A veces, se acercaban a la ventana, mirando con recelo para ver si yo seguía allí; y al verme, empezaban a correr de nuevo como desesperados.

Este sueño nada tiene, ciertamente, de extraordinario. Creo, sin embargo, que Dios ha permitido que lo recuerde siempre para demostrarme que un alma en estado de gracia nada tiene que temer de los demonios, que son cobardes, capaces de huir ante la mirada de un niño". (Santa Teresa de Lisieux, Historia de un alma, capítulo I).

Y santa Teresa de Jesús escribió en el *Libro de su Vida:*

"Pues si este Señor [Dios] es poderoso como veo que lo es y sé que son sus esclavos los demonios —y de esto no hay que dudar pues es fe—, siendo yo sierva de este Señor y Rey, ¿qué mal me pueden ellos hacer a mí? ¿por qué no he yo de tener fortaleza para combatirme con todo el infierno? Tomava una cruz en la mano y parecía verdaderamente darme Dios ánimo, que yo me vi otra en un breve tiempo, que no temiera tomarme con ellos a brazos, que me parecía fácilmente con aquella cruz los venciera a todos; y ansí dije: ahora venid todos, que siendo sierva del Señor, yo quiero ver me podéis hacer. Es sin duda que me parecía me havían miedo, porque yo quedé sosegada y tan sin temor de todos ellos que se me quitaron todos los miedos que solía tener hasta hoy; porque aunque algunas veces los vía, como después, no los he havido

más casi miedo, antes me parecía ellos me le havían a mi. Quedome un señorío contra ellos, bien dado del Señor de todos, que no se me da más de ellos que de moscas. Parécenme tan covardes que, en viendo que los tienen en poco, no les queda fuerza.

No saben estos enemigos derecho acometer, sino quien ven que se les rinde, o cuando lo primite Dios para más bien de sus siervos que los tiente y atormenten. Plugiese a su Majestad temiésemos a quien hemos de temer y entendiésemos nos puede venir mayor daño de un pecado venial que de todo el infierno junto, pues es ello ansí; que espantados nos train estos demonios porque nos queremos nosotros espantar.

(...) Esta es gran lástima, más si todo lo aborrecemos por Dios y nos abrazamos con la cruz y tratamos de servirle de verdad, huye él de estas verdades como de pestilencia. Es amigo de mentiras y la mesma mentira, no hará pacto con quien anda en verdad.

(...) No entiendo estos miedos: ¡demonio, demonio!, adonde podemos decir: ¡Dios, Dios!, y hacerle temblar. Sí, que ya sabemos que no se puede menear si el Señor no lo primite. ¿Qué es esto? Es sin duda que tengo ya más miedo a los que tan grande le tienen a el demonio que a él mesmo; porque él no me puede hacer nada". (Santa Teresa de Jesús, Libro de su vida, cap 25, nº 19-22).

El cardenal Ratzinger escribía a este respecto: "*El misterio de la iniquidad se inserta así en la perspectiva cristiana fundamental, es decir, en la perspectiva de la Resurrección de Jesucristo y de su victoria sobre el Poder del Mal. En esta óptica, la libertad del cristiano y su tranquila confianza que rechaza el miedo (1 Jn 4, 18) toma toda su dimensión: la verdad excluye el miedo y así permite reconocer el poder del Maligno*". (palabras del Cardenal Ratzinguer en el libro del cardenal Joseph Suenens, *Renovación y poder de las tinieblas.*

Como se ve, nuestra fe nos enseña que el demonio existe, pero también nos enseña que existe dentro de la construcción teológica de la fe en Dios nuestro Señor. Y la fe en Dios es incompatible con el miedo, la fe en Dios destruye todo miedo.

Nota A. De todas maneras, la experiencia me ha enseñado que es muy frecuente que a los laicos que participan en exorcismos ayudando al sacerdote, al acostarse ese día, el demonio les despierte en mitad de la noche. Al principio al oír cosas así pensaba que se debía a la preocupación subconsciente. Pero al cabo de unos años ví que no, que ciertamente el demonio rabioso por el bien que eso hacía a sus almas, les despertaba súbitamente esa misma noche. A algunos incluso un par de noches.

En todos estos años, sólo una única vez la cosa ha ido un poco más lejos. Uno de los laicos que asistió era una persona que no creía mucho en todas estas cosas, de hecho no era practicante. Asistió más bien por curiosidad. Le invité porque sabía que eso iba a hacerle un gran bien al alma. Y así fue, aquello le supuso un gran beneficio para su vida espiritual. El problema fue que al día siguiente su hija a la 1.00 de la noche en su casa, comenzó a presentar los mismos síntomas de un poseso durante dos horas. El marido preocupadísimo le decía a su mujer que él no sabía lo que era un poseso, pero que aquello que veía en su hija era lo mismo que había visto el día anterior en la iglesia. La niña lloró inconsolable durante dos horas seguidas. Sin ninguna causa, sin que nada se pudiera hacer que parara en sus lloros que eran como nunca los habían visto en ella. Incluso en un momento dado comenzó a hablar con voz ronca. Se pusieron a rezar y en dos horas, aquella niña de seis años volvió a la normalidad. Es un caso que demuestra lo furioso que le pone al demonio verse descubierto. Y esto demuestra como trata de vengarse, aunque esa venganza no pueda llegar más allá de despertar a alguien en medio de la noche. Lo que he dicho de la niña es una excepción, en este campo a veces las excepciones pasan.

Nota B. A mí, personalmente, lo único que me ha pasado de naturaleza extraordinaria ha sido que por la noche, acostado, se me encendiera la luz pocos minutos después de acostarme. Sólo me ha ocurrido una vez.

Conozco a más sacerdotes que se dedican a estas cosas que lo mismo que a mí no les ha ocurrido nunca nada, o algo tan intrascendente como eso. Pero al igual que la excepción de la niña descrita en la nota 1, también hubo un exorcista al que el demonio en un exorcismo le dijo que le incendiaría el coche y tal cosa sucedió mientras conducía unos días después. Como se ve en esta materia hay cosas excepcionales que a veces suceden. Desafortunadamente después hay quien piensa que eso es lo normal.

Cuestión 127

¿Es cierto que durante el exorcismo el poseso revela los pecados de los presentes?

Es cierto que los demonios aperti suelen con frecuencia decir pecados de personas presentes. Sin embargo, lo que dicen es pura invención y eso a pesar de que dicen muchos detalles acerca del lugar y tiempo de tales pecados.

En muchas ocasiones he comprobado que distintos demonios habiendo podido haber revelado pecados míos ciertos, no los rebelaron porque Dios protege la fama de los sacerdotes y no le permitió hablar de ellos.

De la misma manera, en un exorcismo el poseso le dijo a un chico presente que moriría dentro de un mes en un coche blanco. Y no le pasó nada. El demonio locuaz miente, sólo es fiable aquello que se le pregunta en nombre de Jesús. Y aun esto sólo es fiable si se insiste en la orden de que diga la verdad en nombre de Jesús.

Cuestión 128

¿Quién puede ser exorcista?

Normalmente se ha insistido mucho en que debe ser un hombre muy virtuoso. Indudablemente que lo ideal es sea cuanto más virtuoso sea mejor. Pero cualquier sacerdote puede hacer el rito del exorcismo, cualquiera. Incluso sacerdotes no muy edificantes pueden expulsar a los demonios sin mayor problema. Necesitarán más tiempo que los virtuosos, pero lo lograrán. Y aunque esto que voy a decir puede escandalizar a alguien, puedo asegurar que incluso un sacerdote en pecado mortal podría realizar un exorcismo y expulsar al demonio. ¿Por qué? Pues porque el exorcismo es una oración litúrgica de la Iglesia. En el exorcismo se manifiesta el poder de la oración, el poder del sacramento sacerdotal y el poder del nombre de Jesús. La santidad del sacerdote ayuda, pero no es una condición necesaria. Y considerar que el exorcismo es una acción peligrosísima para el sacerdote es un grave error. Como lo es considerar que para exorcizar poco menos que se necesita un don especial. El único don que se necesita es el don del sacerdocio.

Si la santidad no es imprescindible para ejercer este ministerio, lo que sí que es necesario es que el exorcista sea una persona de sentido común. El sentido común es lo único que no puede ser suplido por la Iglesia. Insisto, una de las pocas cosas que la Iglesia no suple es el sentido común. Este sentido o se tiene o no se tiene. Los iluminados y visionarios deben ser apartados de este ministerio. Curiosamente este tipo de personas sentirán una entusiástica inclinación a ejercerlo. Signo evidente de que se les debe apartar de él. En esto sucede como en el episcopado. El que manifiesta un interés entusiástico e irreprimible por ser obispo, posee todos los signos de no estar llamado a ejercer tal función.

Pero además de sentido común, si va a ejercer este ministerio de forma usual debe ser una persona que esté dispuesta dedicar tiempo, interés y cariño en el desempeño de esta función. Ya que si tiene mucha ciencia y virtud, pero va con prisas o sin mucho interés a la hora de atender a la gente que dice estar posesa, entonces mal cumplirá esta función. Es preferible en esos casos un sacerdote menos virtuoso pero con ganas de ayudar a este tipo de personas.

Cuestión 129

¿Hay exorcismos fuera de la Iglesia Católica?

Sí, hay verdaderos y efectivos exorcismos en las distintas confesiones cristianas. Por un lado las ramas ortodoxas mantienen la apostolicidad, con lo cual sus sacerdotes tienen un verdadero poder. Por otro lado las ramas protestantes tienen el nombre de Jesús y la fe en El. Y en el nombre de Jesús y en su fe se puede expulsar al demonio.

A las cosas más necesarias Dios no ha querido ponerles demasiadas condiciones para su validez. Así normalmente el bautismo lo realizan de forma válida todas las confesiones cristianas. Como el Redentor sabía el gran sufrimiento que iba a causar la posesión en aquellos que la padecieran, no quiso poner condiciones muy estrictas para que los exorcismos fueran efectivos.

En el ámbito ortodoxo los exorcismos son muy parecidos a los del ritual católico. En el ámbito protestante pentecostal el exorcismo suele consistir en un grupo de fieles que se reúnen para alabar a Dios y, en medio de esas alabanzas, ordenar una y otra vez al demonio a que salga en el nombre de Jesús. Y la fe y el poder de ese nombre logran que salga. Desafortunadamente fuera del mundo pentecostal, el resto de ramas protestantes normalmente han perdido la tradición acerca del modo de proceder en caso de posesión y suelen derivar los casos hacia iglesias católicas o pentecostales. No deja de ser curioso que seguidores de Cristo (luteranos, anglicanos, episcopalianos, etc) ya no sepan qué hacer con casos de opresión del Maligno. Una vez que la tradición experimenta un corte de siglos los métodos no pueden ser inventados de la nada.

Cuestión 130

¿Existían exorcismos antes de Cristo?

En aquellos tiempos, existía gente que decía exorcizar. Pero el poder de expulsar a los demonios lo dio Cristo a sus seguidores. De manera que no había exorcismos válidos antes de Cristo. Ni tampoco los hay en la actualidad fuera del ámbito cristiano. Hoy día hay muchos brujos y magos que dicen exorcizar, pero sus exorcismos son completamente ineficaces.

De todas maneras, antes de Cristo tampoco podemos excluir taxativamente el que alguna persona muy santa que viviera antes de Cristo pudiera recibir algún don de Dios para ejercer este ministerio. Hubo santos antes de Cristo, hombres justos que buscaron a Dios. Es perfectamente posible que alguna de estas contadas personas justas, dedicadas a la oración y de vida ascética, pudiera expulsar demonios en el nombre del Dios único y verdadero.

Cuestión 131

¿Por qué algunos exorcismos se prolongan mucho en el tiempo?

Eso ya ocurría en los tiempos de Jesús y aparece en el pasaje de Mc 9,17-18. Los apóstoles no pudieron expulsar a un demonio y le preguntaron a Jesús: *¿Por qué nosotros no pudimos expulsarlo?*

La respuesta la encontramos en la distinción entre potestad y autoridad: *Convocando a los Doce, les dio poder y autoridad sobre todo género de demonios.* Lc 9,1. Los Apóstoles y sus sucesores habían recibido plena autoridad para expulsar demonios, pero no todo el poder. Cuando los Apóstoles no pudieron expulsar a aquel demonio, la respuesta de Jesús no fue aumentarles la autoridad, que ya era plena, sino que les dijo: *esta clase sólo sale con ayuno y oración.* Es decir, la autoridad no puede ser aumentada, se tiene o no se tiene, pero el poder sí que es susceptible de ser aumentado. La santidad de la persona aumenta ese poder.

Y así en Mc 9,38 aparece que: *Maestro, hemos visto a uno expulsando demonios en tu nombre y hemos tratado de impedírselo, porque no era de los que nos seguían.* Aquí vemos a una persona que no tenía ninguna autoridad, pero sí que tenía potestad sobre los demonios.

De todas maneras no todos los demonios tienen el mismo poder, pues no todos son de la misma jerarquía. Los más altos en la jerarquía, es decir aquellas naturalezas angélicas que pertenecían a los más altos coros, son más difíciles de sacar de un cuerpo. Satán y Lucifer son los más difíciles de exorcizar. Por muy santo que sea el exorcista este tipo de exorcismos requieren su tiempo. Cada operación requiere un tiempo por su propia naturaleza (un parto, que un hueso se suelde, etc), así también cada exorcismo requiere su tiempo y no hay que impacientarse.

Cuestión 132

¿Es preferible seguir hasta el final en una sesión o hacer varias sesiones?

Es preferible hacer varias sesiones para así dar tiempo a la persona a que avance más en la vida espiritual. La vida de oración y el descubrimiento de Jesús deben ir a la par con las sesiones. De lo contrario, tras la salida del demonio, si la persona vuelve a su vida anterior de pecado, el demonio puede volver a entrar.

De todas maneras hay sesiones en que se ve claro que el demonio está a punto de salir. Como es lógico no tiene sentido detener la sesión cuando se ve que puede salir de un momento a otro.

He conocido casos de sesiones que se han prolongado seis y siete horas. Pero no conozco a nadie que se dedique a este ministerio de forma continuada que dedique más allá de una hora en cada sesión. El que dedica seis horas en cada sesión acabará agotándose en este ministerio y pidiendo ser relevado. Este ministerio si se va a ejercer durante años debe ser realizado de un modo relajado y dentro de un gran orden. Cada sesión debe ser de una hora o dos como máximo. Después hay que parar y dar cita para la próxima semana. Las sesiones de una hora serán cada semana o cada dos semanas.

El exorcista no debe agotarse. Si recibe muchos casos, no debe dedicar más de la mitad del día a este ministerio. Y preferiblemente no más de tres o cuatro días a la semana. Es bueno que el exorcista tenga otras funciones parroquiales. Los bautizos, confesiones, despacho, bodas y el resto de labores que conlleva la vida en la parroquia suponen una variación continua que son un enriquecimiento de su sacerdocio. Dedicarse sólo a este ministerio del exorcistado sería un empobrecimiento. Si son muchos los casos debe formar a otros, pero no tratar de llevarlo todo sobre sus hombros. En esto cabe que al exorcista le entre una cierta soberbia con los años, considerándose a sí mismo una especie de hombre providencial de forma que no acabe de encontrar a nadie idóneo para formarle y que le ayude en este ministerio. El exorcista deberá siempre estar en guardia contra las asechanzas del demonio que le tentará de soberbia. Quizá la soberbia sea el mayor peligro del exorcista.

Cuestión 133

Consejos prácticos para el exorcismo.

1. El sacerdote ha de comenzar con el ritual y una vez que llega al final de éste, debe continuar con aquello que vea que más atormenta al demonio.
2. El sacerdote puede retirarse a hacer otras ocupaciones, mientras el grupo de laicos reza el rosario en voz alta por la liberación de la persona. Así el sacerdote puede descansar rezando el breviario, dándose un pequeño paseo, etc.
3. El ritual de exorcismos puede ser interrumpido en cualquier momento en medio de su transcurso para insistir en aquello que se vea que tiene más efecto.
4. Al demonio sólo se debe dirigir el exorcista. Aunque el demonio se dirija a alguien, el laico no debe ni contestarle, ni preguntarle, ni increparle. No porque haya ningún peligro en tal cosa, sino porque permitir este tipo de intervenciones significaría que el rito caería en el desorden.
5. El rosario tiene un poder excepcional para debilitar al demonio. El demonio puede no obedecer en nada al exorcista, pero tras el rezo de un rosario besará el crucifijo, mirará una imagen de la Virgen o hará cualquier otra cosa que le mande el exorcista. Y si no obedece tras un rosario, lo hará tras el segundo, o sino tras el tercero. Cuando el demonio comienza a obedecer es que ya está muy debilitado por el poder de la oración. Y una vez que se debilita, su salida está ya más cerca.
6. Cuando comienza a decir cosas tales como *asesinos, me estáis matando, no puedo más*... es que su salida es ya inminente.
7. Es muy útil preguntarle: *en el nombre de Jesús ¿qué es lo que te va a hacer salir?* Si uno le pregunta qué es lo que le atormenta, o lo que más le atormenta, a veces dice una cosa. Pero ante la pregunta de *qué es lo que te va a hacer salir*, a veces la respuesta

es otra. Aunque como es lógico se resiste mucho más a responder aquello que es más importante.

8. Cuando el demonio debilitado se cierra en banda a responder qué es en concreto lo que le va a hacer salir, entonces uno puede invitar a los presentes a rezar juntos un avemaría para que responda. Rezar con fe y concentración es esencial.
9. A veces, se haga lo que se haga, los demonios no responden y llegan a salir antes que responder.
10. Conviene recorrer en círculo y asperger con agua bendita el lugar donde se va a exorcizar para pedir a Dios Padre que derrame la santa sangre de su Hijo sobre ese lugar para que evite el que los demonios de fuera puedan comunicarse con los de dentro o ayudarles. Ya que durante el exorcismo a veces los demonios llaman a otros demonios para que les ayuden.
11. Es muy útil dar a beber agua bendita al demonio durante el exorcismo. Pero debe hacerse cuando obedezca. De lo contrario si se le introduce a la fuerza la escupirá y no servirá de nada.
12. Es de suma utilidad dar de comulgar al poseso durante el exorcismo. Por supuesto debe estar en gracia de Dios el poseso. No debe dársele la comunión a la fuerza, sino cuando obedece. Entonces el mismo poseso a la orden del sacerdote abrirá la boca y no profanará la Eucaristía.

El consejo número 2 en que se decía que el exorcista puede retirarse a hacer otras ocupaciones en mitad de la sesión mientras el grupo de laicos reza el rosario es muy importante. Porque con sólo media hora de descanso, el exorcista llega fresco y descansado, mientras que el demonio está ya todavía más agotado y debilitado, pues él no ha tenido descanso. Este tipo de interrupciones pueden repetirse varias veces, permitiendo al exorcista dedicarse a actividades completamente ajenas al exorcismo y en otra parte de la parroquia o, incluso, en la rectoría. Cuando vuelva, encontrará al demonio más débil por la fuerza de la oración, mientras que el exorcista comenzará otra vez con nuevo entusiasmo.

No obstante, hay demonios a los que el mero rezo del rosario en grupo no les afecta, de manera que el poseso sale del trance. Si esto ocurre un miembro del equipo de laicos debe ir a por el sacerdote para que retorne a exorcizarlo. Pues si el poseso sale del trance no pasa nada, no sucede nada malo, pero eso significa que el rezo del rosario no mortifica al demonio y que el exorcismo queda interrumpido en tanto en cuanto no vuelva el sacerdote y reemprenda sus oraciones.

Hay algunos sacerdotes que se dedican al ministerio del exorcismo que poseen la gracia carismática del don de lenguas, un don concedido por el Espíritu Santo. Claro que se trata de un don que no se puede aprender, lo concede Dios. Si el sacerdote tiene este don de lenguas muy desarrollado, siempre será más útil el uso de este don que el ritual de exorcismo. Pero insisto en que ha de tener este don carismático muy desarrollado. Si es así, puede comenzar directamente orando en lenguas tras rezar la letanía de los santos y pedir a Dios su bendición y protección.

Que toda la sesión esté bajo la dirección del sacerdote que tiene el permiso para ese exorcismo. De manera que si un laico u otro sacerdote presente desobedece sus indicaciones que sea expulsado del lugar sin contemplaciones y de inmediato. Por ejemplo, si un presbítero presente se pusiera a increpar o a preguntar al demonio contra la voluntad del que dirige la sesión.

Cuestión 134

¿Cómo se sabe cuando ha salido el último demonio?

Dado que en un poseso puede haber varios demonios, surge la cuestión de saber cuándo ha salido el último. Pues cada vez que sale un demonio la persona queda en paz, recobra la conciencia y abre los ojos. Incluso siente alegría espiritual. El sistema para saberlo es sencillo, se trata de orar por la persona durante dos o tres minutos más. Si todavía queda un demonio dentro, la persona entrará en trance o volverá ponerse furiosa. Pero si la persona sigue consciente, se le ha de preguntar si siente algo. Si contesta que no, entonces es el momento de dar gracias a Dios. Aconsejo que todos se pongan de rodillas hacia el sagrario y agradezcan al Señor la liberación del demonio, y a todos los santos y ángeles su ayuda.

Si el sacerdote no supiera nada de todo esto, y al salir un demonio y volver a la consciencia el poseso, pensara que ya había acabado todo cuando no es así. Tampoco sucedería nada, pues la persona le llamará diciendo que todavía tiene algunos de los síntomas que le llevaron a pedir el exorcismo. Así que simplemente tendría que reemprender las oraciones para sacar al último demonio, o a los que queden.

Cuestión 135

¿Puede volver a quedar poseso el que ha sido exorcizado?

Esta pregunta la hacen con bastante desesperación los posesos y sus familiares durante el proceso de liberación. Hay que contestarles tajantemente que no, que no volverán a quedar posesos. Si la persona vive en gracia de Dios, reza, se confiesa, va a misa, no tiene nada que temer. Pues estará acorazado y el mal no podrá penetrar.

Si la persona liberada, por el contrario, vuelve a su anterior vida de pecado, podría quedar posesa de nuevo. Y si queda posesa, quedará posesa por más y peores demonios.

Pero hay que dejarles muy tranquilos diciéndoles que si la persona lleva una vida cristiana, aunque el demonio quiera entrar no podrá. Es más, hay que tranquilizarles diciéndoles que el demonio no entrará de nuevo ni siquiera aunque cometan un pecado mortal o más. Sólo podrá entrar si vuelven a un estado de pecado. Es decir, si retornan a una situación estable de alejamiento de Dios.

Cómo ejemplo de que un demonio no puede retornar al cuerpo de un liberado recuerdo el caso de una señora que quedó liberada de todos sus demonios. Me llamó pocos días después diciéndome que se sentía mal, que volvía a sentir una opresión en el pecho y algunos de los síntomas que le habían llevado a pedir el exorcismo. Me extrañó muchísimo porque estaba seguro de que todos los demonios habían salido, y la señora me aseguraba que desde que fue liberada había rezado mucho, leído la Biblia y otras cosas. Le impuse las manos y oré sobre ella. No entró en trance, pero comenzó a sentir más y más fuerte esa opresión sobre el pecho, después fue cediendo y cediendo. Conforme avanzaba la oración que no duró más allá de cinco minutos, esa opresión fue debilitándose hasta desaparecer por completo. Ya nunca más volvió a tener problemas.

¿Qué había sucedido en este caso? Pues era un caso de influencia. El demonio había salido, pero trataba de volver a entrar. No pudo poseerla porque ella llevaba la armadura de la vida espiritual. Pero el demonio no la pudo poseer, pues por más que oré no entró en trance. La oración del sacerdote rompió esa mera influencia que ejercía el demonio sobre ese cuerpo y alejó para siempre a ese espíritu que ya no volvió nunca más a molestarla.

Este es el caso en que he visto más claro el esfuerzo de un demonio por querer retornar a un cuerpo y no poder. La vida espiritual, aunque no la veamos, supone una verdadera y auténtica coraza que nos protege.

Cuestión 136

¿Qué sucede si en un exorcismo los demonios no salen?

Si los meses pasan y ni un solo demonio sale eso puede deberse a que la persona posesa no está cumpliendo los consejos del exorcista. El exorcista le debe haber aconsejado antes de empezar la primera sesión, que vaya a misa, que ore, que se confiese, que cumpla los diez mandamientos. Hay gente que viene al exorcista como el que va al médico, piensan que esto es como tomar una medicina y que uno puede seguir con la vida que llevaba antes. Pero si uno quiere ser exorcizado, debe cambiar de vida y cumplir todo lo que Jesús nos enseña. De lo contrario el demonio que sale volvería a entrar. Y en algunos casos ni llega a salir, porque tiene donde agarrarse. Si la persona no está dispuesta a abandonar el pecado, el sacerdote debe interrumpir las sesiones de exorcismo hasta que el poseso decida obedecer sus indicaciones. Por ejemplo, si alguien está conviviendo en una unión ilícita, la persona debe tomarse un tiempo para entender las razones por las que debe poner en orden su vida. Pero si los exorcismos comienzan antes de que tome la decisión que debe tomar, los exorcismos serán ineficaces. Aquí no vale la buena intención, la ley de Dios es objetiva. Si el demonio tiene donde agarrarse, no sale.

En estos casos de oculta desobediencia del poseso a las indicaciones del exorcista suele estar la causa de los casos de exorcismo que se prolongan más allá de lo lógico. Pero si el exorcista ve que la persona es sincera y que no parece que haya ninguna causa oculta, no habrá otra solución que insistir o probar con otro sacerdote a ver si él tiene más éxito. Un exorcista en sus primeros casos puede hacer cosas que son ineficaces para con un demonio determinado, por eso probar con otro exorcista más experimentado puede ser útil.

Cuestión 137

¿Qué es lo que hace que un demonio salga de un cuerpo en un exorcismo?

Tres cosas son las que pueden hacer que un demonio salga de un cuerpo:

1. el mismo demonio que decide salir
2. el poder sacerdotal que le obliga
3. un ángel enviado por Dios

En los casos de demonios más débiles, son ellos mismos los que salen. Las cosas sagradas y la oración les torturan y llega un momento en que deciden salir para no seguir sufriendo. En ocasiones, al marchar dicen cosas como: *salgo, no me expulsas sino que salgo yo por mi voluntad.*

Otros demonios son más fuertes que estos primeros, y por más que sean torturados se quedan como pegados a la persona. Sufren, pero no se sueltan del cuerpo del poseso. El exorcismo de estos demonios se prolonga más, pero finalmente la orden del poder sacerdotal hace que salgan. Con el exorcismo se han ido debilitando, y acaban siendo expulsados arrastrados por ese poder de la oración.

Otros demonios, los de mayor rango, asimismo sufren terriblemente en el exorcismo, pero tiene que venir un ángel y echarlos de ese cuerpo. Son tan poderosos por su naturaleza angélica que es la oración deprecativa a Dios la que cuando alcanza la medida que Dios tiene prevista, envía a su ángel. Y es entonces cuando al final del exorcismo, repentinamente, se produce como una lucha invisible. El poseso mira a un lugar concreto y trata como de arañar y golpear. Es entonces cuando se producen las peores agitaciones y gritos. Aunque el sacerdote calle, el ángel está ya allí y la liberación se produce por obra de esa lucha invisible.

Cuestión 138

¿Qué es más importante la confesión o el exorcismo?

Los seres humanos somos niños, y nos encandilamos con lo que es más espectacular a nuestros ojos. La confesión es menos espectacular, su obra es más discreta, más silenciosa. Sin embargo, la confesión es un don divino mucho más grande que el del exorcismo. El exorcismo sólo saca al demonio del cuerpo, la confesión saca el mal de nuestro espíritu. La confesión destruye nuestras ataduras con la iniquidad. Y no sólo eso, nos concede gracia santificante. La confesión no sólo perdona, sino que repara nuestra alma y la llena de luz.

Cuestión 139

Glosario

El glosario que aparece a continuación es un intento de poner orden en todo el conjunto de términos y expresiones que han ido apareciendo en la literatura exorcística. La necesidad de un glosario que unifique y racionalice es evidente, pues cada autor usa los términos dándoles el significado que cree conveniente. Y así muchas veces el campo que delimita un término no se sabe muy bien ni donde empieza ni donde acaba. Hasta la misma palabra *exorcismo* tiene un significado distinto en algunas páginas de unos autores respecto a otros. Si eso ocurre con un palabra tan clara, el desconcierto es mayor en otros términos más complejos. Así que el glosario que aparece a continuación supone un intento de racionalizar y unificar este léxico, evitando polisemias que den lugares a equívocos. Palabras como *obsesión, obsesos por el demo-*

nio, exorcismo mayor y menor, público y privado por poner sólo algunos ejemplos, hay que tratar de evitarlas para no dar lugar a equívocos, en lugar de estos términos tan polisémicos se ofrece el siguiente glosario:

Posesión es el fenómeno por el que un espíritu maligno reside en una persona y en determinados momentos puede hablar y moverse a través de ella sin que ésta pueda evitarlo.

Influencia es el fenómeno por el que un demonio ejerce cierta influencia sobre el cuerpo o la mente de una persona, pero sin llegar a poseer su cuerpo. La influencia puede ser interna o externa..

Influencia interna: En la influencia interna, el demonio ejerce su influencia desde dentro del cuerpo de la persona. Y así, ésta puede sentir intensas y persistentes tentaciones que se prolongan durante semanas o meses. O también puede sufrir problemas en su salud, cuyo origen está en ese demonio.

Influencia externa: En la influencia externa, el demonio ejerce su influencia desde fuera del cuerpo. La persona puede ver sombras, sufrir terribles pesadillas y sobre todo tentaciones, pero todo está fuera de ella, pues dentro no tiene ningún mal espíritu. En la influencia interna no puede haber testigos, pues todo sucede de un modo interno. En la influencia externa se pueden percibir ruidos, olores, o movimiento de cosas, es decir hechos que ocurren fuera de la persona. Aunque, la inmensa mayoría de las veces, la influencia externa se reduce a tentar de un modo insistente.

Infestación: es el fenómeno por el cual los signos de una presencia demoníaca se manifiestan no en una persona, sino sólo en un lugar, objeto u animal.

Maleficio: es aquella operación que se hace para dañar a otro con el concurso de los demonios

Hechizo: es aquella operación que se hace para obtener algo bueno pero con el concurso de los demonios

Exorcismo: es el rito por el que se ordena al demonio salir del cuerpo de un poseso.

Exorcismo ritual: es el exorcismo que se hace siguiendo el Ritual de Exorcismos

Exorcismo no ritual: es el exorcismo que se logra con oraciones privadas y no litúrgicas

Conjuro: es la orden dada al demonio en el nombre de Jesús para que abandone ese cuerpo

Mandatum: cuando alguien privadamente y de modo puntual ordena al demonio en el nombre de Jesús a que se aleje

Oración de liberación: es la oración que se hace para acabar con la influencia del demonio en una persona

Demonopatía: toda patología psiquiátrica que cursa con una temática demoníaca.

Dimicatio: es el conjunto de oraciones hechas para alejar al demonio, no de una persona, sino de una comunidad, de un apostolado o de un lugar amplio tal como una ciudad o una región.

Todo este glosario ha sido elaborado con la idea de crear términos técnicos que eviten el tener que usar otras palabras que se prestaban a errores de sentido. Y por esta razón en este glosario cada término tiene un significado y sólo uno. Por eso la palabra *obsesión,* en adelante, deberá ser usada siempre en su sentido psiquiátrico. De lo contrario nunca estamos seguros de cuando se usa en su significado de perturbación mental y cuando se usaba en el sentido latino de *asedio.* En la literatura de siglos pasados siempre que se hablaba de una persona que sufría una obsesión diabólica, lo que querían decir era que sufría un asedio demoníaco. El término no podía ser más propicio a confusiones.

La expresión *posesión local* es preferible que sea designada como *infestación,* reservando la palabra *posesión* sólo para la posesión personal. De lo contrario, cada vez que hablamos de posesión siempre queda la duda si lo dicho vale también para la posesión de un lugar.

Exorcismo mayor, exorcismo solemne, exorcismo público, son expresiones que conviene que sean sustituidas por *exorcismo* a secas. Y si se quiere resaltar el hecho de que se usó el ritual, diremos que fue un *exorcismo ritual.* Pues de lo contrario, los términos son tan amplios y admiten tantas combinaciones que se puede dar realmente y sin faltar a la verdad un verdadero *exorcismo menor público*, o un *exorcismo mayor privado*, etc, etc.

Lo que antes se designaba como *exorcismo no solemne, menor o privado* se denominará ahora como *mandatum, oración de liberación, o exorcismo no ritual*, según lo que sea en cada caso.

La palabra *opresión* suele usarse por muchos exorcistas para significar *influencia*. En esta obra se ha preferido usar el término *influencia*. Tal preferencia ha tenido como razón meras cuestiones de matiz. Pero ambas son válidas.

Capítulo·III

Fenomenología demoníaca

Cuestión 140

¿Cuál es la fenomenología demoníaca?

La fenomenología demoníaca, por variada que sea, se puede encuadrar en el siguiente esquema.

La influencia es interna es el fenómeno por el que un demonio ejerce cierta influencia sobre el cuerpo, la mente o el espíritu de una persona. Mientras que en la influencia externa, el demonio al actuar desde fuera tiene menos poder. Desde fuera es muy difícil poder actuar sobre el cuerpo, como mucho se suelen producir sensaciones: escalofríos, sensación de tener algo pegado al cuerpo, cosas así, pero no enfermedades. Sobre la mente sí que la influencia externa puede ser grande, pues el demonio puede tentar con recuerdos, imaginaciones y razonamientos. Pero desde fuera es mucho más difícil influir en el espíritu de la persona, infundiéndole esa sensación de desesperación tan característica de las personas que sufren una influencia interna.

La posesión es el fenómeno por el que un demonio en determinados momentos posee el cuerpo de una persona pudiendo moverlo o hablar a través de él. En cierto sentido, la posesión es una influencia interna que ha llegado a su máximo grado, ya no sólo influir, sino dominar el cuerpo en ciertos momentos. Pero obsérvese que ese dominio se produce en ciertos momentos. El

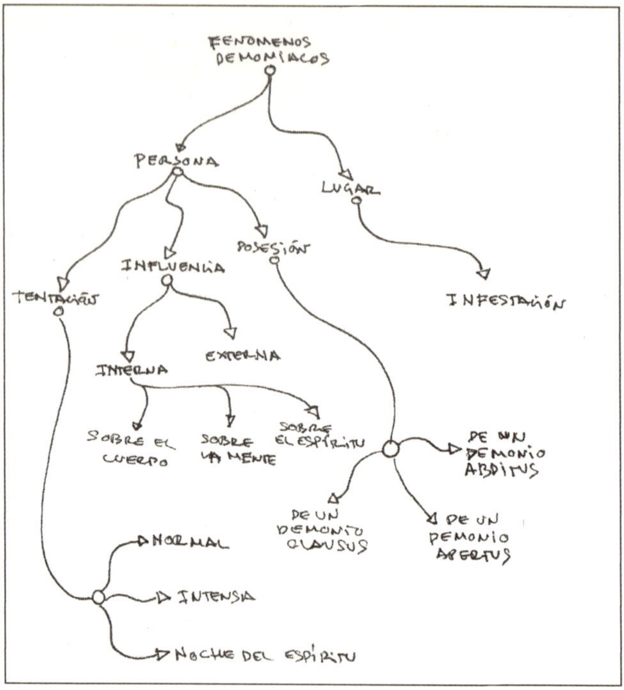

demonio, ni siquiera en la posesión, puede hacer lo que quiera con el cuerpo en cualquier momento.

Debemos observar que en la tentación el demonio va y viene, viene y se va. Mientras que en la influencia externa, el demonio está una y otra vez al lado de la víctima, pero fuera de la persona. En la influencia interna está dentro, pero no posee ese cuerpo. Mientras que en la posesión se lleva a la consumación el poder que un demonio puede tener sobre una persona, habiendo una verdadera *posesión* del cuerpo. De tal manera es una posesión del cuerpo, que la persona o pierde la consciencia cuando el demonio la mueve o habla a través de ella, o si está consciente el poseso ve lo que hace con su propio cuerpo sin que pueda hacer nada.

El demonio clausus es el que no habla, el apertus es el que habla y se manifiesta abiertamente. El demonio abditus es el que está dentro pero no da ningún signo de estar. ¿Cómo sabemos entonces que está dentro un demonio abditus? Pues porque en algún momento

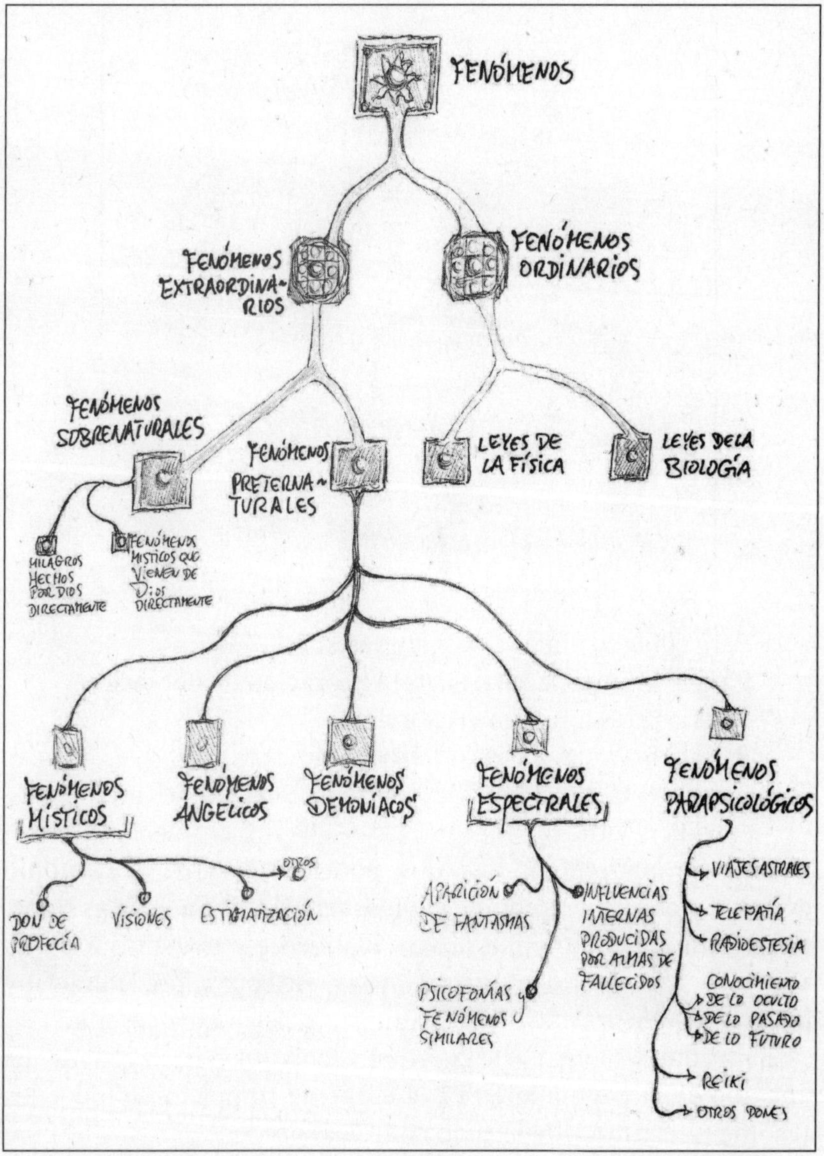

ha manifestado su presencia, dando pruebas de que lo que padecía esa persona era de naturaleza demoníaca.

Para cada fenómeno demoníaco que pueda acaecernos, hay un tipo de oración específica:

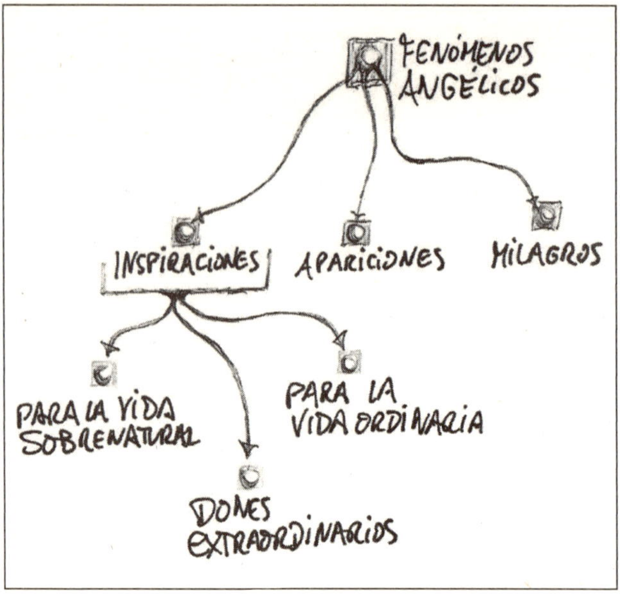

> Para la tentación, está el mandatum.
> Para la influencia interna, está la oración de liberación.
> Para la posesión, está el exorcismo.
> Para la infestación, está el exorcismo de la casa
> Para la influencia externa, el único remedio es el aumento de la vida de oración.

Siempre que seamos tentados, podemos ordenar al demonio que se marche en el nombre de Dios. Pero si la influencia es externa porque un demonio nos asedia, lo único que podemos hacer es aumentar nuestra vida espiritual, para que la oración, la gracia, y la luz de la que se llene nuestra alma, le alejen a ese demonio.

Para complementar esta cuestión y tener una visión general, he añadido en la página anterior el esquema completo de todos los fenómenos extraordinarios que pueden suceder:

Mientras que todos los fenómenos angélicos que pueden suceder se encuadran en el esquema de la columna siguiente:

Hay que hacer notar que el mundo angélico y sus fenómenos es mucho más bello que el demoníaco. Pero entender bien el mundo demoníaco, supone entender el mundo angélico. Pues un demonio es ángel caído.

Cuestión 141

¿Qué es la influencia externa?

La influencia externa es la situación en la que un demonio asedia de forma continuada a una persona. Este asedio puede durar días, semanas o meses. En la influencia externa, si mueve cosas en el lugar donde está la persona, o provoca ruidos u olores, esto puede ser percibido por otros testigos y no sólo por la persona que sufre ese asedio. En la influencia interna, el demonio provoca visiones o sensaciones pero que sólo son vistas o sentidas por la persona que sufre esa influencia.

Contra la influencia externa la propia oración del interesado es sumamente eficaz y muchas veces basta para acabar con este fenómeno. Cuanto más asista a misa, vaya a la iglesia, use de agua bendita y haga actos de piedad, más insufrible hará al demonio el estar a su lado. Si bien hay casos en que esta influencia externa es usada por Dios como instrumento para la santificación, y el demonio vuelve por más que uno ore.

Cuestión 142

¿Qué es la influencia interna?

La influencia en general es el fenómeno por el que un demonio ejerce cierta influencia sobre el cuerpo, la mente o el espíritu de una persona. En este tipo de ataque demoníaco el mal espíritu no llega a poseer el cuerpo de la persona, de forma que no habla a través de él. Y si llega a mover algo el cuerpo durante las oraciones (por ejemplo las manos), la persona está consciente. Pero cuando hay una influencia interna el movimiento del cuerpo, si lo hay, es ligero: la persona se pone rígida, agita los brazos, pone caras extrañas, pero no pasa de estos signos externos.

La influencia interna puede ser sobre el cuerpo provocando determinadas enfermedades. O sobre la mente, provocando una influencia del demonio sobre las potencias del alma induciendo de forma obsesiva a determinados vicios o pensamientos obsesivos.

Cuando se ora por una persona que tiene una influencia la reacción es distinta a la de la posesión. La persona siente un malestar general que acaba concretándose en un lugar concreto del cuerpo. O bien la persona acaba no pudiendo controlar la tensión que le provoca la oración, y hace movimientos extraños con los miembros, pero sin perder la consciencia. En otras ocasiones la influencia se manifiesta por la tremenda crispación que se manifiesta en manos o cara, crispación que suele ser la fase previa a la manifestación de la posesión, pero que en estos casos nunca se pasa de esta fase previa, es decir, nunca se llega a producir el trance. Y no se produce el trance porque no hay posesión del cuerpo, sino sólo una influencia sobre éste.

Para los casos de influencia interna, la persona tiene que recibir oración de liberación. Bien sea hecha por el sacerdote para que le libere de esa influencia, o bien sea hecha por un grupo de laicos que oren por él. Siempre es preferible la oración comunitaria a la de una sola persona, pues el poder de la oración se suma.

Hay que añadir que cuanto más leve es la influencia del demonio sobre una persona más difícil es discernir si hay de verdad algo demoníaco o no. Pues en materia de discernimiento de las influencias demoníacas, es donde el sacerdote suele estar más a expensas de lo que le diga el que las sufre. La posesión suele tener una manifestación más clara, más perceptible. La influencia demoníaca mucho menos. Y cuanto más leve, más difícil.

Cuando alguien me viene a ver para consultarme qué es lo que tiene y veo que como mucho hay sólo una influencia demoníaca, y que hasta esto no está claro, suelo decirle: *mire, en materia de posesión hablo con seguridad, si le digo que está poseso es que lo está, pero cuando sólo hay una influencia no puedo dictaminarlo con la misma seguridad, porque yo sólo juzgo por lo externo.* Tras eso le doy consejos espirituales y le digo que cuanto más se fortalezca en la vida espiritual menos poder tendrá el demonio sobre él.

No obstante, en otros casos la influencia demoníaca sobre el cuerpo o la mente de una persona es patente e inequívoca a juzgar por los datos que he dado antes. En esto, como en el discernimiento de la posesión, la experiencia lleva a poder dictaminar con total seguridad en los casos en que ese nivel de certidumbre es posible. No siempre es posible esa seguridad, pues la posesión supone eso:

una posesión sobre el cuerpo. Mientras que la influencia interna supone tan solo una influencia, mayor o menor, más o menos segura según veamos los signos que se producen cuando se ora por la persona.

Antes he dicho que la influencia interna puede influir sobre el cuerpo, la mente o el espíritu. Algunos se sorprenderán de que el demonio pueda influir directamente en el espíritu, sin pasar por la mente, pero es así. El demonio puede influir en el cuerpo (produciendo sensaciones e incluso enfermedades), en la mente (poniendo imágenes, razonamientos, palabras, etc) o en el espíritu haciendo que la persona sienta desesperación. Éste es el sentimiento más frecuente, una tristeza que parece superar a la persona, que no sabe de dónde le viene, pero que la siente fortísima. En otros casos, menos frecuentes, siente ira, ansiedad o temor.

Cuestión 143

¿Cuál es la diferencia entre influencia externa e interna?

Considero que ésta es una distinción en la que conviene profundizar y distinguir bien. Pues en este campo de las influencias se hallan la mayor parte de las personas que atiende un exorcista. Casos de posesión hay pocos, pero casos de influencias muchos. En la influencia externa el demonio está fuera, en la influencia interna el demonio está dentro. Esa es la diferencia radical entre ambos fenómenos.

En un caso de influencia externa la persona nunca dará ningún signo. Ni entrará en trance, ni se sentirá mal, ni nada, porque está fuera. En la influencia interna sí que hay signos, porque está dentro. Es decir, cuando el sacerdote ora por la persona, ésta siente que se le mueven los parpados, se le ponen los ojos en blanco, o se le mueven las manos, o comienza eructar, o tiene ganas de vomitar, o siente dolor en una parte del cuerpo. Se le llama influencia interna, porque al mal espíritu se le siente dentro cuando se ora por esa persona. Y además, cuando es liberada, siente a ese espíritu que va subiendo y que sale por la boca.

La influencia externa la puede padecer un santo. Ejemplo de influencia externa es el cura de Ars arrastrado por el demonio por el suelo de la habitación. Y no sólo santos, por ejemplo una persona que ve que las cosas se mueven, o las puertas que se abren. Cambia de lugar y el fenómeno le persigue. Ejemplo de influencia externa, es la noche oscura del espíritu que sufren las personas que se dedican a la oración, o una crisis de escrúpulos que puede durar meses, o terribles tentaciones de desesperación a pesar de una intensa vida espiritual.

Mientras que en la influencia el demonio está dentro, pero sin poseer. La influencia en el cuerpo produce enfermedades, la influencia en la mente es una persistente idea, temor o impulso que el demonio que está dentro introduce en la mente de la persona. Si el demonio estuviera fuera sería una tentación. Pero cuando está dentro la influencia es mucho más intensa y persistente que cuando está fuera.

Es mucho más fácil acabar con la influencia externa que con la influencia interna. En la influencia externa con pocas oraciones, del tipo que sean, el demonio se ve obligado a alejarse. A no ser que sea una influencia externa que Dios permite para edificación del alma, como es el caso de la noche oscura. En los casos en los que la influencia externa es permitida como parte de una etapa de la evolución espiritual de la persona, las oraciones no acabarán con esa influencia externa.

Para muchos sacerdotes, incluso dedicados a este campo, estos tres fenómenos (posesión, influencia externa e interna) forman un magma en el que no acaban de distinguir lo uno de lo otro. Pero si se ven muchos casos, las características de cada fenómeno aparecen perfectamente delimitadas.

Cuestión 144

¿Qué es la oración de liberación?

La oración de liberación es la oración que se hace para acabar con la influencia del demonio en una persona. Suele realizarse por parte de un sacerdote sólo o por un grupo de laicos (con o sin un sacerdote) que oran a Dios para la persona sea liberada de toda influencia demoníaca. Si en el exorcismo uno conjura al demonio, en la oración de liberación, por el contrario, la oración va dirigida a Dios. Si se trata de un grupo de la Renovación Carismática será utilísimo que el grupo ore en lenguas. Si alguien del grupo quisiera dirigirse al demonio directamente, esa persona debería tener autorización del obispo del lugar para hacer tal cosa. Para la oración de exorcismo se requiere una autorización para cada caso. Pero para que un grupo pueda hacer oración de liberación basta un permiso general del obispo para los casos que se presenten.

Habiendo dejado claro el tema de los permisos episcopales, hay que decir que aunque haya algún momento en que se ordene al demonio salir de una persona, no es un exorcismo. No es un exorcismo primero porque no hay una posesión, segundo porque no se dirige uno al demonio en ningún momento, sólo se ora a Dios para que le libere de cualquier mala influencia. Aun en el caso de que se tenga ese permiso para dirigirse al demonio y ordenarle que salga, no es un exorcismo ni litúrgica ni jurídicamente hablando. Sino que se trata de una oración de liberación en la que se insertan unas órdenes al demonio. Pero si el grupo (o el que dirige ese grupo) carece de tal autorización episcopal, bastará orar a Dios para que sea Él el que destruya el poder del demonio sobre ese sujeto.

Las oraciones de liberación a veces logran su efecto en pocos minutos, pero en ocasiones pueden ser necesarias muchas sesiones. La influencia lejos de ser algo leve, puede ser un fenómeno muy persistente y con graves consecuencias en la salud de la persona. Por eso puede haber casos en que lo mejor sea que el sujeto se pase por uno de estos grupos una vez a la semana para que oren por él unos cuantos minutos cada vez: cinco minutos, diez o quince. En los casos de influencia el incremento de la vida de oración de la persona puede romper esas ataduras del demonio sobre su cuerpo y su alma. El *exorcismus missionalis* que aparece en esta obra puede ser rezado por la misma persona cada día, lo cual constituiría una oración de autoliberación.

Los grupos de oración de liberación deben enseñar a los que se dirijan a ellos pidiendo ayuda, a realizar estas oraciones de autoliberación. Pues ocurre con cierta frecuencia que estas personas piden toda la liberación de estos grupos, pero el interesado no suele esforzarse demasiado. En los casos de influencia, el interesado puede hacer tanto por su liberación como el grupo.

Cuestión 145

¿Cómo hacer la oración de liberación?

No existe un ritual determinado para este tipo de oración. Aunque el *Ritual de exorcismos* ofrece en el Apéndice II unas oraciones bajo el título *Súplicas que privadamente pueden ser usadas por los fieles en la lucha contra los poderes de las tinieblas.*

El buen padre Orfila, sacerdote de la diócesis de Gibraltar, con experiencia en el tema de la liberación me escribió en cierta ocasión:

> *No existe una oración específica para la liberación. Oramos por la liberación del mismo modo que lo podríamos hacer para que llueva o para encontrar aparcamiento.*

Sapientísimas palabras, nunca en toda esta materia de la lucha contra el demonio debemos poner nuestra confianza en las cosas, sino en Dios. Y además, el que no exista una oración determinada y específica para la liberación da la libertad de adaptarse en cada caso con lo que se crea más adecuado.

De todas maneras, sugiero aquí cómo organizar este ministerio de la liberación de las influencias del demonio:

1. Todos de rodillas, pueden comenzar con una petición personal en silencio a Dios para que les ayude a llevar a cabo ese ministerio.
2. El que dirija el grupo, pedir a Dios en esa oración personal silenciosa que le inspire lo que deba hacer, que ayude a discernir y que no permita que se caiga en el error en el tratamiento de ese caso.
3. Si se cree conveniente, el que dirija el ministerio que haga una oración en voz alta improvisada.

4. Invocar a todos los santos con la letanía.
5. Rezar un salmo o leer un pasaje de la Sagrada Escritura. Siempre es bueno pedir a Dios con sus mismas palabras o escuchar lo que Él nos tiene que decir.
6. Oración deprecativa a Dios, pidiendo que libre de toda influencia maligna a esa persona.
7. Insistir en las oraciones deprecativas, en las órdenes, alternándolas con cantos, rosarios, oración en lenguas, etc, según el criterio que vea conveniente el que dirija el rato de oración.

He dicho antes que había que pedir en esa oración personal silenciosa a Dios que le inspire lo que deba hacer. Eso es muy importante, porque tanto el exorcismo como la oración de liberación supone una auténtica lucha con entes espirituales. Y de ahí que debamos pedir a Dios que nos ilumine en esa batalla. Batalla en la que nosotros atacamos y ellos sólo resisten. Al recitar la letanía de los santos pedimos a nuestros ejércitos que vengan en nuestra ayuda.

La oración dirigida a Dios (sin dar órdenes al demonio, ni dirigirse a él para preguntarle nada) es una medicina sin ninguna contraindicación. Es una pena que la Iglesia tenga ese tesoro de oraciones y a veces quede infructuoso. Incluso si la persona no tiene ninguna influencia demoníaca, esas oraciones supondrán no sólo un aquietamiento psicológico para la persona que busca desesperadamente ayuda, sino una verdadera efusión de gracia por parte de Dios. Si pedimos, la acción real de Dios actuará benéficamente tanto sobre el que padece un influjo del demonio, como sobre el que padece un problema de sugestión o miedo patológico.

Ofrezco a continuación algunas de oraciones del Apéndice II del *Ritual de Exorcismos.* Todas ellas pueden utilizarse en la oración de liberación o por la propia persona que necesita ayuda.

Oración

"Dios omnipotente, que a los abandonados los haces habitar en tu casa, y concedes la felicidad a los cautivos, mira mi aflicción, y ven en mi auxilio, vence al enemigo inicuo,

de modo que superada la presencia del adversario, mi libertad alcance su descanso y restituido a la tranquila devoción pueda confesar que eres admirable y que concediste a tu pueblo la fuerza. Por Cristo nuestro Señor. Amén."

Invocaciones *(a nuestro Señor Jesucristo)*

Jesús, Hijo del Dios vivo, ten misericordia de mí.
Jesús, imagen del Padre,
Jesús Sabiduría eterna,
Jesús, esplendor de la luz eterna,
Jesús, Hijo de la Virgen María,
Jesús Dios y hombre,
Jesús, Sumo Sacerdote,
Jesús, heraldo del reino de Dios,
Jesús, camino, verdad y vida,
Jesús, pan de vida,
Jesús, vid verdadera,
Jesús, hermano de los pobres,
Jesús, amigo de los pecadores,
Jesús, médico del alma y del cuerpo,
Jesús, salvación de los oprimidos,
Jesús, consuelo de los abandonados,
Tú que viniste a este mundo, ten misericordia de mí
Tú que liberaste a los oprimidos por el Diablo,
Tú que pendiste de la Cruz,
Tú que moriste por nosotros,
Tú que yaciste en el sepulcro,
Tú que descendiste a los infiernos,
Tú que resucitaste de entre los muertos,
Tú que ascendiste a los cielos,
Tú que enviaste al Espíritu Santo a los Apóstoles,
Tu que te sientas a la derecha del Padre,
Tú que has de venir a juzgar a los vivos y a los muertos.
Por tu encarnación, líbrame, Señor
por tu nacimiento,
por tu bautismo y tu santo ayuno,

por tu Cruz y tu Pasión,
por tu muerte y resurrección,
por tu admirable ascensión,
por la efusión del Espíritu Santo,
por tu gloriosa venida,
Sálvame, Cristo Salvador, por la fuerza de tu Cruz + [el fiel puede signarse]. Tú que salvaste a Pedro en el mar, ten misericordia de mí. Por el signo de la Cruz +, líbranos de nuestros enemigos, Dios nuestro.

Por tu Cruz + sálvanos, Cristo redentor,
que muriendo destruiste nuestra muerte
y resucitando restauraste la vida

Honramos tu Cruz +, Señor. Recordamos tu gloriosa Pasión. Ten compasión de nosotros, tu que padeciste por nosotros.

Te adoramos Cristo y te bendecimos, que por tu santa Cruz + redimiste al mundo.

Invocaciones *(a la dichosa Virgen María)*

Bajo tu protección nos acogemos, Santa Madre de Dios. No desoigas nuestras súplicas. Antes bien líbranos de todos los peligros, Virgen gloriosa y bendita.

Consoladora de los afligidos, ruega por nosotros. Auxilio de los cristianos, ruega por nosotros.

Concédeme alabarte, Virgen sagrada. Dame fuerza contra tus enemigos.

Madre mía, confianza mía.

Virgen Madre de Dios, María, suplica a Jesús en favor mío.

Cuestión 146

¿Qué es la infestación?

La infestación es el fenómeno por el que un demonio posee un lugar. El demonio al poseer un lugar puede mover cosas a voluntad o provocar ruidos u olores. La infestación nunca provoca la posesión de ninguna de las personas que viven en ese lugar. La causa de infestación suele ser que en ese lugar se hayan practicado con frecuencia ritos esotéricos o satánicos. Para acabar con la infestación de un lugar hay unas oraciones específicas en el ritual de exorcismos.

Para el sacerdote no es fácil creer los testimonios acerca de lo que ocurre en una casa, salvo que concuerden los de al menos dos testigos. Así como cuando un poseso viene a ver al sacerdote se puede orar y comprobar la manifestación del demonio, en el caso de la infestación no ocurre nada cuando el sacerdote ora en ese sitio infestado. De forma que en todo depende de lo que le digan. Por eso no hay forma alguna de alcanzar seguridad acerca de si hay una verdadera infestación o todo es sugestión. La única forma de alcanzar alguna seguridad es que haya varios testimonios coincidentes acerca de los hechos extraordinarios que se refieren.

En esos casos el sacerdote puede orar una vez en la casa y después animar a la familia a que se reúna cada día para orar todos juntos. Pueden rezar el rosario, leer la Biblia unidos, echar una vez al día agua bendita por las habitaciones, reunirse ante una imagen sagrada y suplicar su protección, etc.

En estos casos las familias piden al sacerdote que lo haga todo, pero el sacerdote debe hacer entender a sus inquilinos que ellos mismos pueden hacer lo que le piden a él. La oración unida de una familia puede perfectamente quebrantar el poder del demonio sobre ese lugar si perseveran orando juntos durante semanas o meses.

Cuestión 147

¿Existen los fantasmas?

Una vez que uno distingue bien entre posesión e infestación, aparece un tercer fenómeno distinto de los otros dos: los fantasmas.

Los fantasmas son apariciones de personas que están en el purgatorio. Las características de estas apariciones son siempre las mismas y muy distintas de la infestación:

1. El alma se aparece con forma humana.
2. No dice nada.
3. Se aparece con carácter amenazante y terrorífico.

Nunca mueve objetos, ni produce ruidos. Cuando se aparece se queda mirando, con cara de pocos amigos, y después desaparece sin más. Sabemos que no es un demonio porque además de que el fenómeno nunca va a más, desaparece si se dicen misas y oraciones por su alma. Esas apariciones son un modo de llamar la atención para que se rece por ella.

Cuestión 148

¿Qué es el *mandatum*?

Mandatum es la orden dada privadamente y de modo puntual ordenándole al demonio en el nombre de Cristo a que se aleje. Cuando una tentación se prolonga y es de una gran intensidad, cualquier persona en silencio, en su interior, puede dar la orden al demonio de lujuria, de tentación contra la esperanza, o contra la fe, etc, que se aleje. Por poner un ejemplo basta con que mentalmente le ordene: *en el nombre de Jesús, espíritu de rencor aléjate.* Ese mandatum practicado una sola vez y con fe, suele dar resultados tan inmediatos como sorprendentes.

Pero aunque el mandatum aleja al demonio de forma automática, posteriormente puede volver. Y la persona debe entender que la tentación forma parte integrante de su evolución espiritual. La tentación purifica y fortalece, y podemos tener la plena seguridad de que Dios no permitirá que seamos tentados más allá de nuestras fuerzas. La tentación es un combate espiritual, somos soldados de Cristo, y estas luchas invisibles son parte de nuestra prueba sobre la tierra. Los demonios tuvieron su prueba y nosotros tenemos la nuestra. Podemos evitar el pecado, pero no hay forma de evitar la tentación.

Cuestión 149

¿Qué son los demonios íncubos y súcubos?

Existe una tradición literaria según la cual a algunos varones se les aparecerían demonios súcubos con los cuales podrían mantener relaciones sexuales. Mientras que a las mujeres se les aparecerían demonios íncubos, demonios adecuados para que pudieran mantener relaciones con las féminas.

Incluso la tradición literaria decía que los demonios súcubos tendrían la finalidad de recoger la semilla del hombre, para después a través de un demonio íncubo poder dejar embarazada a la mujer.

La idea de la existencia de embarazos demoníacos es una idea completamente literaria y ficticia, no conozco ningún caso real ni en el presente, ni en la Historia. Aunque, materialmente es evidente que sería posible. Es decir, materialmente no habría problema alguno en que un demonio recogiera la semilla de un hombre por este medio y la depositara en la mujer a través de un íncubo. Pero, repite, no se ha dado ningún caso que haya tenido un mínimo viso de credibilidad.

Dejando claro esto hay que sí existen espíritus íncubos, es decir, los que tienen relaciones con mujeres. Y, en mucha menor medida, espíritus súcubos, los que tienen relaciones con hombres. Si estos espíritus son demonios o almas de seres humanos que no entraron en el Cielo, es algo difícil de saber. Lo que refieren las personas que han sufrido este fenómeno es que los sienten con cuerpo, aunque no pueden verlos.

Al principio pensaba que los demonios íncubos eran una ficción, hasta que me llegó un caso de una señora que me contó un caso de un fenómeno demoníaco muy curioso que por sus características concretas no había leído yo nunca. Como estaba seguro de que aquella mujer era seria y cuerda, tomé buena nota del caso pero no le di mayor importancia. Hasta que al cabo de un año me apareció un segundo caso. Ya el segundo caso me dejó muy pensativo pues los detalles concordaban perfectamente con el primer relato. Pero cuando me encontré con el tercer caso concordante, me di cuenta de que efectivamente podía existir este fenómeno demoníaco.

Las tres mujeres refirieron que sintieron que alguien les tocaba, incluso que les penetraba. Pero que no podían moverse, que querían gritar, pero que no podían. Aun estando el marido al lado en la cama esa noche, no pudieron ni siquiera hacer un gesto que pudiera despertarle. El relato de estas mujeres (y de las muchas más que he escuchado en los años siguientes) no abundaba en más detalles, no ofrecía ninguna referencia visual, no eran relatos barrocos, sino muy sobrios. Conocer en profundidad a estas mujeres y estar seguro de su cordura fue lo que me hizo pensar que había algo más que un fenómeno literario.

Este tipo de fenómeno es una influencia externa, no tiene por qué ser signo inequívoco de una posesión. Una mujer puede sufrir esto una vez en la vida y no repetirse nunca más. Si el demonio íncubo aparece con frecuencia, habrá que examinar cuidadosamente a la persona orando por ella, para averiguar si se trata de una influencia o de una posesión.

El espíritu súcubo es mucho más infrecuente que el íncubo, es decir, es más infrecuente que este tipo de espíritus sean sentidos[13] por hombres que por mujeres. Aun así escuché, por citar sólo un ejemplo, el caso un sacerdote que siendo seminarista, una noche, sufrió este fenómeno. Nunca más lo volvió a sufrir, pero está totalmente cierto de que lo que sucedió esa noche fue real. Sintió una presencia sobre su cama, notaba que era una mujer, podía palparla, se trataba de una mujer exuberante. El seminarista que siempre había sido completamente casto, se quedó quieto pero dejó que esta mujer se acercara. Boca arriba sintió como ese espíritu se le unía. Nunca más volvió a sufrir esta experiencia.

13 Obsérvese que no utilizo el verbo "aparecerse" sino el verbo "sentir".

Capítulo·IV

Casos

Los casos de posesión que aparecen en la mayoría de los libros sobre el demonio tienen el problema de no haber sido presenciados directamente por aquel que finalmente los puso por escrito, sino que se basan en testimonios. Y por lo tanto siempre plantean el problema de la fiabilidad, ¿hasta qué punto sucedieron las cosas tal como las cuentan los testigos? Mi experiencia es que en este campo los impresionados testigos suelen magnificar las cosas, ya no digamos nada si entre el hecho y su puesta por escrito han pasado algunos años. Por eso el valor de esta parte del libro es que yo puedo dar fe de lo que aquí se cuenta, ya que estos casos los he conocido y tratado yo personalmente. En la relación que haré de cada persona tratada siempre distinguiré claramente entre lo que la persona me cuenta y aquello de lo que fui testigo directamente. Evidentemente sólo puedo dar fe de lo que he visto, acerca de lo que me cuentan ni yo mismo a veces puedo hacer un juicio claro.

Creo que para los especialistas (tanto exorcistas como psiquiatras) será de utilidad por fin disponer por escrito de un buen número de casos seguros y que reflejen la variedad de tipos de posesos que pueden llegar a un departamento diocesano de atención a supuestos posesos.

Por otro lado, la utilidad también de esta recopilación de casos que ha durado años, está en dar a entender a los exorcistas que la inmensa mayoría de los casos que llegan a nosotros son casos que están muy lejos de cualquier tipo de espectacularidad. Y que, por el contrario, requieren de los que los atendemos de una gran paciencia por lo tediosos que son, teniendo que ver muy a menudo más con una labor de confesionario o de asesoramiento psicológico que con labores que tienen que ver más con guiones de cine que con la realidad diaria de nuestro trabajo. Hay casos espectaculares, pero son pocos. Incluso en los casos en los que hay una acción demoníaca invisible influyendo, en la mayor parte de esos casos su acción es tan invisible y sutil que no tienen nada de extraordinario. Sin duda, conocer en detalle el día a día de este ministerio a través de estos casos, va a quitar mucho misterio a esta labor, pero había que plasmar lo más fielmente posible la realidad, por muy desmitificadora que sea ésta.

Los casos que pongo a continuación tratan de mostrar con la mayor amplitud posible la gama de fenómenos demoníacos que puede tener que atender el exorcista, la gama de casos que llamarán a su puerta pidiendo su consuelo y ayuda. En la recopilación que sigue hay casos extraordinarios y sorprendentes, casos que sí que serían adecuados para una película, pero que no se equivoque el futuro exorcista: son casos recopilados aquí son tantos por haber sido reunidos después de años de atender a muchas personas, casos que no constituirán la labor ordinaria del que se dedique a este ministerio.

Esta lista de casos que sigue trata de ser representativa, no omnicomprensiva de todo lo que me ha llegado en estos años. Transcribir aquí todos mis archivos acerca de casos hubiera sido tedioso y sin duda repetitivo. He preferido simplemente mostrar la gama de hechos que pueden llegar a suceder.

Caso 1

El caso más importante que he tenido en mi vida ha sido el de una chica a la que he dado en llamar Marta. Un caso por el que llevo rezando ya cinco años, y al que se sumó otro sacerdote orando conmigo a partir del tercer año. Entre los dos rezamos tres horas y media cada semana. Este caso, inconcluso todavía, es tan largo y prolijo de detalles, que aquí sólo va a poder ser resumido en sus líneas más generales. Una explicación cabal requeriría un libro sólo para explicar este caso.

Marta era una universitaria en la que aparecieron signos de posesión: trances, convulsiones, perfecto entendimiento de lenguas por ella desconocidas, hablaba lenguas extrañas, mostraba aversión a lo sagrado, etc. En ocasiones conocía cosas completamente ocultas que yo a nadie había comentado. Por supuesto entendía el latín cuando le hablaba en ese idioma. Incluso en tres ocasiones llegó a levitar, una de ellas encima de un sillón. Yo no fui testigo de ninguna de estas levitaciones, pero sí del resto de fenómenos aquí descritos.

Cinco años de oraciones, a razón de más de tres horas semanales como media, es algo que acaba con la paciencia de cualquiera. Pero ni su madre, ni yo, albergamos la menor duda acerca el carácter sobrenatural de lo que ella padece. En las sesiones han salido muchos demonios, pero la razón de que el caso haya sido tan largo, al principio, radicaba en que existía un chico obsesionado por ella (obsesionado por obtenerla sexualmente) y el cual pertenecía a una secta satánica. Los demonios a través de ella, en las sesiones de oración, nos decían que ese joven seguía invocando al demonio para conseguirla. La secta entera, en ocasiones, invocaba al demonio con ese propósito, habiéndose planteado él este asunto como un reto. Nosotros exorcizábamos a los demonios, pero el chico obsesionado con ella volvía a invocarlos para que entraran. Así semana tras semana. El Señor nos dio a entender, por medio de la misma posesa, que el único modo de acabar con esa situación era orar por el miembro de la secta satánica para que se convirtiera. Si no se convirtiera, Dios mismo pondría solución a esta situación. El caso se había alargado tanto para dar tiempo al miembro de la secta satánica a que se arrepintiera, antes de que la justicia divina cayera sobre él con todo su peso de eternidad. Aunque también se nos dijo muy a menudo, que el caso era tan largo porque el Señor por sus sufrimientos estaba ayudando a muchos otros casos a lo largo y ancho del mundo. Es decir, la idea de corredención, La idea cristiana de que nuestros sufrimientos (si son recibidos con amor o, al menos, con resignación cristiana) son transformados en gracias que ayudan a otros seres humanos. El nombre del chico dejó de aparecer en las sesiones, y este segundo aspecto, el del valor sobrenatural de la perseverancia en el sufrimiento, parecía que era la única razón para que Dios permitiera una duración tan prolongada.

En este caso, a través de ella, en ocasiones, los ángeles nos hablaron, dándonos aliento, moviéndonos a la fe y el amor a Dios. A veces, olimos perfumes en una parte concreta del aire de la capilla. Seguimos orando por ella con la tranquilidad de que ninguna oración es infructuosa y que la obediencia a los planes de Dios obtendrá su premio.

Caso 2

La noche de Halloween, un niño de once años notó que una sombra se le acercaba. Yo le pregunté a la familia si ese día el niño había hecho algo especial. Se me dijo que ese día, su hijo no había hecho nada de especial relevancia, salvo disfrazarse de calavera con un machete y con una bola de la que surgía sangre. Era un disfraz para la fiesta del colegio que desagradó a su madre por lo excesivamente sangriento que era, pero ya estaba comprado. Yo no vi claro que el disfraz tuviera relación con el hecho de que una presencia se le manifestara.

Lo cierto es que esa noche fue cuando se dio el primer síntoma de todos: la aparición de la primera figura humana. A los dos o tres días comenzaron para el niño las pesadillas, temblores y mucho miedo, veía más figuras humanas por la casa, especialmente por un pasillo.

De la habitación de su dormitorio a la cocina había que llevarlo en brazos tapada la cabeza con una manta porque era tal el pánico que las figuras del pasillo le daban, que se negaba a pasar por ahí. Pues en un lugar concreto del pasillo veía a personas que le querían agredir. Comenzaron las noches en las que hasta las 2 o 3 de la mañana no podía dormir el niño por el miedo terrible que le provocaba la visión de esos hombres. Él veía hombres, no algo parecido a hombres, sino hombres normales que le decían cosas, le insultaban y amenazaban. Esos hombres llevaban un machete. El niño refería que a uno de ellos le veía con sangre, y con la cara tapada con algo negro. También aparecieron en sueños, uno de le perseguía para matarlo

Estos síntomas fueron agudizándose. Así que los padres decidieron consultar a una tarotista, por probar. La señora dijo que ella podía solucionar ese problema. Les cobró 300 euros y le dijo a su padre que se marchara a casa que ella esa noche a solas haría lo que tenía que hacer. El padre había ido a consultar solo sin llevar al niño.

No se sabe qué hizo ese día aquella pitonisa, pero lo cierto es que ese mismo día por la noche fue cuando el niño queda poseso. El niño por primera vez ya no es que vea hombres a su alrededor, sino que un ser maligno habla a través del niño y lo mueve furioso por la casa, como si el demonio le hubiera entrado dentro. En los días siguientes comenzará un comportamiento que les va a acompañar durante cinco largos e inacabables meses. A veces el niño se autolesionaba con cristales o hierros. Desde que queda poseso no podrán comer con él en la cocina, porque se dirigía hacia los cuchillos y los agarraba para tratar de matarse. Durante meses tendrá que hacer todas sus comidas sólo con cuchara y tenedor, pero nunca con cuchillo. Pues ante la presencia de una hoja afilada la agarra y trata de clavársela o amenaza a la familia con ella.

En otras ocasiones se produce la pérdida de su voz y sólo puede susurrar. Otras veces no puede tragar nada y se tiene que pasar medio día o un día sin comer ni beber absolutamente nada. Una vez llegará a estar día y medio sin comer ni beber.

Como es lógico, a los pocos días de comenzar esta conducta, los padres llevaron al niño al médico de la Seguridad Social, el médico los derivó de inmediato al psiquiatra. Después de hacer todas las pruebas, se le diagnosticó un cuadro de alteración de conducta de inicio brusco. Durante el medio año de tratamiento, el niño no mejorará. Tras varios meses, después de probarlo todo, la psiquiatra acabará por recetarle sólo tranquilizantes. Y algo después, finalmente, la especialista reconocerá su impotencia para curarlo y se limitará a ordenar que el niño ya no puede perder más clases y que por tanto ha de ir al colegio en ese estado. La madre insistió en que el niño formaría un espectáculo tremendo en la clase cada día. Pues que lo encierren en una sala del colegio con llave hasta que se calme, fue la respuesta. La madre intentó hacerle comprender que sólo en una sala rompería algún cristal para clavárselo. Pero la psiquiatra fue tajante. El colegio de ningún modo aceptó que el niño en ese estado asistiera a las clases. Los profesores, después de deliberar, decidieron una medida excepcional que en ciertos casos se practicaba y que consistía en que el Ministerio de Educación le enviara un profesor particular a su casa para que hiciera lo que pudiera.

Fue en esta situación cuando los padres que nunca habían sido practicantes en materia de religión y que incluso tenían muchos prejuicios contrarios a la Iglesia y los sacerdotes, decidieron ir a consultar a un sacerdote. Ese sacerdote los hizo venir a mi parroquia.

La historia que me contó la familia entera (los padres y un hermano de dieciocho años, más el niño) es la que he relatado aquí. Meses después les pedí que me trajeran los informes del hospital para ver con exactitud que síntomas había provocado la posesión en ese niño. Cada posesión provoca unos síntomas determinados, el informe clínico del ingreso en el hospital lo transcribo aquí literalmente, todo lo dice el informe más las anotaciones posteriores.

Informe clínico de ingreso

> *Esta siendo visto en este centro por un cuadro de miedos nocturnos, insomnio de conciliación y alucinaciones visuales de tipo histeriforme y ansiosas. El diagnóstico que consta en la historia clínica es de* <u>*SINTOMATOLOGÍA DISOCIATIVA Y SOMATIZACIÓN*</u> *(en mayúscula y subrayado). (f45.0 y f44.0)*
>
> *Actualmente sin causa orgánica que lo justifique (EEG y TAC craneal normal).*
>
> *A consecuencia de dichos síntomas requiere un ingreso hospitalario para estudio y se pauta un tratamiento psicofarmacológico con evolución positiva pero lenta.*

La mejoría clínica es positiva pero lenta. Dada la incapacidad que ahora posee el niño, sería recomendable un apoyo escolar en casa.

A los padres, a lo largo de los meses siguientes, les pedí varias veces que me volvieran a describir el comienzo de todo el cuadro y sus síntomas. En una de esas veces, les pedí que se fijaran sólo y exclusivamente en los síntomas de tipo físico. De la conversación con toda la familia presente (menos el niño) hay que hacer las siguientes aclaraciones externas al informe presentado antes.

El niño tres meses antes de este informe, en el mismísimo comienzo de todo, comenzó a sentir punzadas en la tripa, tan fuertes que dejó de comer progresivamente. El dolor era tal que ante la vista de sus padres se doblaba de dolor y no podía ni moverse. Para andar trechos largos y evitar estas punzadas había que tomarlo a cuestas. Ante esta situación fue ingresado durante diecisiete días en un hospital en el que se le diagnosticó anemia e irritación en el ileón[14].

Estas punzadas se fueron reduciendo cuando empezaron las primeras manifestaciones del demonio y las crisis de furia. Desde la redacción del informe psiquiátrico arriba transcrito hasta que vinieron a verme a mí, transcurrieron dos meses.

Sólo estuvo ingresado en la planta de psiquiatría un fin de semana. Después su caso fue seguido desde el hospital, pero viviendo en casa con su familia. El niño fue tratado por el jefe de la planta de psiquiatría. E incluso fue caso de estudio para todo el equipo de psiquiatras por lo interesante que era.

Finalmente tras dos meses de tratamiento, como el niño decía ver figuras humanas y demonios, consideraron el trastorno como una obsesión que alguien le hubiera inducido. Considerando el caso como un trastorno límite de la personalidad.

Aunque en el informe transcrito se dice que hay una evolución positiva pero lenta, los padres lo niegan totalmente. No hubo ningún tipo de mejoría por pequeña que fuera. Desafortunadamente, el demonio que tenía dentro podía elegir los momentos para manifestarse y los momentos en que sabía que debía permanecer

14 El ileón es una parte del intestino.

oculto. Y así nunca se produjo ni una sola crisis (una de las diarias crisis en que la otra personalidad emergía) cuando estaba el presente el médico, ni una sola vez. Incluso cuando estaba ingresado en el hospital si se producía una crisis de furia y llamaban a la enfermera para que avisara al psiquiatra, el niño volvía en sí antes de que llegara el médico, y después la voz les decía que les iban a tomar por locos a ellos y no a él. Las crisis nunca las vio el médico, pero como yo comprobé sí que fueron testigos de ellas los dos padres y su hermano de dieciocho años.

Estos fueron los hechos que me refirieron acerca del caso cuando llegó por primera vez a mi parroquia. Aquella primera vez que vinieron a verme, cuando el coche de los padres aparcó delante de mi iglesia el padre me preguntó que dónde llevaba al niño, pues desde que habían aparcado delante del templo el niño no podía andar, ni apenas hablar, salvo con un susurro. El padre cargó al niño sobre sus espaldas y lo bajó a la cripta donde hacíamos las oraciones. Una vez dentro de la capilla, el comportamiento de aquel niño cambió radicalmente: la voz era horrible, áspera y grosera, como de alguien adulto, profería insultos soeces, me escupía continuamente, se reía de mis oraciones, repetía despectivamente que no servirían para nada. La fuerza del niño en aquella primera sesión de oración era sorprendente. Su padre (un hombre muy fuerte) y su hermano de dieciocho años (muy aficionado a las artes marciales) tuvieron que emplearse a fondo para mantenerlo tumbado sobre la colchoneta. Pero el niño se escurría, inasequible al desaliento. Rezamos por él una hora, después les di a los padres los consejos habituales de las oraciones que debían aconsejar al niño que hiciera cada día.

En la segunda sesión, el niño volvió a escupir a la imagen de la Virgen, al sagrario. Repetía gritando el nombre de Shambalá, como si fuera el nombre de un demonio que pudiera venir a ayudarle. El demonio que hablaba a través del niño, siempre se mostraba despreciativo.

Llevábamos rezando un buen rato por el pequeño poseso, cuando sentí en mi interior que debía abrazar al niño. El niño sólo manifestaba odio, así que sentí de un modo muy profundo que el abrazo amoroso sería algo que desarmaría al odio. Los padres presentes me preguntaron incrédulos si estaba seguro de que yo quería que lo soltaran para darle un abrazo. La verdad es que interiormente tuve que resistir al miedo, porque el niño pegaba todo tipo de golpes a los que le sujetaban y les agredía con una rabia y ferocidad increíbles. Acercarme a él sin que dos personas le sujetaran suponía arriesgarme a que mis gafas salieran volando varios metros del primer puñetazo que me propinara. El niño era ciertamente muy peligroso, a que físicamente podía provocar daños muy serios. Pero internamente sentía que había que hacer eso, así que le pedí internamente a San Miguel que fuera él el que lo sujetara, que yo me concentraría en hacer un acto interno de caridad hacia esa persona atribulada. Aunque tuve que repetir varias veces la orden de que lo soltaran, al final obedecieron.

Ante mi sorpresa, el abrazo y el acto interior mío de gran amor hacia ese niño no pareció perturbar lo más mínimo al demonio que había dentro de ese cuerpecito. El espíritu maligno con el mismo descaro e imperturbabilidad se rió de esa nueva medida. Curiosamente aunque trató por todos los medios de que no lo abrazara, una vez que lo hice se vio imposibilitado de huir de mis brazos que apenas tuvieron que hacer fuerza para sujetarlo. Gracias a Dios, no me arrancó el pelo. Varias veces agarró un mechón de mi cabeza con sus manos y fríamente me dijo: y ahora vas a ver como lo arranco de un tirón entero. Sin embargo, una fuerza invisible, en el último instante, le detenía, pues al cabo de medio minuto soltaba el mechón. Durante los tres cuartos de hora que le tuve abrazado, temí la posibilidad real de que de pronto viera en su mano un gran mechón de mis pelos arrancado, temí por mis gafas, por mis ojos, por mi nariz que me la hubiera podido romper sin lugar a dudas. Estar abrazado a este niño diabólico era estar abrazado a alguien que quería hacerte el mayor daño posible y te tenía a mano y que había demostrado ser difícilmente controlable por dos adultos fuertes. Sin embargo, por alguna razón, tenía la seguridad de que en esa fase del exorcismo lo único que se podía hacer era eso: dar amor a través de ese abrazo.

Pero el mismo Dios que no permitió que me hiciera ninguna herida grave, permitió que me diera golpes con la palma de su mano sobre mi calva y sobre mi nuca. Los golpes eran muy fuertes, con toda su fuerza. Y además antes de dármelo, sádicamente, con detenimiento, sin ninguna prisa, señalaba con el índice el lugar donde me iba a pegar. Y después con voz burlona me decía cosas del estilo: huy, que pena, el daño que te voy a hacer, prepárate porque éste sí que va a ser fuerte. Y acto seguido me golpeaba allí con todas sus fuerzas. Después, burlonamente, me preguntaba: ¿te ha dolido? Como yo no contestaba a ninguna de sus preguntas, añadía: bueno, no importa, el siguiente va a ser peor. Y efectivamente, volvía a señalarme otro lugar de la calva o la nuca y tras unos comentarios jocosos, descargaba la palma de su mano con todas sus fuerzas que eran muchas. Aquello estuvo todo el tiempo al borde de mi resistencia. Pero resistí porque me di cuenta de que para liberar al niño, no podía yo hacer nada mejor que ofrecer mi sufrimiento. Me venía el pensamiento de que si Jesús había no sólo orado por liberarnos, sino que también había ofrecido al Padre sus padecimientos físicos, así también convenía que yo no sólo orara, sino que ofreciera sufrimientos. Y así yo estaba allí sufriendo por mano de ese demonio a través de ese cuerpo que dominaba, para liberar a ese mismo cuerpo de ese demonio.

En un momento dado, fue como si yo sintiera el amor de Dios hacia ese niño y fue entonces cuando el poseso pudo, por primera vez, repetir frases de alabanza a Dios que le dije. Debo decir que las repitió tranquilo, sin odio. Ése era el fruto de ese tiempo de oración intensa unido a mi sufrimiento corporal: los lazos del demonio sobre ese cuerpo se habían debilitado. Aunque ese debilitamiento sólo se nos mostrara durante algunos momentos breves que apenas llegaban a un minuto.

Algo más de una hora después del comienzo, dimos por terminada la sesión. Externamente parecía que no habíamos logrado casi nada. Pero aunque no viéramos mucho progreso, el demonio sin duda estaba perdiendo poder sobre ese cuerpo, aunque se cuidó muy mucho de manifestar nada que nos diera la más mínima esperanza. En aquella segunda sesión habíamos visto al niño menos furioso y había ofrecido menos resistencia física, había comenzado el declive del espíritu, y ese debilitamiento se iba a ir acentuando sesión tras sesión: cada vez ejercía menos fuerza, cada vez sus crisis eran menos furiosas.

Insistí a los padres en que tenían que lograr que el niño rezara algo, aunque fuera sólo con la boca sin prestar mucha atención. También logramos que su párroco le diera la comunión a solas, con la iglesia vacía, para que no hiciera ningún escándalo en la misa.

Durante los días siguientes, el mayor problema, verdaderamente preocupante, fue la alimentación del niño. El demonio no le dejaba ni comer ni beber. Ante una llamada desesperada de la madre, angustiada por este asunto, le dije que si pasaba más de un día entero sin beber que lo llevara a urgencias al hospital. Hubiera yo rezado por él antes de llevarlo a un hospital, para intentar que comiera, pero vivían a muchas horas de distancia de mi diócesis. En ese momento no lo sabía, pero ahora sé que mi oración a distancia hubiera hecho también efecto. No tanto como si hubiera estado presente, pero lo hubiera tenido. Aunque en ese tipo de situaciones, la oración de los familiares podía forzar al demonio a que finalmente pudiera comer, como ocurrió muchas veces durante ese periodo de tiempo angustioso que duró varias semanas. El demonio hubiera querido dejarlo morir deshidratado, pero la oración le forzaba a no poder hacer eso más que durante una tarde o un día entero como mucho. Cuando la madre me llamaba para decirme que llevaba tanto o cuanto tiempo sin poder ni comer ni beber por más que trataran de hacerle beber un poco de líquido con una cuchara, era una situación angustiosa no sólo para la madre sino también para mí. Yo le insistía una y otra vez que rezaran con mucha intensidad para que pudiera volver a tragar, pero que se pusieran un límite claro más allá del cual lo llevaran a las urgencias de algún hospital. Les dije que, en cualquier caso, por ninguna razón dejaran pasar más de un día sin que el niño bebiera. Eso en verano era mucho tiempo. Unas horas angustiosas que parecían transcurrir lentamente para todos y en las que no veíamos el fruto de las oraciones hasta que el niño por fin bebía algo por poco que fuera.

Una semana después, tuvo lugar la tercera sesión. El niño no estaba en la capilla tan agresivo. Hizo lo mismo que las dos sesiones anteriores, pero con menos intensidad. Después de orar un rato, volví a abrazar al niño haciendo yo lo mismo que la sesión anterior. El niño me agredió menos. Si la primera vez lo que daba eran golpes con la palma de la mano, esta vez eran mordiscos en el cuello o las mejillas. Dios no le permitió que llegara a cerrar la boca arrancándome un trozo de carne, pero sí que me dejó varias dentelladas superficiales. Dios no le permitió que fuera más allá. Al abrazarle, sentía que debía hacer eso, oraba yo en silencio muy concentrado, sujetándole abrazado a él, el chico de pie y yo sentado. Mientras, sentía yo internamente que a través de mí era Jesús el que le abrazaba transmitiéndole amor. Pienso que existía en una inspiración interna a hacer eso, una teología del cuerpo en la que la acción de Dios se transmitía no sólo por la oración, sino también por la manifestación del amor de Dios a través del cuerpo. El demonio muestra su odio a través de una corporalidad (el cuerpo del poseso), y nada podía ser más torturador para ese espíritu maligno que recibir cariño de un modo visible y tangible en esa misma corporalidad sobre la que ejercía su despotismo. El amor era como si le atase primero y después penetrase en él. Aun así, atado y desarmado ese espíritu (aunque no de forma completa), la sesión acabó con el demonio riéndose y repitiéndonos que no habíamos logrado nada.

El demonio hacía eso para desalentarnos, pero bien sabía él que cada sesión debilitaba más su poder. Aunque si le echábamos agua bendita, para desmoralizarnos cantaba como si estuviera en la ducha. Si le acercábamos un crucifijo, decía con toda calma: bah, eso no me hace nada. Si le exorcizábamos del modo más solemne y fervoroso, nos despreciaba y me decía con tranquilidad: no tienes ningún poder sobre mí.

Tras la semana que siguió a la tercera sesión, en su casa, se dio un extraño cambio. El niño comenzó a comportarse como un perro. Durante un cuarto de hora o media hora, el niño andaba a cuatro patas, olfateaba todo, lamía cualquier cosa por sucia que estuviera y ladraba. En esos momentos, no había posibilidad de hablar con él pues sólo respondía con ladridos.

En la cuarta sesión, no hubo nada reseñable, salvo un mordisco que me dio en el cuello y que me dejó una marca grande. Creo que fue por la ayuda de Dios el que esa marca no continuara horas más tarde cuando tenía que dar una conferencia sobre los cónclaves. Era tiempo de sede vacante, la sede vacante que llevaría al cardenal Ratzinger al solio pontificio. Dar la conferencia con un mordisco en el cuello, por encima del alzacuellos, hubiera sido embarazoso.

Hubo tres o cuatro sesiones de exorcismo en su propia parroquia, ya que el sacerdote recibió por fin permiso del obispo para exorcizar al niño. No hubo nada nuevo, salvo que el niño cada vez estaba más calmado en las sesiones. Entre la tercera sesión y la cuarta ocurrió otro hecho verdaderamente peculiar. Al salir un día de la parroquia del exorcista de su diócesis, después de una sesión de oración que el párroco había hecho por él, encontraron un perrillo, un cachorro de pocos meses todavía. El animal sin dueño, muy simpático, de color negro, les siguió cariñoso. El niño se encaprichó con el animalillo y les preguntó a sus padres si podía quedárselo. Los padres se lo permitieron.

En los días siguientes descubrieron que cuando el niño estaba en trance, odiaba al perro y le pegaba hasta que huía. Pero con sorpresa observaron que si el perro era colocado sobre el pecho del niño, el demonio se iba, el trance se acababa y el niño retornaba a la normalidad. Este hecho era para mí algo inusitado, impensable y ante lo que no supe qué decir. Pero yo mismo comprobé que era así y que los padres no habían exagerado lo más mínimo. En los peores momentos del exorcismo, si se le colocaba encima al perrillo, el niño volvía a ser él. Si bien en el exorcismo, el trance se reiniciaba en medio minuto o en un minuto. El perro era de una dulzura sorprendente. No huía del niño a pesar de que durante sus crisis le pegara. Se dejaba mover por un extraño como yo con una docilidad extraña. Del mismo modo que en la Biblia aparece como a Tobías le acompañó durante un viaje un ángel en forma humana, y por lo tanto comiendo y bebiendo, llegué a tener la certeza de que Dios había enviado ese perro para ayudar al pobre niño que durante tantos meses llevaba sufriendo todo tipo de opresiones diabólicas.

Durante las últimas semanas de la posesión, el niño comía ya cada día, pero lo hacía en un estado alterado de conciencia, hablando con otra voz y comiendo con las manos como un verdadero salvaje o mejor dicho, como una bestia. El niño se hallaba en continuo estado anormal. Se comportaba como si fuera una persona maligna y de más edad. El verdadero yo del niño debía estar inconsciente, como el de alguien dormido o en coma. Pues después cuando fue liberado no recordaba nada.

Lo curioso es que el niño ya no tenía momentos en que el espíritu se manifestase y momentos de normalidad, sino que el espíritu hablaba y se manifestaba a través del niño durante todo el día. Día tras día, por varias semanas, comprobaron con terror como la personalidad del niño había quedado sustituida por el yo de otra persona de más edad. El niño durante semanas habló con otra voz, comió con avidez y mostrando unos pésimos modales en la mesa.

La liberación tuvo lugar unos cuatro meses después de iniciada la primera sesión. Nada, absolutamente nada, nos hacía suponer que esa sesión iba a ser la definitiva. El niño, su familia y el exorcista de su diócesis estaban en mi parroquia. Ese día íbamos a rezar por una chica posesa de unos treinta años. La chica llevaba viniendo a mi parroquia durante varios meses y ella ya se comportaba fuera de los exorcismos de forma normal, de manera que la chica y la familia del niño hablaron en las escaleras de entrada a la iglesia durante un rato. Los padres estaban interesados por conocer otro caso con un problema de posesión como el de su hijo, y lo mismo sucedía en la chica, que tenía interés por conocer detalles de alguien que estaba pasando por el mismo calvario. Se trataba de una curiosidad lógica. Así que les dejé hablar todo el tiempo que quisieron.

Horas después, los padres estaban comentando entre ellos que se iba a exorcizar a esa chica aquella tarde, cuando fueron escuchados por su hijo, el cual dijo con convicción que él podía ayudar a ese otro caso. ¿Cómo dices?, le preguntó su padre. Que yo puedo ayudar a esa chica, repitió sin dudarlo. La seguridad del hijo sorprendió al padre, nunca antes le había hablado de esa manera, ni había manifestado ningún interés por esos temas. El padre me comentó lo que había pasado y me preguntó si quería que el niño orase por la chica durante el exorcismo. No hace falta decir que me quedé boquiabierto ante esta inesperada petición. Era lo último que me podía imaginar que sucediese. Nunca pensé que en toda mi vida me encontrase con una situación tan intrincada como la que se me estaba ofreciendo.

Pero no tuve que meditar mucho la respuesta. Mire, le dije, yo no le pido que su hijo asista al exorcismo. Pero si usted quiere que asista, yo no lo voy a impedir. Pero que quede claro que yo no se lo pido.

Así que cuando comenzó el exorcismo, el niño estaba allí sentado en un banco a dos metros de una posesa furiosa tumbada en una colchoneta. Había habido personas adultas que habían pasado noches sin dormir impresionadas por lo que habían visto en los exorcismos. Si alguna vez me hubieran preguntado que me parecía permitir la asistencia de un niño a un acto así, hubiera contestado que una temeridad inexcusable. Pero por alguna razón también yo estaba tranquilo, como si supiera que no tenía que preocuparme y que iba a suceder algo que estaba en los planes de Dios.

Y efectivamente nada más comenzar el exorcismo, y a pesar de la manifestación furiosa del demonio a través de la posesa, el niño poseso se movió por la capilla con toda tranquilidad, pidiendo que le dejaran poner sus manos sobre el cuerpo de la posesa y dirigiéndose al demonio ordenándole que saliera, recordándole que no tenía ningún poder y que reconociera la majestad de Dios.

Fue todo un espectáculo ver a un tierno niño exorcizar a la posesa furiosa como si lo hubiera hecho toda la vida. Además el niño sabía exactamente qué tenía que hacer. Aun así el exorcismo se prolongó durante más de dos horas, con un calor espantoso, era julio. La cripta al principio estaba muy fresca situada bajo tierra, pero allí había en total unas doce personas y, sin ventanas, la temperatura fue elevando de forma sofocante. Al cabo de media hora, todos estábamos completamente empapados de sudor desde la cabeza hasta los pies. Pero después de dos horas la chica comenzó a agitarse tremendamente y con un gran grito el demonio salió. El niño brevísimos minutos después, igualmente comenzó a agitarse y quedó liberado.

Es difícil olvidar la maravillosa escena nocturna de un padre saliendo de una iglesia con sus dos hijos (el de dieciocho años y el niño liberado) y diciéndole a su mujer: ¡nuestro hijo está liberado!

Apenas pudo pronunciar esas palabras, pues emocionado comenzó a llorar. Los padres se abrazaron, lloraron, los hijos se unieron a los padres. La pesadilla había acabado. El proceso del exorcismo no sólo había salvado la vida física y mental de su hijo, sino que la familia, muy poco religiosa hasta que comenzó el proceso de liberación, había cambiado totalmente y ya a partir de entonces comenzaron una vida de verdaderos creyentes en Cristo.

Al doctor que hacía un año le había diagnosticado un *cuadro de alteración de conducta de inicio brusco*, habría que haberle dicho irónicamente que el exorcismo había logrado un *cuadro de restauración de conducta de final brusco.*

Dado que he sido testigo de todos los hechos que aquí se cuentan, debo hacer una precisión. Después de dos horas de oración, estaba cansado y me había marchado a cenar solo, a una habitación que tenía en la torre de la iglesia. De forma que no fui testigo de esta liberación. Después de meses orando tanto por el niño, como por la chica, no vi la liberación de los dos. Hago esta matización a la historia pues de todas las sesiones de oración he sido testigo directo. Lamentablemente, de las dos horas y media que duró la sesión, no estuve presente justo en el momento de la liberación, pero había allí doce testigos que me refirieron la escena. Llegué cuando estaban dando gracias a Dios.

El niño volvió a la más completa normalidad, si bien en éste como en otros casos hubo todavía que rezar por él una cuantas veces más en su parroquia. Pues algunos posesos, una vez liberados, experimentan como el demonio una vez que sale trata de entrar de nuevo durante algunas semanas. Y así algunas personas liberadas sufren durante el mes siguiente pequeñas posesiones, que se acaban con breves sesiones de diez o quince minutos. Estas posesiones son cada vez más breves, cada vez menos intensas, hasta que no se vuelven a producir. Yo las denomino *posesiones-eco*, pues son como un eco de la gran posesión inicial.

Caso 3

En este caso la posesión duró cinco años y el exorcismo casi medio año. Proceso de exorcismo que constó de doce sesiones repartidas durante esos cinco meses. Una vez que quedó liberada le pedí que pusiera por escrito su experiencia para ayuda de otras personas que se encontraran en su misma situación. Aquí transcribo el relato de su posesión y exorcismo narrado en primera persona, tal como lo vivió ella misma. Doy fe de que todo lo que narra ella es veraz. Respecto al texto yo sólo me he limitado a incluir algunas notas explicativas. La larga carta que me envío comenzaba así:

Era el año 2000, tenía veinticinco años, había emigrado con casi toda mi familia a los Estados Unidos y estábamos comenzando una nueva vida. Mi vida transcurría de forma normal, con días buenos y malos como cualquier otra persona, tenía un trabajo, estaba estudiando inglés y me adaptaba poco a poco a mi nueva situación. Quiero aclarar que jamás he consumido ningún tipo de droga, ni bebidas alcohólicas, ni tengo a nivel personal y familiar antecedentes de problemas mentales.

Llevaba sólo cinco meses en tierra americana, y de un momento a otro, comencé a experimentar cambios en mi comportamiento; cambios que le atribuí a mi nueva situación. Me despertaba muy angustiada y pensamientos suicidas revoloteaban por mi mente de forma regular, algo que no me había pasado nunca, sin embargo, pensé que se trataba de una depresión, debido a la ruptura de una relación meses atrás, que yo creía superada.

Sentía que algo en mí no funcionaba como siempre, mis comportamientos cambiaron, la angustia aumentaba día a día, y algo me decía que tenía que abandonar ese sitio. Tomé entonces la decisión de regresar a mi país por un par de meses y luego viajar a Europa, pensando que así mi infierno se acabaría, pero no fue así.

Al llegar a mi país, la misma angustia me perseguía y por primera vez maldije la existencia de Dios. Mi vida ya no era vida, tenía la idea de estar en una pesadilla interminable de la cual no era capaz de salir.

Estuve viajando por varios sitios exóticos, pensando que unas vacaciones en el Caribe me sentarían muy bien. Sin embargo, dentro de mí un infierno se estaba desatando, no me encontraba bien en ningún lugar por bueno que fuera, sola o acompañada siempre estaba presente el mismo agobio, absolutamente nada me hacía feliz, sentía cada vez más esa angustia, cualquier episodio negativo por tonto que fuera me hacía pensar en el suicidio, sólo podía pensar en las cosas que me hacían daño, las cosas positivas perdían valor y notaba que me costaba más superar cualquier inconveniente que se me presentaba. Era como si algo dentro de mí sólo quisiera que me quitara la vida, una voz no se cansaba de repetirme en la cabeza que tenía que morir, que era un estorbo.

Me aferraba a la única ilusión que me quedaba, que era conocer Madrid y de nuevo comenzar una nueva vida, tenía la idea de que al llegar a España todo lo que estaba viviendo desaparecería. Con la novedad de llegar a un país que siempre había querido conocer, tuve una tregua de dos días, pero al tercer día de estar en Madrid, la angustia comenzó, y ahora con más fuerza. La certeza de que algo en mi cabeza no marchaba bien me asustaba, pero no tenía ni idea de lo que realmente me estaba pasando, siempre le echaba la culpa al lugar, a cualquier tontería que me pasaba o a lo que me rodeaba.

Me matriculé en una escuela madrileña para pedir la visa de estudiante y me fui haciendo a un grupo de amigos con los que solía salir de marcha, pero aún así me sentía totalmente desdichada. Después de vivir unos meses en Madrid y conocer algunos lugares de España, tomé la decisión de irme a las Islas Canarias, pensé que el clima insular y una cultura parecida a la mía me vendría muy bien, supuestamente sería un cambio positivo.

Una vez en Tenerife, comencé a estudiar, conseguí mi primer trabajo y una nueva relación llegó a mi vida, pero nada de esto me hacía feliz, mi vida ya era un infierno, había perdido mucho peso y sentía una angustia permanente. Le mentía constantemente a mi madre haciéndole creer que era feliz, pero el sufrimiento era una constante, a la cual no le encontraba una razón lógica.

Mi relación con Dios y la Iglesia era nula desde hacía varios años, además noté que había perdido totalmente la fe, de hecho pasé, de creer en la existencia de Dios, a pensar que era solo una creación del hombre para no sentirse tan solo. Le perdí todo respeto a las tradiciones católicas, y no dejaba escapar oportunidad para discutir su existencia con personas creyentes, odiaba ver imágenes religiosas y rabiaba porque otros podían creer en Cristo.

Le fui abriendo la puerta al demonio, ya que una vez que te has alejado de Dios, te encuentras totalmente vulnerable a cualquier presencia maligna por medio del pecado. Pese a notar este cambio con respecto a la religión que profesé hasta mi adolescencia, atribuí tal cambio a la madurez y al hecho de encontrarme en un país menos creyente que el mío.

Volví a mi país, y tenía la ilusión de pasar unos días sin aquella pesadilla, pero las cosas seguían igual. Al regresar a España, decidí viajar con mi novio de nuevo a los Estados Unidos para pasar las Navidades con mi familia. Pero se convirtieron en las peores de mi vida, ya que tan pronto pisé tierra americana perdí el apetito, no dormía, me despertaba con el corazón acelerado y nauseas. Experimenté unos escalofríos durante todas las noches que nunca había sentido, era un frío extraño que no se quitaba con nada, me despertaba durante la noche con sobresaltos, tenía la idea de que algo me oprimía el pecho, cada minuto era un verdadero infierno y una sensación de vacío se convirtió en parte cotidiana de lo que ya era una pesadilla.

Cada vez era más fuerte aquella voz que me decía que me suicidara, que era un estorbo y que me fuera de allí, estaba tan desesperada que quería tirarme a un coche, pero algo me detenía. Había entrado en un estado agónico, sé que suena fuerte, pero lo que yo padecía en ese momento era un total infierno. Fui invitada a dos bodas en este periodo, de una de ellas tuve que salir corriendo porque un deseo de suicidarme me empujaba a una laguna cercana a la iglesia. Mi madre que se encontraba conmigo no entendía nada, y yo estaba convencida de que esa actitud no era normal. Mi vida se me había ido fuera de control, me estaba volviendo literalmente loca, sólo pensaba en volver a España y ponerme en manos de un psicólogo.

Al regresar a España, y todavía con la esperanza de salir de esa pesadilla, comencé a buscar ayuda especializada y me sometí a un tratamiento psicológico durante ocho meses, pero no obtuve ningún resultado, la psicóloga llegó a la conclusión de que se trataba de una depresión. Estuve sometida a un tratamiento farmacológico antidepresivo muy fuerte, también me prescribieron pastillas para dormir, y la verdad es que el hecho de tener que tomar pastillas antidepresivas me causaba una angustia peor, sobre todo porque nunca había presentado síntomas como estos a lo largo de mi vida. Cada día era angustioso, soñaba con la idea de poder detener mi existencia, pasaba el día analizando cada detalle de mi suicidio, quizás esa idea era lo único que callaba esa voz que martilleaba mi cabeza constantemente. Minuto a minuto pensaba en la forma de suicidarme, pero algo dentro de mí no lo quería hacer. Era una lucha constante entre tener que hacerlo y no querer hacerlo.

Regresé de nuevo a los Estados Unidos y empeoré, llegué a la conclusión de que algo quería que me alejara de ese país, ya que al llegar allá los síntomas eran más fuertes. Me sentía totalmente sola con este problema y había programado suicidarme una vez que llegara a España. Lo tenía todo planeado, tenía claro en ese momento que estaba loca y nadie podía ayudarme, ni los especialistas, ni los medicamentos lograban una mejoría, y de ningún modo deseaba pasar mis últimos días de vida en un manicomio, pensaba que llegaría el día en que no tuviera la cabeza lo suficientemente lúcida como para poder planear mi muerte, por lo que mi suicidio tenía que ser lo más pronto posible.

Gracias a Dios, uno de los días en que peor estaba, mi madre que se encontraba preocupadísima con mi comportamiento, me pidió que le acompañara a su trabajo, ya que temía que cometiera alguna locura, de hecho ya había pretendido suicidarme dos días antes en los Estados Unidos, quizá el acompañarle ese día me salvó la vida. Ya había buscado por varios medios llevar a cabo mi deseo de abandonar este mundo. Primero traté de engañar a un veterinario, haciéndole creer que mi perro se estaba muriendo y que me facilitara una inyección para no prolongar más su agonía, pero me exigió que le llevara al perro. Luego traté de engañar a un farmacéutico para que me vendiera un medicamento, pero tuve que salir corriendo de allí porque iba a llamar a la policía.

Una hermana de mi madre, aprovechando un descuido de ella, me llevó a dar un paseo, y me dijo que tenía idea de lo que me pasaba, que ella y su manager me ayudarían. Me preguntó si creía en cosas que no se podían ver, y yo inmediatamente supe a lo que se refería, me reí de lo que me decía, pero por respeto, acepté su ayuda con la idea de que ya no era la única loca en la familia, ya éramos dos. Mi tía lo hacía a espaldas de mi madre, porque mi madre nunca había creído en ese tipo de cosas.

Al día siguiente llegó mi tía a casa acompañada de una Biblia, y aprovechando de nuevo que mi madre se encontraba dormida, me pidió que fuéramos a orar. Después de algunas oraciones y un paseo en el que hablábamos de lo que me pasaba, de un momento a otro empecé a sentir un escalofrío, y una especie de hormigueo que corría por todo mi cuerpo, mi voz cambió y estaba perdiendo el control físico, de lo único que me acuerdo es de mis manos y pies, que en un momento dado los miré y estaban totalmente encogidos, como en forma de garra, me asusté mucho, no entendía qué me pasaba y solo repetía el nombre de una chica que en ese momento vivía con el que fuera mi pareja al llegar por primera vez a los Estados Unidos. No recuerdo mucho lo que pasó, sólo gritos, a mi madre de rodillas en la cama en donde resulté tumbada, a mi tía con la Biblia en una mano leyendo en voz alta y con la otra sujetándome la mía, y ese hormigueo, que hasta mi tía pudo sentir. Poco a poco salí de ese trance y me di cuenta de lo que realmente había pasado en mi vida durante esos años, pero eso sólo era el comienzo de lo que sería finalmente la solución a esta pesadilla.

Regresé a España, con la alegría de saber cual era la causa de mis males y un alivio esporádico que me dio lucidez para buscar la ayuda que realmente necesitaba. Mi tía había logrado una tregua a mi tormento, pero la recaída fue atroz, los síntomas se hicieron más fuertes, no tenía paz ni al dormir, me di cuenta que había dejado de vivir durante mucho tiempo, ya que durante la tregua que tuve, mi vida dio un giro total, era como volver a nacer, salía a la calle y todo lo veía diferente, quizás suene raro, pero hasta el color del cielo y de los árboles era diferente, era como si una sombra hubiera cubierto mi vida los últimos años, lo más extraño, es que al volver a lugares que yo ya había conocido, al verlos de nuevo los veía diferente, quizás esto sólo lo podemos entender las personas que lo hemos experimentado, pero era como haber estado en otra realidad oscura y triste.

La cruz no la llevaba sola, mi familia también la pasaba muy mal, sobre todo por la distancia y por el hecho de luchar contra algo que nos era desconocido. Lo peor es que una vez que se sintió descubierto lo que llevaba dentro, no perdió segundo en mostrarme su infierno, se percató en darme a conocer cada uno de sus sufrimientos, maldecía todo lo que hacía, experimenté la angustia que se siente al odiar a Dios, pero con la certeza de que nada de lo que haga hará que deje de existir.

Religiosos, amigos y familia comenzaron a orar fuertemente para sacarme de ese abismo, fue horroroso lo que tuve que pasar. No podía entrar a una Iglesia porque la angustia era aterradora, y en casa cuando estaba sola golpeaba y escupía las imágenes religiosas de mis compañeras de piso, sentía un odio hacia Dios inexplicable, lo veía cómo a un enemigo, produciéndome alivio la idea de pensar que el mundo sin él era mejor. Pero, ¿Cómo eliminarlo? Eso es lo que más atormentaba a lo que estaba dentro de mí.

Regresé a mi país y decidí suicidarme. Con un nombre y datos falsos logré comprar mi tan anhelado cianuro, había soñado tanto tiempo con tenerlo en mis manos, ya que en Estados Unidos y en Europa me fue imposible obtenerlo, pero cuando ya tenía todo preparado, algo no me permitió llevar a cabo mi plan, me obligó a devolverlo y pasar una gran vergüenza.

Con la ayuda de familiares y amigos, encontré dos sacerdotes católicos que me realizaron varios exorcismos, pero mi residencia permanente era en España y no pude permanecer en mi país natal el tiempo suficiente para mi liberación. Mi suerte en ese momento estaba en manos de Dios, yo no podía hacer más por mí, nadie podía hacer más por mí. A pesar de todo esto, seguía trabajando, y rendía de forma normal en la universidad, de hecho saqué mi carrera sin problema, pienso que Dios siempre estuvo ahí, dándome fuerza, a pesar de que yo dudaba de su existencia, al igual que de la Virgen María, la cual ha sido fundamental en mi liberación. Nunca permitieron que lograra suicidarme.

Una vez en España, recorrí varias Iglesias Católicas de Tenerife en busca de ayuda, pero sólo encontré incomprensión, incredulidad y a veces hasta burla. Comencé entonces a asistir a otra religión con personas muy buenas, pero que en nada podían ayudarme, además no tenían a la Virgen como referente, y yo sabía que algo muy importante faltaba. Pero seguí luchando, algo en mí no me permitía dejar de seguir buscando mi liberación.

Un día de octubre estaba viendo la televisión, y me detuve a ver un programa sobre exorcismos, justo allí vi por primera vez al Padre Fortea, me sorprendió como describía lo que padece un poseído y era exactamente lo que yo estaba padeciendo. Entonces me entregué intensamente a la tarea de buscarlo. Aunque ya varias personas, entre ellos sacerdotes, me habían asegurado que lo mío era una posesión, el juicio del padre Fortea sería mi prueba definitiva. Vale la pena decir que yo no creía en nada de estas cosas, ni siquiera en Dios, quizás mi posesión fue la prueba que él me ofreció para comprender su existencia, Cristo se vale hasta de Satanás para mostrarnos su gran poder y su infinito amor.

Tan pronto localicé al Padre Fortea le pedí que me ayudara, me hizo algunas preguntas y posteriormente me dio como primera cita el día 5 de noviembre del 2004. Pero antes de que llegara ese día la pasé muy mal, no dormía, y aunque lograra conciliar el sueño, también sufría. La angustia y el desasosiego eran permanentes, en el fondo tenía la esperanza de que todo esto llegaría a su fin, pero mi *inquilino* también lo sabía y me transmitía todo su sufrimiento las 24 horas del día.

El fin de semana antes de entrevistarme con el padre, los síntomas se agudizaron, algo me decía que él era el que me sacaría de este infierno, pero lo que yo tenía dentro también lo sabía, porque lo que viví días antes del viaje a Madrid no se compara ni con todo lo que había sufrido en los cuatro años y cuatro meses que llevaba arrastrando con esa pesadilla. Es difícil explicar lo que padecí en esos días previos a la cita, solo puedo decir que si los seres humanos tuvieran una mediana idea de lo que es el infierno, no pecarían, además no sólo sufría de forma espiritual, sino también físicamente.

El 5 de noviembre 2004 me presenté en la iglesia de la Virgen de Zulema, eran las siete de la tarde, fue empezar a subir la carretera que lleva a la puerta del templo cuando comencé a temblar, un miedo aterrador me consumía, tenía una sensación extraña, por un lado pensaba en mi liberación, pero por otro lado tenía pavor a lo que pudiera suceder.

Tan pronto como entré en la iglesia los síntomas se agudizaron, las piernas me temblaban, las sentía pesadísimas, sólo recuerdo que me dirigí directamente al padre, temblando, con nauseas y a punto de desmayarme, le dije mi nombre, nada más verme él me preguntó si me sentía mal, comencé a llorar. Me pidió que me sentara en un banco y lo esperara (debió marchar a buscar más gente para sujetarme), pero enseguida caí al suelo y de ahí en adelante mis recuerdos son muy vagos, no sé realmente cuanto tiempo transcurrió, solo recuerdo que al despertar estaba en brazos de una mujer que me transmitía mucha paz, estábamos justo al lado de una imagen de la Virgen, no recuerdo cómo llegué hasta ese sitio, sólo sé que me encontraba muy tranquila, la angustia había desaparecido y poco a poco me incorporaba. Esa mujer que formaba parte del equipo del padre Fortea me dio un mensaje en una lengua que yo desconocía, pero ella no tuvo que traducirla, pude comprender lo que me decía. Su voz era suave, y pude darme cuenta que ese mensaje venía de Cristo.

La mujer se dirigió al Padre y comenzaron a hablar en inglés, notaba que hablaban de mí, y por sus expresiones algo no marchaba bien. Poco tiempo pasó, el padre y aquella mujer se retiraron a hablar en el despacho, yo me quedé tratando de orar con dos señoras que se encontraban en la iglesia, de un momento a otro comencé a sentir rabia, mucha rabia, quería salir de allí, pero algo me lo impedía, comencé a gritar, y otra vez perdí el control de mi cuerpo, recuerdo que traté de salir, de hecho al volver en sí, me encontraba cerca a la salida, no recuerdo bien lo que ocurrió durante aquel tiempo, quizás gritos, lenguas desconocidas, imágenes del padre Fortea acercándose, de otras personas y de aquella mujer sosteniéndome de nuevo en sus brazos. Sentí de nuevo paz, estaba muy tranquila, en el fondo sabía que lo que tenía dentro estaba débil, pero permanecía conmigo.

Al día siguiente el mero hecho de retornar a la parroquia fue todo un reto, algo no me dejaba, la angustia se apoderó de mí, estaba desesperada. Al llegar a la Iglesia observé que varias personas se encontraban afuera, pero cuando vi al padre Fortea perdí el control físico, no sé que pasó, cuando menos lo pensé, en un instante, unos hombres me introdujeron en la capilla, que está justo debajo de la iglesia.

Nota: *Ella no lo recuerda porque estaba en trance. El coche aparcó y ella al verme entró en la fase previa a una crisis de furia. Aunque de momento sólo me miraba silenciosa, como un animal agazapado, acorralado que no sabe qué hacer. Sabía que si me ponía a hablar con ella, se pondría a gritar. Aunque estaba sentada en el asiento trasero del coche que la había traído, mi equipo estaba perfectamente entrenado para manejar este tipo de situaciones. Me acerqué como a saludarla y antes de que pudiera decir ni una palabra cuatro hombres en lo que tarda un suspiro la agarraron. Cada uno de los cuatro tenía asignada una parte del cuerpo: un brazo concreto, una pierna concreta. De forma que en un segundo se encontró fuera del coche, siendo llevada en el aire hacia la cripta de la iglesia. Esto puede parecer una operación sencilla, pero les aseguro que sacar de un coche a una posesa y llevarla en volandas escaleras abajo hasta cerrar la puerta de los salones parroquiales sólo se logra con un equipo con mucha experiencia.*

Una vez dentro de la cripta, vi de nuevo a aquella mujer, al verla lo que yo tenía dentro se revolcaba, una voz masculina hablaba a través de mí, gritaba, maldecía y no sé que otras cosas decía. Algunas personas que estuvieron presentes me contaron algunas cosas de las que pasaron, yo no estaba muy consciente. Algo que me sorprendió muchísimo fue la pérdida de la conciencia del tiempo, para mí fueron cinco minutos o menos, pero para los que estaban realizando el exorcismo transcurrieron aproximadamente dos horas.

Éste era solo el comienzo de mi liberación, por lo menos doce exorcismos más tuve que pasar para ser liberada, y me considero afortunada, pues en la parroquia vi que hay personas que pasan varios años antes de ser liberadas.

Contar con detalle cada exorcismo es muy difícil, sobre todo porque en muchas ocasiones no eres consciente de lo que pasa, y si las personas que se encuentran presentes no te comentan nada al acabar, no llegas a saber a ciencia cierta lo que pasó. Recuerdo la angustia que me transmitía Satanás cada vez que estaba cerca de la iglesia o nombraban el nombre de Jesús o de la Virgen. También tengo imágenes del padre y de aquella mujer que le ayudaba, la cual fue tan importante fue dentro de mi liberación, orando en lenguas para mí desconocidas.

Nota: *La identidad de la mujer a la que se menciona en varios lugares de este relato, no aparece por deseo suyo. Se trata de una mujer perteneciente al equipo de la parroquia y que pasaba muchas horas de oración ante el Santísimo. Después de medio año, tuvo que regresar a su país, Estados Unidos.*

Aprendí a saber cuando el demonio hablaba a través de mí, y a distinguir cuando eran mis pensamientos y cuando su voz, de hecho se movía por mi cuerpo y se manifestaba dentro de mí, además en algunas ocasiones movía partes de mi cuerpo a su merced. Recuerdo que en una ocasión sostenía un rosario, y mi mano empezó a moverse sola y a golpear la pared, pretendía que soltara el rosario, me hacía daño, comencé a orar y se tuvo que detener.

Cada vez que terminaba un exorcismo, me llenaba de paz, me sentía más fuerte, y sabía que Satanás se debilitaba. De los exorcismos sólo tengo imágenes de varias personas a mi alrededor, la luz tenue de la cripta, yo tumbada en el suelo, varios hombres sosteniéndome, tentaciones sexuales, y lo más importante para mí: la presencia de la Virgen María, que muchas veces la vi representada en la mujer que siempre estaba en mis exorcismos. También recuerdo que siempre me tenían que hacer entrar a la capilla forzada entre varias personas, porque lo que tenía dentro se negaba a entrar allí, además adquiría una fuerza física inexplicable.

Dos meses antes de mi liberación, cometí un error garrafal, tuve compasión con el demonio, algo me impulsó a desear que se quedara conmigo un tiempo más pensando que me dejaría tranquila, aquello se convirtió en una especie de pacto. Oraba por él con la idea de que así me haría menos daño y este pacto le dio más fuerza. Fuerza que aprovechó para usarla en mi contra, sin embargo nada de eso impidió mi liberación, la cual tuvo lugar el día 14 de marzo del 2005, era el tercer día consecutivo que me realizaban exorcismos. Ya en ese momento era consciente de muchas cosas durante las sesiones de exorcismo. Lo que más recuerdo es que un hormigueo corría desesperado por todo mi cuerpo, y con mis manos lo iba sacando de mí, era como si me estuviera limpiando mi espíritu, sentía una paz, una tranquilidad indescriptible. Ese día fue muy especial para mí, sentí la presencia de la Virgen con mucha fuerza.

Días antes de mi liberación, un sacerdote que estuvo presente en algunos exorcismos, me comentó que el demonio dijo algunas cosas en latín, comentó algo sobre un mensaje de la Virgen, la cual sin duda estuvo presente en todos mis exorcismos. Algo muy importante fue la ayuda de este sacerdote[15], de hecho estuvo conmigo el día de mi liberación, y fue crucial en el final de esta historia. El día de mi liberación salí a hacer una caminata con él por los alrededores de la parroquia, y en medio de la pequeña excursión de una hora entré en trance, el sacerdote en el lugar solitario hasta donde habíamos llegado, en un rincón de aquella montaña boscosa, comenzó a decir oraciones exorcísticas y me hizo renunciar expresamente al hecho de tenerle compasión al demonio, allí renuncié a esa especie de pacto que había realizado con él, y la verdad es que ya en ese momento sentí que el demonio estaba muy

15 El nombre del sacerdote queda silenciado en este escrito por deseo suyo, ya que por el momento cree más prudente silenciar su identidad para que pueda ejercer su ministerio de párroco con tranquilidad.

debilitado, que ejercía menos influencia sobre mí e, incluso, que mientras él se manifestaba yo ya podía orar en mi interior.

Mi liberación era un hecho, sin embargo el padre Fortea consideró conveniente que regresara para certificarla, para asegurarnos de que no quedaba nada dentro. Y así el día 5 de mayo de 2005 pude entrar por mi propio pie a la iglesia, sólo sentí paz dentro de ella y pude orar en voz alta con todos los presentes.

Nota: *En la última sesión, aquella realizada para asegurarnos de que no quedaba nada maligno dentro de ella, efectivamente vimos que no había nada dentro, que había salido todo. Pero ella todavía durante unos minutos sintió la presencia del maligno en su cuerpo, pero fuera de ella, no dentro. Sintió como la oración la limpiaba de esa presencia. Y una vez que quedó liberada sintió una gran paz y amor, una verdadera efusión de gracia en su corazón.*

Por culpa de quién y el por qué yo quedé posesa, no deseo ni comentarlo, lo único que me importa ahora es que puedo entrar a las iglesias con total tranquilidad, que creo en Dios y le amo, la idea sobre el suicidio desapareció, puedo desechar todo pensamiento que no sea positivo para mí, experimentar momentos de paz y felicidad como cualquier otro ser humano, y sacar provecho hasta de las cosas no tan positivas, tanto de mi pasado, cómo de mi presente. En pocas palabras, volví a ser la de antes, pero con un firme testimonio de la acción de Cristo y de la Virgen María.

Gracias a Dios, gracias Virgen María, gracias padre Fortea, gracias padre (nombre), gracias (otro nombre), gracias colaboradores del padre, gracias a mi familia y a todos aquellos que de alguna u otra manera me han devuelto a la vida.

Caso 4

Llegó una mujer de unos cuarenta años acompañada por el que me presentó como su marido. La mujer me refirió los típicos síntomas de aquellos que pueden ver espíritus. La impresión de verosimilitud de su relato venía reforzada por el hecho de que su bisabuela y su abuela también podían almas de difuntos. Pero el problema por el que vino a consultarme había comenzado cuatro años antes, cuando no sólo veía esas almas, sino que comenzaron a agarrarle por el brazo y a ordenarle que le siguieran.

Me puse a orar por ella y en seguida se vio la fase previa al trance. Sentía ella como una incomodidad, también frío a pesar de que disfrutábamos de una agradable temperatura veraniega. Pero a pesar de que esos síntomas persistían, nada se manifestaba a través de ella. Tras más de media hora de oración, lo único que (a juzgar por los síntomas) parecía haber quedado patente era que dentro de ella había un espíritu al que le molestaba mi imposición de manos y mis oraciones. Me marché a rezar vísperas, dejando al marido y a otra persona rezando el rosario. Entonces, nada más empezar el rosario, sí que comenzó la mujer a dar gritos en trance, aunque sin perder la consciencia a pesar de no poder hablar. Los gritos cada vez eran más fuertes. Tres cuartos de hora, en una situación que iba *in crescendo* de malestar y gritos, vomitó una masa de trozos de carne.

Lo curioso es que ella no había ingerido nada en ocho horas, la comida había sido ligera y tampoco se había sentido pesada tras el almuerzo. El vómito de aquella carne a pesar del estómago vacío era la prueba de que ciertamente esa mujer padecía algo preternatural y no quejaba por mera sugestión u otros problemas mentales. Sólo había tenido un vómito parecido cuatro años antes, y también entonces había estado en ayunas durante más de doce horas a pesar de lo cual había vomitado algo semejante.

Fue entonces cuando la mujer comenzó a explicar una parte de la historia que había callado en la conversación previa a las oraciones. El que estaba allí a su lado, en realidad, no era su marido. Ese hombre estaba casado con otra mujer, pero mantenía una relación con ella, la presente. Su esposa al descubrir esa relación había reaccionado con odio, llamando a la amante por teléfono para insultarla y cosas semejantes. Quién hizo el maleficio no lo sabíamos, aunque era lógico sospechar que la esposa engañada llena de odio hubiera podido encargar eso a un brujo.

Lo cierto era que desde que la esposa descubrió la infidelidad y comenzaron las llamadas, fue cuando la amante comenzó no sólo a ver las almas, sino también a sentirlas corporalmente, a notar cómo le agarraban queriendo llevársela. A eso siguió el primero de cuatro abortos no provocados, los niños de la amante se le morían antes de nacer. Dado que el primer vómito con el estómago vacío coincidió con la muerte del primer niño que llevaba en su seno, era razonable conjeturar sobre la posibilidad de que el maleficio hubiera provocado esas muertes.

Les expliqué a ambos, a la amante (a la que a partir de ahora llamaré Vanessa) y al esposo infiel (al que a partir de ahora llamaré Víctor), que debían poner en orden su vida. Lo cual resultaba más fácil por el hecho de que el esposo adúltero vivía con su esposa, así que con tacto y delicadeza, fui tajante en lo referente a que había que dejar esa relación ilícita de inmediato. Por los niños muertos antes de nacer no debía atormentarse ya que habrían ido junto a Dios. Pero ella debía comenzar una vida de más oración, una vida dentro de los Mandamientos de Dios. Sentado en el banco de la capilla, el marido infiel escuchaba todos mis consejos sin decir nada. Se mostraba conmovido y dispuesto a dar ese cambio también.

Había habido una sucesión de hechos malos: la pasión había llevado a la infidelidad, la infidelidad al sufrimiento de la esposa, el sufrimiento al odio, el odio al maleficio. El pecado había dado sus frutos malos. Pero todo había sido para bien. Pues al ver estos frutos, tan claros, tan patentes, eso debía llevarles a abrazar una vida totalmente contraria. Todo mal es permitido para un bien mayor, les expliqué. Sin esos frutos malos (los abortos, el maleficio) ellos no se hubieran percatado de cuan errado era su camino y se hubieran encontrado con todo el día del Juicio Final. Dios en su misericordia había permitido que el mal llegara a una situación en la que quedara patente para provocar un cambio de vida. Quedaron ambos impresionados por mis palabras y estuvieron un rato delante del Santísimo Sacramento haciendo oración.

Vinieron dos semanas después, Vanessa y Víctor otra vez. Oramos por Víctor que no padecía ninguna influencia. Y volvimos a orar por Vanessa. Ella sintió mareos en cuanto oré por ella, tuvo que echar la cabeza hacia atrás y apoyarla en el banco. Salió de ella un espíritu. Quedé con la mujer para que una semana más tarde volviera para continuar las oraciones por ella. Eso sí, le advertí que había hecho muy mal en venir de nuevo con Víctor. Si había cortado con él, no debía dar lugar a que la relación continuara de ningún modo, y más siendo lo débil que ella era para romper esta situación de adulterio. Le dije que tenía que elegir entre seguir con aquella relación ilícita o seguir a Jesús. En otros casos doy más tiempo a la persona para que se fortalezca en el amor a Dios y vea su pecado. Pero en este caso la debilidad afectiva de ella era tal, que podía pasarse un lustro en esa situación sin cortar con ese hombre casado, que seguía viviendo con su legítima mujer.

Cual fue mi sorpresa al enterarme un mes después, que a pesar de todo lo visto, de todo lo sufrido, la mujer decidió seguir con su amante. No volvió a pedir cita. ¿Qué más tenía que pasar para que ella y él abrieran los ojos? Otros pecan sin saber, sumidos en la ignorancia. Pero ellos habían visto bien a las claras, cuáles eran las consecuencias de sus actos contrarios a la Ley Divina. Aun así, habían decidido conscientemente seguir el mal camino.

Es interesante observar que Víctor trataba bastante mal a su amante, sin cariño, sólo para satisfacer sus apetitos y sin pensar, ni por asomo, en abandonar a su esposa. Y, sin embargo, Vanessa prefirió aquella relación sin afecto, sin amor, aquella pasión carnal por parte de aquel hombre que la abandonaría en cuanto ella envejeciese, antes que escoger el amor infinito de Jesús. Si él hubiera sido un hombre extraordinariamente atractivo, me hubiera ayudado a entender un poco esa situación. Pero ni él ni ella estaban en la juventud de la vida, ninguno de los dos estaban dotados de belleza corporal. ¿Por qué preferían aquello a Dios? Parece una locura, un sinsentido supremo, pero me encontrado más casos en los que ni la enfermedad provocada por una posesión evidente, hacen que las personas abandonen una relación en la que ni ellos se sienten a gusto. Pero en ése, como en otros casos, aquél con el que conviven les va minando la voluntad semana tras semana con la repetición de la idea de que podrían probar con otra persona: he oído hablar bien de un vidente..., me han contado de una mujer que impone la manos…, ese padre es demasiado rígido…, hay otros más humanos…

Un par de meses después de no venir por la iglesia me acordé que tenía su dirección electrónica y le envíe este e-mail: *Hola, soy el padre Fortea: Como no te he visto venir por aquí, me ha entrado el temor de que hayas decidido no cortar con la vida de pecado. En fin, sólo te escribía por eso. Hasta pronto.*

No recibí respuesta en varias semanas, hasta que cerca de las navidades me contestó: *Hola padre agradezco de corazón por toda la ayuda que me brindó y por todo el tiempo que me dedicó. Esta experiencia me ha acercado mucho más a Dios, más de lo que yo siempre había querido. Estoy muy contenta por eso. Continúo leyendo el Nuevo Testamento y sigo yendo a misa casi todos los días. Por cierto, leí que mientras uno tenga a Dios en su corazón será perdonado de todos los pecados y recibido en el Cielo a la hora de la muerte. A mí me pareció muy severo lo que usted me dijo, muy radical y no comparto su opinión al respecto. (…) ¿Pretendía intimidarme?, se lo digo con todo el respeto que me merece. Gracias por todo que tenga una feliz Navidad.*

Creí que el caso, en lo que a mí respecta, estaba concluido. Estaba equivocado. Varios meses después, apareció de nuevo por mi parroquia. Vanessa, era cierto, había continuado yendo a misa. Al ir a misa, al no romper su relación con Dios, eso le llevó a asistir a un grupo de oración carismático. En ese grupo, una señora (que por cierto era marquesa) le pidió que le contara su historia y ella, durante varios meses, hizo una verdadera labor de amiga, aconsejándole, llevándole poco a poco al camino del arrepentimiento.

Cuando llegó a mi parroquia, estaba dispuesta a dejar a Víctor y a vivir en gracia de Dios. Di por supuesto que el caso iba a ser largo, dados los antecedentes. Me equivoqué. En dos sesiones más, fue liberada. En la segunda sesión, cayó al suelo delante del altar, gritó, se agitó y en unos veinte minutos quedó liberada. Los que allí estábamos, pudimos oler un perfume en esa parte de la Iglesia, signo de la presencia de algún ángel. De rodillas, Vanessa muy emocionada agradeció a Jesús su liberación.

En los meses siguientes, ¡a pesar de todo lo sucedido!, iba a seguir siendo difícil que cortara todo contacto telefónico con el marido adúltero, que comenzó a acosarla con llamadas y hasta llamando al timbre de su casa desde la calle. Le insistí una y otra vez que en cuanto oyera su voz, colgara el teléfono. Que no tenía que darle ninguna explicación, que no tenía comenzar ninguna conversación por breve que fuera, ya que ella seguía siendo débil para cortar. El demonio le tentó mucho a Vanessa con la idea de que tenía que ayudarle a él, que no debía cortar toda comunicación, porque debía hacer una labor de apostolado con él para bien de su alma. Esta ceguera siguió en ella durante varios meses, aunque el que ella sufriera algún tipo de pequeña influencia demoníaca por la que hubo que orar, acabó por abrirle los ojos. También ayudó el que le dijera claramente que era la última vez que rezaba por ella: o cortaba o que se fuera a buscar otro sacerdote.

Cortó, sí, finalmente cortó. Pero Dios le iba a dar una extraordinaria forma de purificarse de sus pecados y hacer penitencia. Después de vivir una temporada completamente liberada, feliz y viviendo sin ningún tipo de disturbio preternatural, el Señor permitió que pudiera sufrir por las almas del purgatorio. En ella entraban almas errantes que tenían que purificarse para entrar en el Cielo. Almas que no estaban condenadas al infierno, pero que por sus muchos pecados estaban en las moradas inferiores del purgatorio, almas que vagaban penando sobre la tierra. Cuando entraban en ella, Vanessa sentía su tristeza. Su sufrimiento, sus oraciones y mis oraciones, hacían que finalmente esas almas (de las que ya nadie se acordaba de rezar en la tierra) pudieran ir hacia la Luz.

Cuando esas almas salían de su cuerpo, Vanessa se sentía complemente bien y feliz. Dios le permitía unos días de descanso, y después permitía que otra alma entrara en ella. Así, en esta penitencia, lleva varios años. Externamente tiene una vida normal en cuanto a trabajos, amigas, etc. Pero internamente su vida está completamente centrada en la oración y la expiación. Una vez cada semana o dos semanas, oro por ella. No es el único caso que he atendido en estos años, en que este mismo fenómeno se ha dado, idéntico en todos sus detalles. Hay personas que tienen la capacidad de ayudar a las almas del purgatorio, concretamente a las que más abajo están, aquellas que pueden estar siglos y siglos penando, olvidadas de todos. Es como si Dios las destinara a ciertas *madres* que por el sufrimiento y la oración las llevarán de nuevo hacia la Luz. Si algo he aprendido de todos estos casos que tienen que ver con el purgatorio, es que la Justicia de Dios es algo muy serio, algo que nadie debería tomarse a broma.

Caso 5

Me llama el capellán de un hospital. Me dice que hay una niña que va a ser trasladada de hospital, porque los médicos no saben qué es lo que tiene ni como curarla. La niña lleva tres días internada porque no deja de llorar y de decir horrorizada que se le aparece un demonio que le asusta y le dice cosas. Antes de ser internada había sido una niña completamente normal, mentalmente sana, que nunca se había preocupado malsanamente por lo religioso y menos por lo demoníaco. Desde luego la preocupación por el demonio no se la había inculcado su familia, puesto que sus padres no eran nada religiosos. Baste como muestra de ello que ni siquiera habían bautizado a la niña.

Los psiquiatras no acababan de entender el caso, pues la niña decía que veía un demonio, pero no se había dado, en modo alguno, evolución en ella, aquello había aparecido de modo brusco y repentino. Por otro lado, el pensamiento de la niña permanecía perfectamente claro y lógico. El único problema era esa aparición que decía ver y las cosas que le decía esa figura demoníaca. La niña una y otra vez insistía en que el demonio le hablaba de todo tipo de aberraciones sexuales: le invitaba a *que lo hiciera con un perro, con un caballo, etc.* Los psiquiatras comprobaron que la medicación no hacía ningún efecto, ni siquiera los tranquilizantes. Fue espantoso para los padres comprobar como una niña podía pasarse tres días llorando parando sólo de rato en rato. Incluso hubo que sacar de la habitación a su acompañante, otro niño, porque el estado de continuo pánico de ella lo asustaba. La niña tenía que estar con sus padres en una habitación de hospital llorando todo el día y con la única enfermedad reconocida de afirmar que veía a un demonio.

Los psiquiatras se rindieron, ya habían decidido su traslado a otro hospital a pesar de que la estaban tratando varios catedráticos de la facultad que daban clases de psiquiatría en la cercana universidad. Fue ante esta situación, cuando los padres decidieron probar con un cura. No era lo que hubieran deseado, pero ya que la niña hablaba de algo que tenía que ver con la temática religiosa y estaban desesperados, optaron por hacer la prueba. Fue entonces, tras una semana de internamiento, cuando fui llamado por el capellán del hospital para examinar el caso.

Propuse a los padres que mi primer acercamiento a su hija fuera de la siguiente manera. Me vestí como un médico, con bata blanca y sin nada que me identificara como sacerdote. Entré en la habitación como un doctor que le va a hacer una prueba psicológica, una más de las tantas que ya se le habían practicado. Al entrar en la habitación vi a una niña encantadora tranquila, sentada en la cama. Me puse a hablar con ella amigablemente. Al cabo de un minuto, la niña señaló horrorizada hacia un punto de la habitación y se abrazó a su madre llorando. El llanto era verdaderamente terrible pues no se trataba de un sollozo de tristeza, de indignación u otro tipo al que estamos acostumbrados, sino un lloro producido por el pánico. Costó un rato lograr que la niña saliera de ese estado de pavor.

Ya calmada, le dije a aquella niña dulce, que cerrara los ojos mientras yo, sin que ella lo supiera, musitaba en otra lengua una oración exorcística, poniendo sumo cuidado de que por el tono no la identificara como oración. Para que no sospechara que yo iba a recitar oraciones, le dije que la prueba consistía en que ella tenía que ir diciendo letras del alfabeto y números por orden, mientras yo le iba a hablar, pero ella no tenía que prestar atención a lo que yo dijera. Pues le expliqué que la prueba consistía en ver si lograba no desconcentrarse de aquella sucesión de números y letras. Mientras ella recitaba aquello, yo le hablaba. Tardé casi dos minutos en decir algo que fuera una oración, para que la niña no sospechara nada. Fue en ese momento cuando en medio de todo lo que yo estaba diciendo introduje una sola orden en latín. Mi sorpresa (y la de los padres) fue mayúscula cuando nada más decir yo la frase, la rubia niña de once años me dijo: *el demonio me dice que le estás preguntando su nombre*. Era cierto.

Desde ese momento tanto los padres como yo no tuvimos duda de cuál era el origen del problema de la niña. Me despedí de la familia concertando hora al día siguiente para darle una síntesis de la catequesis bautismal y proceder a administrarle el sacramento. Pero bastó la oración desde casa, esa noche, por la niña, oración a distancia pidiendo a Dios por ella, para que el demonio se alejara de la pobre víctima. En realidad, no fui yo el que rezó por ella esa noche, sino que fue una señora la que rezó al menos un rosario por ella.

Al día siguiente, la niña estaba completamente normal, por primera vez en cinco días. Y siguió normal en adelante. No hizo falta hacer ningún tipo de oración más por ella. El demonio no estaba dentro de ella, sino que la acosaba, ésa fue la razón de que todo acabara de un modo tan fácil. Ante la evidente mejoría, fue dada de alta al día siguiente, tras tenerla en observación veinticuatro horas. Los meses pasaron y seguí el caso de cerca, la niña no volvió a ser molestada por el demonio. Tampoco mostró signo de trauma alguno por la experiencia, pues la madre me mostró un dibujo que había hecho, para mostrar la apariencia del monstruo que ella vio durante aquella semana de pesadilla. Delante del dibujo, la niña había comentado la apariencia de esa figura maligna sin temor ninguno. Tal como observé en los años siguientes, ésta es una pauta general: los posesos, una vez liberados, no reflejan signo alguno de trauma por el recuerdo de la experiencia por la que han pasado.

Lo que sufría esta niña no era el fenómeno de la posesión. El demonio estaba fuera, rondando a la niña y por eso el demonio no tenía, digámoslo así, donde agarrarse. Eso sí, nunca supe, por más que pregunté, qué pudo provocar este ataque demoníaco. Ya que nadie de la familia había tenido el más mínimo contacto con lo esotérico.

Caso 6

Recibí la llamada de un párroco del sur de España. Quería contarme que en su parroquia un grupo de jóvenes entre los 28 y los 35 años hacían espiritismo cada semana. Me dijo que ese grupo de unas ocho personas contactaban con un ser desde hacía años. Se había establecido una relación muy profunda entre ellos y ese espíritu después de tantas conversaciones espiritistas. El extraño ser afirmaba ser un extraterrestre de otra galaxia, les había comunicado su nombre y otras muchas cosas acerca de sí mismo. Asimismo les había explicado muchos aspectos del mundo espiritual. También les había dado buenos consejos tales como que debían ir a misa. En una ocasión les advirtió que debían ir a cierta hora exacta, a un lugar concreto, para evitar un mal a una persona. Y así fue, cuando llegaron al lugar, a esa hora, fue para descubrir que justamente allí estaban atracando a una mujer. La llegada de estos jóvenes puso en fuga a los atracadores. Las cosas que les decía este ser, unas coincidían con la fe cristiana, otras no. A veces les decía cosas buenas acerca de los sacerdotes, pero en otra ocasión le dijo a una chica que abortara porque el niño que tenía era hijo de Satanás y no del chico con el que había tenido relaciones. La chica abortó.

El párroco estaba totalmente seguro de la veracidad de estos contactos, porque ese ser le había enseñado a uno de los chicos del grupo a hacer viajes astrales. Y el chico le dio detalles concretos al sacerdote de que lo había visto a él en tal sitio y a tal hora, y que lo había visto llorando a solas por un asunto que sólo el chico del viaje astral y el sacerdote conocían. Sea dicho de paso, la fuente que tengo de este episodio es el mismo sacerdote, así que de este punto estoy completamente cierto.

Al cabo de un par de meses, me desplacé a esa diócesis a dar una conferencia. Circunstancia que aproveché para encontrarme con el grupo entero que participaba de esas sesiones espiritistas. Después de escuchar de boca de los participantes los hechos que me había contado su párroco, oré uno por uno por cada miembro del grupo. Ante mi sorpresa y estupefacción nadie mostraba sufrir ninguna influencia. ¿Cómo había sido esto posible? Unas horas después lo iba a descubrir. Por el momento me limité a darles los consejos espirituales pertinentes y a decirles que no volvieran a comunicarse con ese ser sino querían sufrir fenómenos nada deseables por parte de los demonios.

Después de ese encuentro, tenía la conferencia en esa ciudad. Sea dicho de paso, la conferencia tenía que haber sido en la catedral. Pero el obispo consideró que un tema así no era conveniente tratarlo en un marco catedralicio. Así que tuve que dar mi charla en un templo pequeño y anodino situado en el extrarradio. Si algún día llego a cardenal, pienso meditar con cuidadosa perfidia algún tipo de desagravio en ese mismo marco del que fui excluido.

Tras la conferencia, fui a casa del chico que hacía de médium con ese ser. Pues en el grupo era siempre un mismo chico a través del que se manifestaba, y si no estaba ese chico no podían comunicarse. Antes también había yo orado por ese chico sin que se apreciara manifestación maligna alguna.

Me había desplazado a la casa de este chico a bendecirla. Y fue allí donde vi que, aunque no era una persona practicante, era alguien muy sencillo de corazón que tenía un gran amor a la Virgen María. Cada día al pasar por la escalera le daba un sentido beso a una imagen de Nuestra Señora. Vi claro, que Ella le había protegido de quedar poseído. El amor a la Virgen, había sido su escudo. Aunque claramente le dije que si hasta ahora se había comunicado con ese ser sin pensar que hubiera nada malo en ello, a partir de ahora ya lo sabía, estaba advertido y no podía contar con la protección del Cielo de forma indefinida. Si sigues teniendo esas comunicaciones, le advertí, acabarás poseso o con influencias antes o después. El grupo después de meditar mi advertencia y parlamentar, decidió interrumpir para siempre esas sesiones.

Caso 7

Así como hay casos largos, los hay que con que se ore una sola vez es suficiente. Uno de estos casos breves fue el de una señora que se resolvió en dos sesiones, aunque espaciadas a lo largo de un año. Cuando me vino a ver, me dijo que estaba segura que una persona en concreto le había hecho un maleficio. ¿Cómo está tan segura?, le pregunté. Pues porque yo tenía empleada a una chica, me contestó, a la que un día en un rincón escondido del lugar de trabajo le encontré muchas velas negras así como otros objetos de los que se emplean para realizar magia negra. Lo tiré todo, me dijo, y le reñí a esta empleada. Al cabo de unas semanas, la despedí. Entonces fue cuando la chica despedida me dijo por teléfono que me iba a hacer magia negra. Concretamente le dijo: *Te voy a hundir. Te voy a poner gorda como una vaca.* Desde entonces la empleadora comenzó a tener pasión por los dulces y a engordar muchísimo.

También desde ese momento comenzó a sufrir los siguientes síntomas: no podía dormir, sufría constantes pesadillas en las que soñaba con sangre, con muertes y teniendo relaciones sexuales con la chica que le había hecho el maleficio, a pesar de que ella nunca había tenido tendencias lesbianas.

Además, desde que despidió a aquella chica, notaba en sí unos inexplicables deseos de hacer daño. Por si fuera poco, a veces se le nublaba la vista, llegando a caer al suelo. Después volvía en sí sin más problemas, aunque quedaba muy cansada. Los médicos pensaron que podía sufrir de vértigos. Cabe la posibilidad de que cuando se le nublaba la vista y se caía, lo que sufriera en realidad fueran eran los trances de una posesión. Dado que ella perdía la consciencia no sabía lo que hacía tras ese momento en que dejaba de ver.

La fase con estos síntomas tan fuertes en muchos casos no suele durar más allá de unos días o semanas, después los síntomas van menguando. Y como suele suceder en muchos casos, finalmente no quedó posesa, sino que sólo sufrió influencia. Es curioso que cuando se hace un maleficio, a veces, la persona sufre los síntomas de una posesión durante unos días, aunque después sólo quede en ella una influencia.

En la primera vez que vino a mi parroquia, oré sobre ella durante casi media hora. La única manifestación que hubo fue la de quedarse en un estado como de sopor en cuanto comencé las oraciones. Como no hubo más manifestaciones, le recomendé lo usual: que orara cada día, que cambiara de vida convirtiéndose sinceramente a Dios y que observara si mis oraciones de ese día y las suyas cotidianas habían acabado con esa influencia o si lo iban haciendo de forma progresiva. A partir de aquel día la mujer notó una clarísima mejoría. El cambio fue tal que se dio por completamente curada.

Pero me volvió a pedir cita casi un año después, porque la chica que le había hecho el maleficio, le llamó para insultarle y amenazarle. Lo curioso fue que por teléfono, la chica, le había dicho que le iba a hacer daño donde más le iba a doler y que iba a ser en la cara. Y efectivamente, al día siguiente amaneció con una marca roja alargada en la cara, como si de una gran cicatriz se tratara. La marca desapareció en un par de días, pero me mostró la foto que había hecho de su cara la mañana en la que apareció.

Había pedido cita conmigo en cuanto tras la llamada apareció esa marca en su piel. Vino a la parroquia y oré de nuevo por ella. Nada más empezar a orar, la mujer sintió malestar, vomitó saliva. Digo que vomitó saliva porque las arcadas que sufría eran de vómito, aunque lo único que echaba por la boca era saliva y poco más. Finalmente fue sintiéndose mejor, hasta sentirse completamente bien. Había quedado liberada del maleficio.

Le aconsejé después que no tuviera ningún miedo a los maleficios de su enemiga. Ella invocaba al poder de las tinieblas, pero el poder de la Luz era superior sin punto de comparación. Tuve contacto con ella años después, pero ya nunca volvió a sufrir de ningún tipo de influencia.

Capítulo V

Historia del exorcismo en el cristianismo

A comienzos de la era cristiana, en el ámbito del Imperio Romano existía el espiritismo practicado en diversas formas. Esas formas de espiritismo, así como los ritos iniciáticos de sacerdotes o sacerdotisas que a toda costa querían entrar en contacto y comunicación con las divinidades y genios, de por sí eran provocadoras de posesión. Este tipo de ritos conjuratorios de invocación de divinidades para que usasen al sacerdote (y más frecuentemente a la sacerdotisa) como medium están muy documentados tanto en Roma, Grecia y Egipto. Por todo esto poseemos abundantes textos de los primeros siglos del cristianismo que nos muestran como el ministerio del exorcismo era muy frecuente en esa época. Ministerio cristiano, pues el exorcismo (eficaz) es un hecho típica y específicamente cristiano.

Los ritos invocatorios de entidades desconocidas fueron desapareciendo en el entorno del Imperio Romano y también la práctica del exorcismo fue decreciendo. Pero el exorcismo se siguió practicando en los territorios de misión en el norte de Europa. El fenómeno de la posesión era referido por los misioneros que trabajaban entre bárbaros. Poco a poco, el ministerio del exorcismo va siendo relegado paulatinamente hacia regiones más norteñas, en la zona de contacto con paganos conversos.

El avance del cristianismo supone la desaparición de la brujería y la invocación pagana de este tipo de seres invisibles. La desaparición de estas prácticas fue casi absoluta, y por ello la posesión desapareció también. Quedaron supersticiones y elementos culturales paganos en los pueblos que habían abrazado la nueva religión, pero la brujería fue practicada de un modo muy aislado y esporádico. Y cuando se practicaba, más que como invocación de seres ocultos, se trataba más bien de una brujería de fórmulas mágicas: en orden a recuperar la salud, el amor, una buena cosecha. De ahí, que la poca magia que se seguía practicando en la Europa cristiana tenía que ver más con pócimas que con invocaciones. Era una magia de fórmulas de utilización de sustancias eficaces, no una magia de invocación de espíritus. Por eso la posesión desapareció totalmente de la Europa Cristiana. Se trataba de un hecho desconocido y tan sólo se recordaba como un hecho portentoso de la época evangélica recordado por las Sagradas Escrituras.

Esa era tónica general, aunque con excepciones, por supuesto. Alguna que otra vez aparecía en cualquier lugar de la Cristiandad la posesión como resultado de brujas que iban más allá de la magia de fórmulas, y pasaban de usar meramente pócimas a invocar esas fuerzas desconocidas. Pero es evidente que la posesión era ya un hecho excepcional. La aparición de una bruja o un grupo de brujas eran sucesos nada ordinarios que conmocionarán a los cronistas. Y respecto a su solución no se hacía ningún problema, el ritual de exorcismos estaba a mano y cuando aparecían casos de posesión se aplicaba ese ritual y el fenómeno desaparecía.

Desde la completa cristianización de Europa y el consiguiente desarraigo de las prácticas de invocación a espíritus, se puede decir que la posesión casi enteramente dejó de existir en Europa. Tan era así, que a partir del siglo XVIII se va a asentar más y más en el mundo intelectual la idea de que nunca existió la posesión.

Este estado de cosas sigue así hasta la década de los 70 en el siglo XX. En ese momento muchos eclesiásticos sucumben a teorías teológicas que afirmaban abiertamente ya que el demonio era sólo un símbolo, pero que en realidad no existía. Desde 1970 hasta la década de los 90, en la mayor parte de las diócesis del mundo no se practicará ni un sólo exorcismo y todos los casos de supuesta posesión no serán examinados, enviándolos directamente al psiquiatra. Sea dicho de paso, la diócesis de Roma será una de las pocas excepciones en la que este ministerio se siguió practicando sin interrupción durante los peores años de la *desmitologización*.

Curiosamente el auge del esoterismo en Occidente hará que cada vez abunden más los casos de posesión. Sin embargo, durante la década de los 90 comenzará un proceso en el este ministerio se practicará progresivamente con mayor frecuencia. Hoy en día son países enteros donde este ministerio se practica sin mayores problemas (Italia y Polonia entre otros). Mientras que en otros países este ministerio sigue encontrando graves dificultades.

En los países donde no ha llegado todavía el cristianismo hay posesiones, si hay invocación de espíritus malignos, pero no hay exorcistas. Es decir, sí que hay brujos que dicen poder liberar o controlar a esos espíritus malignos que poseen a alguien. Pero evidentemente no logran nada. El exorcismo que ellos practican es un exorcismo mágico. Tratan de controlar esas entidades por sus propios poderes personales o por medios materiales. El resultado es nulo. Esta descripción tan general es válida para todos los lugares y épocas del mundo extracristiano.

Sin embargo, la posesión es un mal tan duro para el que lo padece, que Dios —que siempre es misericordioso— puede conceder a algunas personas el don de expulsar demonios. Y así, en ciertos lugares de Marruecos, por citar un ejemplo, hay personas itinerantes que van de pueblo en pueblo y se dedican a cazar serpientes y a liberar a los posesos de los malos yin que los poseen. ¿Son todos embaucadores, absolutamente todos? No, es posible que alguno tenga un don de Dios para alivio de sus hijos, los hijos de Dios.

Yo he visionado alguna filmación acerca del modo de obrar de este tipo de personas. No son personas santas, son evitadas por los demás, ellos afirman simplemente haber recibido este tipo de carisma. Desde luego sí que liberan los pueblos a donde van de las serpientes venenosas. Su capacidad para cogerlas con sus propias manos es portentosa, va más allá de lo concebible. Sus exorcismos son una especie de reunión del pueblo donde se toca música y se dirigen al yin maligno ordenándole que salga del poseso. La eficacia de tales prácticas es más que dudosa pues no se trata de actos que en sí tengan ninguna fuerza para hacer salir al demonio. Pero, insisto,

Dios concede verdaderos carismas también fuera del cristianismo. Además, en el ámbito de las religiones monoteístas, los fieles oran al único Dios verdadero para que les ayude en sus necesidades. Es más lógico, que en ese ámbito, Dios escuche esas súplicas y conceda con más abundancia este tipo de dones a algunas personas.

En el ámbito del protestantismo, el verdadero creyente sí que tiene armas para hacer salir al demonio: su fe y la Palabra de Dios. Pero carece de otras como son el óleo sagrado, las imágenes bendecidas, las fórmulas del exorcismo y de otras oraciones (por ejemplo, a la Virgen), carecen también de poder pedir la intercesión a los santos. Todo esto supone que emprenden una batalla con el demonio con menos armas. Pero la fe todo lo puede y aunque precisen de más tiempo, pueden sacar al demonio. Además, esta carencia de medios suele ser subvenida por el hecho de que en confesiones pentecostales suelen los exorcismos ser practicados en medio de celebraciones de oración con mucha gente asistiendo. La oración de tanta gente reunida (orando, cantando, pidiendo) es una fuerza muy poderosa, invisible pero poderosísima.

Las iglesias ortodoxas cuentan con las mismas armas exorcísticas que los católicos (las oraciones a la Virgen, los sacramentales, el poder sacerdotal, todo). Suele ser practicado sobre todo en monasterios. Los sacerdotes que lo hacen se preparan durante una semana antes con oración y ayuno. Y después los ritos los suelen hacer varios sacerdotes a la vez.

Sin embargo, la gran especialista en la materia del demonio y del exorcismo es la Iglesia Católica. No sólo tiene misma la fe en Cristo que puedan tener los protestantes, no sólo tiene las mismas armas que los ortodoxos, sino que además Dios le ha concedido los más profundos conocimientos teológicos que existen en el mundo acerca del demonio. La Escolástica (y especialísimamente la angelología de Santo Tomás de Aquino) supusieron un despegue en el conocimiento de la naturaleza de los espíritus angélicos absolutamente desconocido para nuestros hermanos separados. Unos hermanos se quedaron anclados en la Biblia, otros se quedaron anclados en los Santos Padres, sólo la Iglesia avanzó en la profundización del conocimiento de ese ser caído.

Capítulo VI

Escala SD de grados de posesión e influencia

Un elemento muy útil a la hora de describir en un informe los grados de posesión, es la escala que se presenta a continuación. La escala comenzaría en el grado 0 en el que la persona refiere que le suceden hechos en la vida ordinaria que achaca al demonio, pero al rezar ni el exorcista observa nada, ni la persona dice que siente nada. ¿Sufre algo de naturaleza demoníaca esa persona o no? El exorcista tiene que decirle que no aprecia signos de ninguna influencia extraordinaria. Ése sería el grado 0, de allí pasaríamos a los distintos grados de influencia para ir llegando poco a poco a los distintos grados de posesión. La gradación que aparece en esta escala se basa sólo en las reacciones que el exorcista observa en la persona cuando ora por ella. Se trata por tanto una escala basada en la reacción, dado que lo invisible no se puede observar.

Los grados de la escala SD son los siguientes:

1. Influencia externa: La persona cuando se reza por ella siente que le tocan, o escalofríos, o presencias. Pero nada dentro de su cuerpo.
2. Influencia interna: La persona siente en su interior opresión (frecuentemente en el pecho o en la cabeza), o nota que se mueve algo, o dolor en un miembro determinado. Es decir, la persona, cuando el sacerdote ora por ella, nota algo dentro de su cuerpo. Porque lo nota dentro, por eso decimos que la influencia es interna.
3. Se le mueven sólo los párpados, de arriba abajo, con rapidez. Si el sacerdote le levanta con cuidado los párpados, observa que

los ojos o están en su posición normal o si están vueltos hacia arriba o hacia abajo, al momento vuelven a la posición normal en cuanto el sacerdote le ha levantado el párpado. La persona está consciente.

4. Cuando levanta los párpados observa que los ojos están en blanco bajo los párpados. Sin que al levantar el párpado, la pupila vuelva a colocarse en su sitio. La persona aun teniendo los ojos en blanco, está consciente.
5. Cuando se presentan los signos descritos en el grado 4, pero se añade el que está inconsciente. El exorcista le habla, pero no responde y al acabar la oración no recuerda nada.
6. Se mueven ligeramente las manos, la cabeza o alguna parte del cuerpo. Se produce como un temblor involuntario de esos miembros.
7. La persona grita, gime o solloza, pero no habla. A veces se agita en silencio pero sin que haya necesidad de sujetarla.
8. La persona habla en trance. El espíritu puede agitar a la persona en algunos momentos.
9. La persona se agita fuertemente. Si son demonios mudos, pueden estar en silencio, pero el cuerpo se mueve con violencia.
10. La persona grita con todas sus fuerzas, aúlla, hay que sujetarla entre varias personas.

Esta escala se ha elaborado tras examinar a centenares de personas en distintos países del mundo. Los grados de transición entre la influencia y la posesión son siempre los mismos sea cual sea el país o la religión de la persona examinada. Hay que advertir también que la posesión se daría a partir del grado 8. La posesión se da sólo cuando el espíritu puede mover a voluntad ese cuerpo. Adviértase también que durante un proceso de exorcismo, una persona puede pasar de un grado a otro a lo largo de las distintas sesiones. Avanzando hacia arriba en la escala, o por el contrario ir bajando poco a poco en la escala conforme avanzan los días. Asimismo, uno puede ser el grado que se observa al hacer el informe ante el obispo, y otro grado el que se manifieste durante el exorcismo. Téngase en cuenta que una posesión del grado 8 puede acabar mucho antes, con muchas menos sesiones, que una posesión del grado 10. Incluso personas sufriendo un grado de influencia 6 pueden ser necesitar de un proceso mucho más largo de oración, que una persona del grado 10. Por si es de alguna utilidad, añadimos un esquema sencillo de los grados de tentación, ya que a los exorcistas les llegan muchos casos de personas muy tentadas:

1. tentación normal
2. tentación muy insistente
3. tentación obsesiva
4. noche del espíritu

El sacerdote puede orar a Dios para que Él aleje al demonio de una persona muy atribulada por la tentación. También por su poder sacerdotal, puede ordenar a un demonio que se aleje de alguien al que está tentando. Ciertamente esa orden tiene una autoridad sacramental que produce un efecto. Lo cual no significa que más adelante, ese demonio pueda volver a acercarse a esa persona para tentarla. En la noche del espíritu, la persona sufre una verdadera agonía en su alma. El sacerdote puede prestarse a hacer este tipo de oraciones a Dios para que aleje a un demonio, o dar órdenes al demonio para que se aleje, aunque el alma, en definitiva, tendrá que sufrir esa prueba para su purificación.

Capítulo VII

Suplementos

Suplemento 1

Los casos especiales de posesión

Ha habido varios casos especiales de posesión, como son los casos de posesión de grupos y los casos permitidos por Dios como signo. Como caso de posesión de grupos es famosísimo el caso de Salem, Massachusets, en el que en medio de una comunidad de puritanos se produjo la posesión de varias niñas a causa de una mujer negra que les inició en la invocación de distintas entidades. La comprobación de la intervención del Maligno en esas niñas dio lugar a un caso de histeria colectiva que produjo la condena a muerte de mucha gente inocente. Por citar otro caso de posesión de un grupos podemos simplemente mencionar el reciente de Chamanga (Ecuador) en 2003 en el que más de una docena de chicas entre catorce y veintitrés años quedaron posesas.

Los casos dados como signo son mucho más interesantes pues implican un plan de Dios alrededor de ellos. Son casos permitidos por Dios para concienciar a la gente. Sólo tenemos constancia de dos casos dados como signo: el de Mount Rainier (Estados Unidos) en 1949 y el Loudun (Francia) en 1632.

En el caso de Loudun se produjo la posesión de un nutrido grupo de monjas del convento de las ursulinas de esta ciudad. La posesión se produjo por causa del capellán del convento, Urban Grandier, un clérigo licencioso y libertino, que practicó la brujería. A finales de septiembre de 1632 las monjas comenzaron a ver extraños fenómenos en el convento. Después comenzaron a decir que un espectro con la figura de Urbain Grandier recorría los corredores del convento por la noche. Después más y más monjas comenzaron a padecer convulsiones y a hablar con extrañas voces.

Incluso un pastor protestante como Nicolás Aubin escribió: *Que las monjas golpeaban con sus cabezas sus propios pechos y espaldas, como si tuvieran sus cuellos rotos y con inconcebible rapidez. Que retorcían sus brazos en las articulaciones del hombro, del codo o de la muñeca, dándoles vueltas tres o cuatro veces. Que se tumbaban sobre sus vientres mientras se agarraban con sus manos a las plantas de sus pies. Que sus caras eran aterradoras, que sus ojos podían permanecer abiertos sin parpadear. Que proferían gritos como nunca antes había oído. Que hacían uso de expresiones tan indecentes que hubieran avergonzado al más depravado de los hombres, mientras se exponían a sí mismas invitando a conducta lujuriosa.*

Siete fueron las monjas posesas, además de cuatro mujeres laicas y muchas otras que padecían otros fenómenos. La lista de nombres de demonios que fueron expulsados de ellas son: Asmodeus, Zabulón, Isacaaron, Astaroth, Gresil, Amand, Leviatán, Behemot, Beherie, Easas, Celsus, Acaos, Cedon, Alex, Naphthalim, Cham, Ureil y Achas.

Los exorcismos realizados en la ciudad fueron terribles, pues las contorsiones, las voces extrañas, impresionaron mucho a toda la ciudad. Todos estos ritos se realizaron en una iglesia con asistencia de público. Y constituyeron un verdadero signo para su época en toda Francia, pues mostraron (entre otras cosas) la fuerza inherente en los ritos católicos contra lo que decían los protestantes. A los exorcismos asistieron muchas dignidades, el príncipe Luís de Borbón entre otros.

Uno de los demonios, Leviatán, reveló en mayo de 1634, en un exorcismo, a través de la voz de la monja Juana de los Ángeles que Urban Grandier había realizado un pacto con el demonio. El documento se encontró en el lugar indicado durante el exorcismo. En un exorcismo anterior el demonio Asmodeo había dicho que se había firmado con la sangre de Grandier. Una investigación posterior descubrió una cicatriz en su mano. La acumulación de pruebas contra el capellán condujo a que fuera sentenciado a morir quemado vivo.

Sin embargo, algunos demonios permanecieron en unas cuantas monjas posesas durante todavía más meses, aunque en 1634 con la intervención del exorcista Surín el caso de Loudum acabó.

Muy distinto fue el famoso caso estadounidense de posesión de Mount Rainier en 1949 tuvo un final muy distinto al que aparece en la película. Un final tan extraordinario que se optó por no ponerlo ya que se consideró que nadie lo iba a creer. La liberación del demonio en la última sesión fue así:

El demonio que hablaba a través del niño con una voz horrible llena de odio dijo: *No me iré hasta que sea pronunciada cierta palabra, pero el niño jamás la dirá. (...) No es suficiente, debe decir una gran palabra, me refiero a una gran palabra. Nunca diré esa palabra, nunca diré esa palabra.*

El exorcismo prosiguió y de pronto el chico hablo con una voz en un tono claramente autoritario y al mismo tiempo digno. El poseso dijo: *Soy San Miguel y te ordeno Satán que abandones el cuerpo en el nombre de Dominus, inmediatamente, ahora, ahora.*

Dominus en latín significa *Señor.* Se oyó un sonido que describieron como una detonación muy fuerte y que escucharon muchas personas en el hospital de los hermanos de San Alejo en San Louis, personas que no sabían que se estaba practicando un exorcismo, trabajadores que incluso estaban en las oficinas del hospital. En ese momento el poseso quedó liberado y volvió en sí.

El chico no se acordaba de nada pero sí que recordaba una visión de San Miguel luchando con Satanás. Curiosamente, ese mismo día a esa misma hora en que salió el demonio, esa misma visión fue vista al otro lado de la ciudad, en la iglesia de San Francisco Javier por varios sacerdotes jesuitas, los cuales afirmaron haber visto súbitamente una intensa luz que iluminó el altar principal y la bóveda sobre el altar, y en la que se veía a San Miguel luchando con Satán.

¿Por qué salió justo al decir esa palabra y por qué tenía que ser en latín? La única razón fue porque así lo dispuso Dios. La palabra *Señor* seguro que la habían mencionado en las fórmulas de los exorcismos, pero al demonio se le había dicho (por parte de un ángel, santo o Dios) que cuando se dijera esa palabra él saldría. Aunque lo que le echó fue la lucha con San Miguel. Lo único que sabía el demonio era que la palabra suponía que había llegado ya su hora.

Pienso que ese caso de Mount Rainier que fue un caso con muchos fenómenos extraordinarios y que tuvo un gran impacto en la prensa de su tiempo, fue permitido por Dios para concienciar a esa generación de la veracidad de este fenómeno de la posesión. Cuando parecía que la posesión era algo ya superado, algo medieval, apareció ese caso. Y de ser algo arcaico pasó a ser algo totalmente actual. Y si tuvo mucho impacto el caso real, mucho mayor lo fue el de la película. Considero que tal obra ha logrado lo que no hubieran logrado ni miles de sermones. El caso de Mount Rainier fue un caso dado como signo. Es decir, un caso que sirviera para abrir los ojos a muchos y sembrar, al menos, la duda en millones de personas y más allá de una generación. Un signo que sirviera para concienciar en primer término a la sociedad de su época acerca de la realidad de la existencia del demonio y el poder del exorcismo. Y en segundo término, para concienciar de la existencia de Dios, de la posibilidad de condenarse, de lo que es el pecado, del poder de la Iglesia.

Aunque la película *El Exorcista* acaba con la muerte del sacerdote, cosa que no ocurrió en la realidad, no tengo la menor duda de que la novela primero y sobre todo la película fueron instrumentos que entraban en el plan de Dios para dar un mensaje que El quería dar.

Suplemento 2

Legislación Canónica

Hasta el día de hoy, toda la legislación que existe vigente hoy en día sobre la materia del exorcismo y el exorcista se reduce a tres fuentes: el *Código de Derecho Canónico*, los *Praenotanda* del *Ritual de Exorcismos* y una comunicación de 1985 de la Congregación para la

Doctrina de la Fe. Además de los textos normativos que voy a poner a continuación hay consejos, recomendaciones y sugerencias, pero no legislación que se limita a lo que sigue:

En el Código de Derecho Canónico aparece un único canon relativo a esta materia que es el canon 1172 dividido en dos parágrafos:

canon 1172. parágrafo 1. *Sin licencia peculiar y expresa del Ordinario del lugar nadie puede realizar legítimamente exorcismos sobre los posesos.*

parágrafo 2. *El Ordinario del lugar concederá esta licencia solamente a un presbítero piadoso, docto, prudente y con integridad de vida.*

En los *Praenotanda* del *Ritual de Exorcismos* de 1998 se ofrecen muchos consejos pero con voluntad de mandar o prohibir sólo aparece lo que que se dice en los puntos 13, 19, 37 y 38.

En el punto número 13 se repite palabra por palabra lo dicho en el canon 1172 del Código pero añade que "la *licencia debe concederse sólo al sacerdote* [...] *que esté preparado para este oficio de modo específico*". No se explica más. De todas maneras, aunque no lo expliquen los *Praenotanda* lo que evidentemente significa esa añadidura es que ese sacerdote debería formarse con el exorcista de otra diócesis antes de tomar sobre sí el ejercicio de ese ministerio.

En el punto número 19 se dice que *tanto antes como mientras se lleva a cabo el exorcismo que no se de lugar a la intervención de los medios de comunicación social. Y que una vez que se ha llevado a cabo, tanto el exorcista como los que han estado presentes no divulguen lo sucedido, guardando la debida discreción.*

El punto número 37 dice que las Conferencias Episcopales *pueden adaptar si lo creen necesario o útil signos y gestos a la cultura y carácter de su pueblo.*

En el punto número 38 dice también que las Conferencias Episcopales pueden añadir al Ritual un *Directorio pastoral sobre el uso del exorcismo mayor.*[16]

16 Tanto el punto 37 como el 38 contienen algunas normas más pero ya de carácter técnico, normas acerca de la publicación del Ritual.

A todo lo dicho hay que añadir una carta fechada el 29 de septiembre de 1985 enviada por la Congregación para la Doctrina de la Fe a todos los obispos diocesanos para recordar las normas vigentes respecto a los exorcismos. La carta dice que:

a) Nadie puede legítimamente pronunciar los exorcismos sobre los endemoniados si no ha obtenido licencia específica y expresa del obispo diocesano del lugar.

b) No es lícito que los fieles usen la fórmula del exorcismo contra Satanás y los ángeles rebeldes, tomada de aquella que se ha hecho de derecho público por disposición del Sumo pontífice León XIII.

c) Incluso en los casos en los que, aunque no se trate de posesión diabólica propiamente dicha, parece que se manifiesta algún influjo diabólico, aquellos que no tienen la debida licencia que no guíen las reuniones en que se usan oraciones para obtener liberación, en el curso de las cuales se dirigen directamente a los demonios y se esfuerzan en conocer sus nombres.

Hay que hacer notar que en ningún texto normativo se afirma que sea preceptivo un informe psiquiátrico. Sólo se dice que en el punto 17 de los *Praenotanda* del Ritual que *en la medida que se vea que sea necesario se consulte a los expertos en medicina y psiquiatría que tengan sentido de las cosas espirituales.*

Suplemento 3

La medalla de San Benito

Dada la gran difusión que tiene entre los exorcistas de la medalla de San Benito voy a explicar su simbolismo e historia. La medalla presenta, por un lado, la imagen del Santo Patriarca, y por el otro, una cruz, y en ella y a su alrededor unas letras que son las letras iniciales de una oración, que dice así:

Crux Sancti Patris Benedicti
Cruz del Santo Padre Benito

Crux Sacra Sit Mihi Lux
Mi luz sea la cruz santa,

Non Draco Sit Mihi Dux
No sea el demonio mi guía

Vade Retro Satana
¡Apártate, Satanás!

Numquam Suade Mihi Vana
No sugieras cosas vanas,

Sunt Mala Quae Libas
Pues maldad es lo que brindas
Ipse Venena Bibas
Bebe tú mismo el veneno.

La difusión de esta medalla comenzó a raíz de un proceso por brujería en Baviera, en 1647. En Natternberg, unas mujeres fueron juzgadas por hechiceras, y en el proceso declararon que no habían podido dañar a la abadía benedictina de Metten, porque estaba protegida por el signo de la Santa Cruz. Se buscó entonces en el monasterio y se encontraron pintadas antiguas representaciones de esta cruz, con la inscripción antes explicada, la que siempre acompaña a la medalla. Pero esas iniciales misteriosas no pudieron ser interpretadas, hasta que, en un manuscrito de la biblioteca, iluminado en el mismo monasterio de Metten en 1414 y conservado hoy en la Biblioteca Estatal de Munich, se vio una imagen de San Benito, con esas mismas palabras. Un manuscrito anterior, del siglo XIV y procedente de Austria, que se encuentra en la biblioteca de Wolfenbüttel, parece haber sido el origen de la imagen y del texto. En el siglo XVII J. B. Thiers, erudito francés, la juzgó supersticiosa, por los enigmáticos caracteres que la acompañan, pero el Papa Benedicto XIV la aprobó en 1742 y la fórmula de su bendición se incorporó al Ritual Romano.

El Mal

Sección I

Cuestiones sobre el Mal

Prefacio

Esta parte de la obra (salvo los anexos finales) analiza el mal sólo desde el punto de vista de la filosofía. Trata de considerar el mal sólo a partir de la razón, con independencia de toda religión. Aunque sí que se habla de Dios, puesto que Dios es un concepto filosófico. La idea de un Ser Infinito Omnipotente es un concepto filosófico con el que puede trabajar intelectualmente hasta un ateo.

Y si Dios existe, existe por tanto retribución *post mortem*. Al hablar del mal, pero incluyendo a Dios, la salvación y la condenación, puede parecerle a alguno que estamos haciendo teología, pero este segmento de la obra tiene una firme voluntad de reflexionar sobre el concepto del mal en abstracto, sin apelar a otros elementos que la mera razón.

Sección 1

¿Qué es el mal?

El mal es *la carencia de un bien debido.* Esta es la definición ya clásica de Santo Tomás de Aquino. Llegar a esta definición requirió de muchas generaciones. Alcanzar una objetiva y perfecta definición de este concepto no es algo que se haya conseguido en un momento, sino que por el contrario ha sido necesario el pensamiento consecutivo de muchos intelectuales a lo largo de siglos para dar con una fórmula tan exacta como precisa, además de breve. Por lo tanto, el mal no es algo que tenga existencia en sí mismo, sino algo que existe en un ser.

Sección 2

¿Existe el mal?

La primera cuestión en la que debemos reparar es si existe el mal. ¿No podría ser que el bien y el mal lo ponemos nosotros con nuestra mirada? ¿No puede ser que se trate de un aspecto completamente subjetivo? ¿Lo que consideramos bien y mal no dependerá de un mero aprendizaje cultural? Lo que es malo aquí puede ser bueno en otro esquema de valores. Quizá lo bueno para nosotros, es lo reprobable para otros. ¿No puede ser que los enteros esquemas de bondad y maldad no tengan más fundamento que un código de educación en la mesa al comer? ¿No puede ser que todo sea neutro y sea, en definitiva, nuestra mente la que es enseñada desde pequeña para verlo bajo un aspecto u otro.? Quizá son nuestros padres los que desde pequeños nos enseñan que es el bien y el mal al decirnos una y otra vez: *esto malo, esto bueno, ¡mal!, muy mal, bien, ¡muy bien!*

La primera cosa que debemos saber es que el mal y el bien son objetivos; aunque a veces nos equivoquemos en nuestros juicios acerca del bien y del mal. Pero el hecho que nos podamos equivocar y de que de hecho nos equivoquemos no afecta para nada a la objetividad intrínseca del bien y del mal. La enfermedad, el asesinato, la mutilación, el odio, la miseria, la guerra, el dolor... son males, auténticos y verdaderos males. La lista podría continuar alcanzando a centenares, a miles de aspectos. Nunca lograríamos una lista completa. Incluso los más entusiastas defensores de que el bien y el mal no son conceptos objetivos sienten tambalearse sus esquemas cuando contemplan los campos de Auschwitz. Cuando uno ve las filmaciones de la época con esos barracones cobijando a seres humanos, uno comprende que el mal existe por encima de todo condicionamiento cultural, de toda concepción filosófica. Al ver esos barracones uno comprende que no importan las razones que les llevaran a cometer esos crímenes, no importa el tanto por ciento de personas que en la retaguardia refrendaran esas acciones, no importan los fines por los que creyeran justificadas esas nefandas acciones, aquello fue malo por encima de cualquier opinión, por encima de cualquier consideración.

Uno de los más fatídicos y terribles errores de la cultura postmoderna ha sido la superación del concepto de bien y de mal. Ya no existen el bien y el mal objetivos. Hay cosas que me convienen y cosas que no, hay cosas que van mal a los demás y otras que no, pero el bien y el mal han dejado de existir. Ese ha sido el más trágico error de nuestra cultura. Una vez que todo es neutro, una vez que nada es realmente malo en sí mismo, hemos creado un humus perfecto para que germine cualquier aberración. Si todo es relativo, hasta el mismo concepto de aberración es relativo también. Donde ya no existe el bien ni el mal, ya no hay tampoco nada que sea una aberración.

La destrucción de la objetividad del mal nos puede parecer innatural, pero si nos detenemos a reflexionar en la razón última por la que puede existir un bien y un mal, encontraremos que esa razón última sólo puede ser Dios. Sin Dios no podrían existir el bien y el mal objetivos. ¿Por qué? Pues, por ejemplo, porque no tendría sentido sacrificar la propia vida en aras de la justicia, si no existe una justicia después de la vida. El heroísmo extremo sería una insensatez. Perder la única vida si no hay nada después, supondría perderlo todo frente a la mera posibilidad de un bien de otros. El mundo por tanto no sería justo. Y si el mundo no es justo, qué sentido tiene sacrificarlo todo por un mundo que en sí mismo no es justo. Sin un garante último del bien, sin una justicia absoluta e infinita, todo está sujeto a opinión. Sin una vida después de ésta, este mundo por sí mismo es injusto. No es justo que un chico muera sufriendo terribles dolores a los dieciséis años, y otro a los ochenta habiendo gozado de óptima salud. No es justo que uno viva en la miseria y otro en la mayor de las riquezas. No es justo que a uno le salgan bien todas las cosas, y en otros se cebe la adversidad de un modo continuo. Si el mundo ha de explicarse por sí mismo, si no hay nada más que el mundo para explicar al mundo, hemos de concluir que el mundo es injusto. Y no valdría la pena sacrificar la entera existencia, la vida, por un mundo que no es bueno, sino malo e injusto, aunque en él haya cosas buenas. El sacrificio, la propia inmolación, serían una necedad. El egoísta sería el sabio. El egoísta, el vividor, el que disfrutase al máximo de su existencia sería el más inteligente. Esto ya lo comprendió San Pablo al afirmar *si Cristo no ha resucitado somos los más necios de los hombres*. Como se ve, hasta en los mismos textos fundacionales del cristianismo aparece la idea de que la lucha hasta la inmolación por los más altos valores sólo tiene sentido si existe una retribución post mortem. Sin esa retribución, el mundo sería injusto. Sin esa retribución, el epicúreo sería el más inteligente de todos. Y el sanguinario sería tan sólo un personaje más de la variada fauna humana. ¿Pero tendría sentido parar los pies al hombre sanguinario si he de hacerlo a costa de poner en peligro mi vida? ¿Tendría sentido tal cosa si el mundo entero no es más que una selva regido por las leyes de la selva? Querer cambiar esas leyes sería una tarea vana. Un mundo así sería un mundo irredimible por su propia naturaleza.

La idea de construir una ética desde la concepción de que todo acaba en este mundo, sólo se podría sustentar en que la vaga idea de que cuando se hace el bien uno se siente bien consigo mismo. Pero que pasa si uno se siente bien siendo un perfecto egoísta? Habría que convenir en que bien y mal son relativos y sujetos a mil opiniones diversas.

Por eso el bien y el mal sólo pueden ser objetivos si hay un garante final, si hay una justicia infinita y perfecta. En definitiva, sólo existe el bien y el mal, si existe Dios. Sólo Dios garantiza la objetividad e intangibilidad de estos dos conceptos de bondad e iniquidad.

Claro que la aceptación de que existe un bien y un mal objetivos, tiene mucho que ver con la idea de si es posible conocer la verdad. Ese es otro de los nefastos frutos del postmodernismo, pensar que ya no existe la verdad. En un mundo donde no existe la verdad, sino miles de opiniones, no puede existir un bien y un mal objetivos. Pero aquí, como antes, sólo puede existir la verdad objetiva si existe un garante de la verdad. El único garante de la verdad sólo puede ser Dios. Sin una Divinidad viviríamos en un universo donde nunca se podría estar completamente cierto de que hasta nuestros más seguros esquemas y fundamentos no estén equivocados. ¿Y si resulta que nuestras verdades más absolutas están equivocadas? El proceso de duda acerca de la verdad, e incluso acerca de si existe la verdad, puede ser llevado al infinito. Sólo la existencia de un ser que sea el fundamento definitivo de la verdad puede poner fin a ese proceso infinito de duda. Sólo El puede proveer de un sostén definitivo a los fundamentos de la verdad, a los fundamentos de la posibilidad de la verdad.

Sección 3

¿Cuáles son los tipos de mal?

La variedad posible del mal es infinita. El lienzo La Gioconda es un bien, mientras que es un mal ese mismo lienzo con una vandálica rasgadura en pleno rostro. El lienzo sigue siendo un bien, la rasgadura es un mal, el mal existe en un bien, en un ser. Un rostro feo es un mal. El rostro es un bien, pero es un mal que sea feo. La sequía que provoca hambruna, un incendio forestal, la desaparición de una especie animal, un vertido de petróleo en el mar, una enfermedad... la lista de males posibles es infinita. Hay infinitos males posibles. Podemos imaginar infinitos seres posibles, pues bien, cada ser admite infinitas posibilidades de deformación, infinitos grados de degradación. Pero el mal por antonomasia, el peor mal de todos, es el mal moral, es decir, cuando el hombre hace el mal moral, cuando el hombre a sabiendas decide hacer el mal. El mal que sucede por culpa de la naturaleza, el mal que sucede por un error, por una imprevisión, es un mal inculpable. El peor mal, el mal cualitativamente distinto de todos los males inculpables, es el mal que se produce cuando un ser libre decide asumir sobre sí la culpa de cometer el mal.

Sección 4

¿Es el mal un concepto religioso?

Ha sido mi propósito al escribir las reflexiones anteriores construir un sistema acerca del bien y del mal válido para cualquier persona con independencia de sus creencias y convicciones. Y he querido que la construcción de razonamientos fuera válida para todos porque la lógica si está bien construida debe ser válida para todos. Ahora bien, sin concepto de Divinidad no existe justicia infinita. En un universo sin justicia no existiría el bien, y por tanto tampoco el mal. Luego el concepto de mal es un concepto ético. Sin Dios, la ética es sólo una declaración de buenas intenciones. La ética sin Dios sería como un coche de bomberos en medio de un incendio de dimensiones cósmicas.

El concepto de bien y de mal no requiere del concepto cristiano de Redención, pero sí que precisa del concepto de Dios. El ateo y el agnóstico pueden ser buenas personas, un honrado ciudadano, un buen padre de familia, pero en el momento en el que se le coloque en una situación heroica, en una situación límite, se planteará qué sentido tiene no sucumbir al mal, se planteará si tiene sentido el no sucumbir al mal si las cosas son llevadas al extremo. ¿Hasta qué punto el bien sigue siendo un bien si su defensa me provoca un mal máximo? Si yo juez, sé que por emitir una sentencia correcta, me van a matar a mi mujer e hijos, ¿hasta qué punto el bien que hago no se convierte, en realidad, en un mal para mí? Sólo una retribución post mortem da sentido al bien. Sin esa retribución, el ejercicio heroico del bien se convierte en una injusticia para el que lo practique. Se convertiría en un acto heroico en pro de un mundo sin sentido. En un acto generoso en pro de un mundo de egoístas. Sin una Justicia Infinita, la práctica del bien heroico se convierte en algo muy loable, tan loable como carente de razón.

Si Dios no existe, todo es lícito. Si todo es lícito, sólo admitiré como norma para mí mis criterios de conveniencia. Si todo es lícito, nada es malo. Y si algo es malo, *te fastidias*. Este razonamiento puede resultar cruel, pero impecable desde un punto de vista sin Dios, sin retribución, sin justicia definitiva.

Por el contrario en la visión cristiana, musulmana, budista, platónica, masónica, etc, etc, existe una visión del cosmos como orden. Por el contrario sin Dios, sin posibilidad de conocer la verdad, sin la existencia de conceptos objetivos, el universo no es un orden. En esta selva cósmica no habría posibilidad alguna de pedir cuentas a nadie, no podemos invocar una razón superior para hacer o no hacer algo. En la ley de la selva, todo está permitido. La ley de la selva es el triunfo de la voluntad. El triunfo de la voluntad frente a la filosofía clásica que es el triunfo de la razón, el orden de la razón. En el orden de la razón, el mal es un mal porque es malo. En el orden de la mera voluntad (la voluntad como razón última), el mal deja de ser un mal si lo deseo como bien.

Sección 5

¿Hasta dónde puede llegar el mal?

El mal no tiene límite. Por mala que sea una persona, todavía puede degradarse más. No existe un fondo, no existe un punto en el que no pueda caerse más bajo. Uno todavía puede encontrar modos de hacer más daño al prójimo, modos de hacer sufrir más a una persona.

Sección 6

¿No existe el mal infinito?

No, el mal siempre se asienta en un ente, siempre se trata de la degradación de un ser concreto. El mal no existe en sí mismo como ente. No existe la esencia del mal como ser. No existe el mal en estado puro. El mal existe siempre en una medida, la medida de la deformación, y por tanto siempre es limitado. Por eso es imposible que exista un Dios del Mal. El concepto de Ser Infinito puede existir, no tiene contradicción en sí mismo. Pero el concepto de mal, puesto que es una carencia, no puede existir de un modo infinito.

Reflexionando sobre esta cuestión al escribir estas páginas me pregunté algo que nunca se me había planteado: lo mismo que existe un Ser Infinito, ¿no podría existir un Ser Infinito pero que se hubiera deformado infinitamente? Sólo un Ser Infinito admitiría una deformación infinita, una infinita degradación de todo su ser ilimitado. Eso es así.

El problema es que para degradarse ese Ser Infinito debería desear algo desordenado. Y el Ser Infinito al tener toda la plenitud del Ser nada puede desear fuera de sí. Luego para Dios es imposible la tentación. Dios no puede pecar, porque nada puede atraerle hacia el mal. Dios no puede desear nada fuera de sí. Así que la posibilidad de una carencia infinita en un ser infinito sea metafísicamente imposible.

Sección 7

¿Está Dios por encima del bien y del mal?

Ni Dios está por encima del bien y del mal. Ni Dios está por encima de la verdad. Las cosas son buenas no porque Dios lo haya dicho, sino porque son buenas. Y son malas, porque son malas en sí mismas. La justicia, la misericordia, la caridad, la paciencia.... son buenas en sí mismas. Dios no podía haber dicho: he decidido que el egoísmo, la mentira, la traición, los celos... serán vuestras virtudes. Dios no es quien decide lo que es la verdad. La verdad es en sí misma. Que 1+1=2 es algo que ni Dios puede cambiar, porque es así. Nada ni nadie está por encima del bien ni del mal. La lógica es algo objetivo, es una especie de matemáticas de los conceptos, nadie está por encima de esas matemáticas conceptuales.

Sección 8

¿Cuál es el mayor mal?

Sin duda el odio. El odio puede descargarse contra cuatro objetos: Dios, los hombres, lo que nos rodea, uno mismo. Hay quien llega a odiar esas cuatro cosas con todas sus fuerzas. Es el grado final de la mayor degradación moral.

Sección 9

¿Es el pecado un concepto religioso?

Efectivamente, sin Dios no habría pecado. Si Dios no existe, todo es lícito, escribió Dostoyevsky. Y tenía razón. Sin Dios ya no hay ni arriba ni abajo, nos repetirá Nietzsche. Sin Dios no sólo no hay pecado, sino que tampoco habría la posibilidad de recibir el perdón de un pecado. ¿Quién podría perdonar el pecado? ¿Quién podría perdonar el concepto de iniquidad radicado en una persona? ¿Bajo qué autoridad se podría perdonar el reato de culpa? Si yo hago un mal a una persona, y esa persona me perdona, esa persona me perdona su sentimiento de venganza, me perdona sus malos sentimientos hacia mí, pero no puede perdonar la mancha que hay en mi ser al haber hecho el mal.

El concepto de perdón de un pecado supone borrar la mancha que se produce en el interior del ser de una persona por haber hecho el mal. El perdón del ofendido se puede producir aunque el verdugo se carcajee del mal que ha producido en su víctima. El perdón del ofendido en nada borra el pecado, en todo caso enaltece a la víctima, pero nada más.

Al verdugo se le puede ocurrir el hacer todo el bien que pueda desde ese momento para reparar el mal cometido. Pero si uno ha asesinado a miles de judíos en campos de concentración, ¿qué puede hacer para remediar lo ya hecho? ¿Qué se puede dar a cambio de truncar el futuro, los sentimientos y proyectos de centenares de nuestros semejantes? Eso nos hace comprender que existen pecados cuya posibilidad de reparación resulta imposible para las fuerzas humanas, ni siquiera en toda una vida. De ahí que la capacidad de cometer ciertos males supone, indudablemente, la capacidad de cometer males irremediables que implican una culpa, por tanto, imposible de borrar con medios humanos. Más que hablar, como algunos hacen, de una culpa *infinita* deberíamos decir *irreparable*. Es decir, hay males tan espantosos cuya reparación escapa totalmente a nuestras manos. Hay males tan crueles, tan aberrantes, cuya comisión está en manos de nuestra libertad, pero cuya reparación perfecta escapa a nuestra libertad. Somos libres de cometer un daño que sabemos que nunca podremos reparar con ningún acto nuestro o con los actos de toda nuestra vida. De esto a la comprensión de la necesidad de una Redención sólo hay un paso.

Sección 10

¿Hay algún mal imperdonable?

Por pura lógica, sin necesidad de que Dios nos lo haya revelado, se puede comprender que es imposible que exista un mal que por sí no pueda ser perdonado por un Ser Infinito. El mal siempre será finito. Ahora bien, desde el momento que existe la libertad, el libre albedrío puede mantenerse en una postura de no-arrepentimiento. El Creador del libre albedrío respeta ese libre albedrío, de lo contrario no lo hubiera creado.

Además, hay pecados que requieren de una justicia infinita. Hay pecados de tal gravedad que exigen una restitución del orden quebrantado. El orden del universo, el orden de las cosas, la armonía de todas las cosas que existen, requiere que una violación grave, consciente, pertinaz y sin arrepentimiento de ese orden sea reparado. Por eso la eterna exclusión de la bienaventuranza para el que voluntariamente se ha convertido en un inicuo y no se arrepiente, es una consecuencia lógica del ser de las cosas. No podía ser de otra manera. El infierno no es una creación de Dios, es una consecuencia lógica del ser de las cosas, una justa reparación del orden violado.

Sección 11

¿Con la sola razón sabríamos que existe la condenación eterna?

Desde el momento en que consideramos que puede existir un Ser Infinito, desde el momento en que sabemos que existe el mal, es inevitable pensar que puede existir un estado de mal perpetuo que excluiría de la felicidad eterna. La cuestión acerca de la existencia de una condenación eterna no es algo que necesariamente tenga que provenir del contexto de revelaciones religiosas. Basta la mera razón natural para que la cuestión surja.

Además, que existe el infierno sobre la tierra es un hecho evidente, utilizando la palabra infierno de un modo lato. Infiernos personales indudables son los espíritus de los hombres que viven carcomidos por el odio y la agresividad. La cuestión es si este estado de infierno personal puede prolongarse de un modo indefinido o necesariamente en todos tiene un final.

Se mire como se mire, la condenación eterna sería la consecuencia lógica de dos factores simultáneos:

1. la comisión de pecados muy graves,
2. la libertad manteniendo un estado de no-arrepentimiento de tales acciones.

Si estos dos factores se dan simultáneamente, cualquier mente humana puede comprender que, con independencia de toda religión, la exclusión de la bienaventuranza sería una consecuencia lógica. La alternativa a esta condenación sería la de un Dios que crea la libertad, pero destruye la libertad cuando no sale lo que El quiere.

Sección 12

¿Sólo se condenan los que quieren?

Nadie quiere condenarse voluntariamente, son nuestras acciones las que nos excluyen de la bienaventuranza. De la misma manera que nadie quiere pasar sus años de vida sobre la tierra sumido en el odio y el deseo del mal al prójimo (pero de hecho hay gente así), de la misma manera también hay gente que será excluida no porque quiera excluirse, sino porque sus propias acciones le excluyen.

Sección 13

¿Puede uno condenarse por pequeños pecados?

Indudablemente no. La condenación eterna es algo tan terrible, tan espantoso, que sólo por graves pecados puede uno perder el fin último de la existencia. Ahora bien, cada pecado por pequeño que sea, es un paso hacia otro pecado mayor. Cada pecado por ínfimo que sea, es un paso en dirección a la condenación. Nadie puede decir: pecaré sólo una vez y después no lo volveré a hacer. Cada pecado debilita la voluntad, cada falta oscurece un poco más nuestra inteligencia. Los grandes pecados no existirían sin los pequeños. Cada pecado por leve que sea, es una locura. Supone un paso hacia el precipicio.

Da la sensación de que la lucha contra los pequeños pecados sea una cruzada propia de celosos curas y devotas monjas. Y que por el contrario, la gente normal pudiera vivir en una alegre inconsciencia, en una feliz libertad, eso sí, absteniéndose de lo grave. Eso es un error. Todos desde el momento en que somos conscientes de que existe la Divinidad, debemos ser conscientes de que existe la posibilidad de la eterna exclusión del goce de esa Divinidad. Y por tanto, desde ese momento debemos recapacitar de que lo pequeño nos prepara para lo mayor. Cada paso en sí mismo considerado es muy pequeño, pero si hay un precipicio detrás un pequeño paso hacia ese abismo es un peligro muy grave. Cada pecado no sólo debe ser considerado en sí mismo, sino además como un peligro para males mayores.

Sección 14

¿Dónde está la raya divisoria entre el mal realizado en grado sumo y la locura?

La pregunta surge espontáneamente al analizar casos como el de Hitler, Nerón, Pol-Pot u otros personajes menos importantes pero que hacen que nos cuestionemos si eran hombres inicuos o más bien enfermos mentales.

Lo primero de todo hay que tener clara la distinción entre desorden mental y pecado. En el mal moral una persona opta por hacer el mal. En la patología mental la capacidad de raciocinio se ve alterada y la mente llega a conclusiones erróneas. En la enfermedad la razón llega a conclusiones erróneas sin querer. El enfermo busca alcanzar la verdad a través de la razón, y la razón le lleva al error. En el mal moral, la persona llega a una conclusión correcta: esto es malo. Pero desea hacer el mal, bien sea porque considera que está justificado, bien por beneficio propio, o por otro motivo.

El enfermo tiene un problema con la razón. El inicuo tiene un problema con la voluntad. Ambos pueden hacer el mal, pero uno hace el mal porque se equivoca, el otro porque quiere. Insisto, el que hace el mal porque quiere lo puede hacer por dinero, por sufrir un chantaje, por amor a la patria, por lo que sea, pero sabe que hace el mal.

La distinción entre ambas realidades es nítida y clara. El problema es que el mal llevado a sus peores límites, conlleva una deformación de la razón. Es decir, la razón es lentamente deformada por la voluntad. Al final, los razonamientos de la mente están oscurecidos, deformados, degradados. La persona está firmemente convencida de estar haciendo lo que debe, o de que es inocente, o de que su acto es neutral, etc. Esos casos extremos, cuando son llevados a juicio, se plantea la cuestión: ¿estamos ante un enfermo o ante un criminal? La maldad consumada hasta sus máximos extremos lleva a tal deformación del razonamiento que exteriormente se asimila en muchos aspectos a una patología.

En mi opinión, el modo de salir de este nudo gordiano es analizar si esa deformación del razonamiento se ha producido como fruto de un proceso libre y deliberado en el que la persona se ha ido acostumbrando a ir cometiendo maldades cada vez mayores, o si por el contrario desde el comienzo todo fue fruto de un indeliberado mal funcionamiento de la mente que se fue agudizando. Este creo que es el verdadero *quid* de la cuestión: analizar el proceso por el que la persona llegó a hacer lo que hizo.

Puede parecer que haber tocado esta cuestión acerca de un personaje tan concreto tenga un interés más histórico que espiritual, pero por el contrario es una cuestión de índole estrictamente espiritual cuya conclusión es evidente: el mal llevado a sus extremos parece una locura.

Ya he dejado claro más arriba que el enfermo mental no es responsable de sus acciones, o no lo es plenamente. Pero hay pocos enfermos mentales. Con lo cual hay que recordar a la gente que el mal no es fruto de la inadaptación social, traumas de la infancia, problemas subconscientes o condicionamientos sociales, sino que ante todo es fruto de una decisión libre. Si quiero hago el mal, si no quiero no lo hago. Es así de sencillo. Y así de complicado.

Sección 15

¿Qué significa que Dios sondea los abismos? (*[17])

En la Sagrada Escritura (Dan 3,55) se nos ofrece este magnífico versículo:

Bendito eres tú, que sentado sobre querubines
sondeas los abismos:
a ti gloria y alabanza por los siglos.

¿Qué significado puede tener esta afirmación de que El está sentado si es espíritu? ¿Qué necesidad tiene de sondear nada? Evidentemente el lenguaje es antropomorfo. Dios lo conoce todo perfectamente y no necesita sentarse en ningún sitio. De ahí que hay un significado interno en estas palabras, un significado que va más allá de las mismas palabras. En mi opinión lo que quiere expresar es que

---

17 Estrictamente hablando esta cuestión debería ir en el grupo de las cuestiones relativas a la Sagrada Escritura, y no en el grupo de cuestiones relativas al mal en abstracto. Sin embargo, expresamente el autor escogió esta cuestión para coronar el edificio teológico de este tratado.

Algunos se han preguntado si tiene algún simbolismo el que haya 164 cuestiones en el libro, si simboliza algo este número. No significa nada. Si al menos fueran 165 cuestiones, entonces sí. Pues 1+ 6 + 5 = 12, número bíblico por excelencia. Pero falta una cuestión para alcanzar ese número. Todavía ando buscando esa cuestión. Quizá esa es la gran cuestión que me falta.

[añadidura a esta nota] Hay que explicar que esta cuestión 164 era la cuestión final con que acababan las anteriores ediciones de este tratado. Tras ésta no había ninguna más. Como posteriormente se han añadido nuevas cuestiones, la razón de ser de la nota superior ha quedado un poco... difusa.

Y digo "difusa" por no decir "sin sentido". También cabe la posibilidad de que algunos consideren ahora a la nota cargada de un sentido superior.

Dios está rodeado del amor de sus querubines y serafines. Querubín vendría a significar *poderoso.* Serafín significaría *ardiente.* Yahveh rodeado el inmenso y poderoso ardor del amor de sus serafines y querubines sondea los abismos. No un abismo, sino los abismos. El abismo del amor y el abismo del odio. El conocimiento de Dios contempla una y otra vez hasta donde ha llegado el poder de la luz y la bondad, hasta que simas ha descendido la iniquidad. Por toda la eternidad, por los siglos de los siglos, ante El, ante su trono, están ante su vista ambas simas. Una sima la ha llenado a rebosar con su agradecimiento. La otra sima es un abismo de tinieblas donde reina la muerte. Que Dios se apiade de nosotros. Kyrie eleison.

Sección II

Estética del Mal

Es posible una estética del mal? 18 ¿Existe una belleza no sólo en el mal, sino del mal, una belleza del mal? La respuesta, sin duda, es complicada donde las haya. Definamos antes los conceptos.

* La ESTÉTICA es la parte de la Filosofía que estudia el concepto de la belleza y las reglas que rigen a la belleza.

* El MAL es la carencia de un bien debido en un ser.

Si combinamos ambos conceptos formamos una composición que en apariencia parece imposible por contradictoria. O estudiamos qué es el mal, o estudiamos qué es la estética. Pero si mezclamos ambos elementos conceptuales, se anulan. O por lo menos eso parece a primera vista. Pero en realidad no se anulan, se combinan. Lo que surge de la combinación es, digámoslo así, un engendro; un engendro lógico. Pero en el mundo existen engendros. De momento, creo que podríamos aventurarnos a dar una tercera definición, fruto de las dos previas.

* La ESTÉTICA DEL MAL sería la parte de la Filosofía que estudia el concepto de belleza deformada, y analiza las reglas de la belleza que subyacen en la deformación de la belleza.

La belleza supone la perfección, el mal supone imperfección, deformación. En la medida en que una obra bella albergue un mayor grado de deformación en esa misma medida sería menos bella. De lo cual se deduce que el Mal Absoluto (metafísicamente

18 Quede advertido el lector que este anexo 1 es la parte más complicada de entender de todo este libro. Un pozo (confiemos que *con fondo*) situado en las lindes finales de la obra.

imposible) sería absolutamente feo. Desde luego sería completamente imposible una Estética del Mal Absoluto.

¿Es posible, por tanto, una Estética del Mal? ¿Es posible una racionalización filosófica de la Belleza de la Deformación? ¿No existirá quizá únicamente una estética del bien, y la estética del mal será tan sólo un concepto de lo inexistente, como lo es el Mal Absoluto?

Bien, el problema está planteado. Y no es poca cosa plantear un problema tan enrevesado. Hay de decir antes de nada que para tratar de resolver tal problema usaré de los conceptos metafísicos aristotélicos. Sin esos conceptos (llamémoslos platónicos, aristotélicos o tomistas) en la misma base de esta reflexión, todo este asunto se tornaría un laberinto del que nunca saldríamos. Ya que desde otras filosofías, si la belleza es algo absolutamente relativo, si el bien y el mal son algo completamente cultural, entonces nunca podríamos avanzar en esta reflexión. Ya sería bastante, con esos presupuestos, ponernos de acuerdo en si existe o no la estética, en si existe o no el mal. Un relativismo absoluto en los conceptos supondría problematizar la cuestión hasta el infinito. Así que toda esta construcción mental acerca de la estética del mal quede claro que la levanto desde los sillares de aquel admirable estagirita y de aquel admirable dominico.

Antes me he preguntado si existe una estética del mal, quizá el modo más adecuado de ir respondiendo a esta pregunta es inquirir qué es lo que lleva a alguien a representar el mal. ¿Por qué representar el mal en vez del bien, lo feo en vez de lo bello, lo deforme en vez de lo proporcionado? Cuando aquí hablo del mal, hablo del mal metafísico y no sólo del moral, que sólo es un tipo de mal.

¿Por qué pudiendo representar lo bueno, lo bello, lo armonioso, representamos lo que no lo es? Que hacemos eso, desde luego, es un hecho, hay obras artísticas que buscan y pretenden la representación del mal. Hay obras en que el mal (la deformación) no es un elemento más de la representación sino el elemento esencial. Hay obras en que el verdadero objeto de la representación no es el objeto representado, sino la deformación que padece el objeto.

Sé que todo esto de lo que he hablado hasta ahora parece extraordinariamente abstruso, pero ahora voy a descender a ejemplos concretos que comenzarán a clarificar de qué estamos hablando. Cualquiera que haya dado un paseo por la parte superior de Notre Dame de París, habrá observado que fuera del alcance de la vista de los viandantes, hay toda una pétrea población de moradores infernales. Alguien con buena intención podría tratar de explicar toda aquella variada fauna demoníaca alegando que lo que se pretendía tan solo era recordar el artículo de fe referente a los demonios, la plasmación integral del conjunto de la fe. Y el que dijera tal cosa no estaría errado, tal era también su pretensión. Ahora bien, asimismo hay que reconocer que en esa catedral como en centenares de catedrales de la entera Cristiandad, la abundancia de gárgolas, ménsulas, capiteles, misericordias de coros y periferias de tímpanos representando lo malo y lo deforme muestran un verdadero deleite en crear aquellas formas. Sí, no hay duda alguna que hubo un especial interés en representar al mal, al Maligno, a los pecados, a la sinrazón. Aquello no era mera pedagogía.

Cualquiera que conozca en profundidad la iconografía medieval no podrá evitar darse cuenta de que aquellos talladores de bloques e iluminadores de pergaminos no se limitaron a plasmar el mal con repugnancia e incomodidad. Sino que por el contrario, en esa plasmación del mal hallaremos una experimentación estética que no encontramos en la representación coetánea de la nobleza y la hermosura. No supone ningún desdoro para la fe de aquellos creadores artísticos afirmar que en ellos hubo un verdadero deleite al intentar plasmar las formas más torcidas de la Creación, incluso de crear las que no existían.

Pero este fenómeno no es específicamente medieval, ni siquiera específicamente occidental. Encontramos esta misma experimentación en los campos de la estética del mal en todas las culturas. Y lo hallamos sin excesiva dililcultad porque además la representación del mal es algo muy fácilmente identificable.

No hace falta tener ningún conocimiento de los contenidos de la cultura occidental judeocristiana para reconocer la deformación, el mal, en las gárgolas de Notre Dame, como tampoco necesitará conocimientos étnicos especiales cualquiera que contemple los seres bestiales y demoníacos de la religión hindú, o a los asuras de la religión indoirania, o al Emma—O y sus demonios en la iconografía japonesa. Cualquier neófito sabrá muy bien que representan al mal aunque no tenga ninguna instrucción acerca de esas mitologías. Por supuesto que podría aportar yo también excepciones de representaciones cuya ambigüedad podría parecer que pone en tela de juicio esta afirmación general Pero me parece a mí que la representación deliberada de lo maligno tiene unos mecanismos de creación que son bastante reconocibles. Especialmente la hibridación bestial con caras terroríficas que aparece en esos personajes citados supone un lenguaje universal. La representación de un hombre bestial con rostro que infunde terror, es un significante cuyo significado la inteligencia interpreta de inmediato.

Lo dicho parece muy circunscrito sólo a la representación de un tipo de iconografía, pero la universalidad de estos mecanismos de representación del mal es válida para cualquier arte. Por ejemplo, cuando Franz Listz compuso su *Tottemhaum* o *Danza Macabra* usó la armonía musical, pero la usa de modo que el oyente perciba que está escuchando algo maligno. Y además, sea dicho de paso, en este caso lo logra de un modo impresionante y vigoroso. Y lo transmite sólo con notas musicales, ni una palabra aparece en la partitura. Usa la armonía para expresar el mal. La desarmonía no hubiera logrado el mismo efecto. La desarmonía hubiera únicamente expresado fealdad. *Tottemhaum*, a través de las paráfrasis del tema del *Dies Irae*, expresa el mal, no la desarmonía. Lo mismo se puede decir de Danny Elfman en los temas de la banda sonora *Sleepy Hollow.* Tampoco necesita Jerry Goldsmith de palabras en el tema principal de *La Profecía.* Después nos enteramos que el título de ese tema es *Ave Satani*, pero no hubiera sido necesario que Goldsmith nos hubiera revelado el título, ni poner letra a esa música, para que el oyente hubiera reconocido ese pentagrama como una armonía que expresa malignidad.

Como se ve hay la estética del mal no es algo privativo de las gárgolas y similares. No sólo la pintura, sino hasta la literatura o las notas pueden expresar el carácter de perversidad.

Hay también otros aspectos más sutiles en la creación artística que podrían entrar dentro de esta calificación de una estética del mal. Por ejemplo, por citar un caso claro, cuando Tim Burton filma sus películas sabe muy bien que sólo un perito exegeta bíblico podrá percibir en los diálogos ciertas alusiones crípticas que son satánicas. Alusiones sutilísimas, perfectamente ocultas al ojo del espectador normal, pero inequívocas para el experto. Además, sea dicho de paso, los malos en sus películas tienen más interés y son más simpáticos que los buenos. En sus películas el mal es más atractivo que el bien. En la trama de cualquier obra literaria es comprensible que el mal al principio sea más poderoso, que predomine, eso da interés al guión. Pero hay obras, y las de Tim Burton son un ejemplo de manual, en las que la representación del mal eclipsa a la representación del bien, obras en las que el discurso en pro del mal resulta más convincente que el del bien, obras construidas para que el mal resulte más fascinante que el bien. Son obras en las que nos preguntamos acerca del sentido del bien esa creación. ¿No será el bien un mero elemento para exaltación del mal? También esto supone una cierta ramificación de una cierta estética del mal.

Si estos mensajes ocultos e implícitos forman parte de la intención del artista a la hora de representar el mal, hay otras obras en que el mal aparece de un modo extraordinariamente explícito, por ejemplo en el cine *gore*. En la serie de películas de *Pesadilla en Elm Street*, como en tantas otras del cine *gore*, el mal sangriento es el objeto de repugnancia/delectación. La representación del mal cuanto más brutal, cuanto más salvaje, cuanto más sádico, pasa a ser el fin del filme. Y no sólo su fin, sino también su tema y argumento. Todo el arte del cine *gore* pasa a ser la plasmación de aquello que no es bello en sí, sino absolutamente rechazable e inhumano. En cierto modo el cine *gore* es la mera filmación de la tortura y el sufrimiento para el asco/goce del espectador. Dado que la gente paga la entrada para ver eso, es indudable que la gente se inquieta/disfruta visionando ese tipo de escenas. Pongo la barra inclinada entre los dos verbos porque unas personas no disfrutan nada, salen horrorizadas, aunque ven una secuela tras otra. Se horrorizan, pero pagan y hacen cola por volver a sentase en la butaca. Otras personas, las menos, gozan viendo aquello, sin la menor sombra de turbación.

Quizá esta vertiente de la representación de lo malo, la del cine *gore*, pueda parecer muy burda. Pero la estética del mal puede ramificarse por campos insospechados, y algunos de ellos nada burdos. Y así cuando el nacionalsocialismo puso tanto énfasis en la elaboración de una estética, era muy consciente de que sólo la estética podía hacer aceptable un mensaje de por sí inaceptable.

El nazismo es una muestra perfecta de como los fautores del mal tenían plena conciencia de que un mensaje horrible debía ser mezclado con grandes dosis de belleza. Mientras duró aquel régimen se le pedía a la población que renunciara a su libertad, a sus derechos, a cambio de belleza. De la belleza de un ideal social plasmado en imágenes y palabras. La fealdad de aquella doctrina debía ser ineludiblemente unida en la mente de las personas a la impresión de orden y fuerza que las coreografías militares representaban esmeradamente en las calles y en los noticiarios. Hitler personalmente supervisaba cosas tales como el diseño de estandartes, uniformes y muchas otras cosas. Quizá ningún régimen ha sido tan conscientemente estético. La población normal jamás hubiera aceptado el discurso nacionalsocialista sin los estandartes, los uniformes, los proyectos neoclásicos de la nueva arquitectura de Berlín, y todo el resto de la imperial parafernalia de un nuevo orden. El Régimen mostraba en los noticiarios cinematográficos las colosales estatuas que debían colocarse en las fronteras de la Gran Alemania para que el resto del mundo supiera quienes eran los amos de esas tierras. La entrada triunfal del Führer en Danzing fue un ejemplo único de puesta en escena cinematográfica. Las convenciones de Nuremberg son auténticos cuadros, visiones artísticas de cómo plasmar el poder, el orgullo y la fuerza de una nación. Toda la estética del régimen nazi es una estética del mal, una estética al servicio del mal, una estética que representaba el mal, pero eso sí de un modo muy bello. También la representación de la fuerza y el orden son partes de la estética. Si alguien piensa que sólo una montaña suiza con ovejas pastando es bella, y no lo es *El Triunfo de la Voluntad* de Leni Riefenstahl mostrando durante más de dos horas la concentración del partido nacionalsocialista en Nuremberg, está muy equivocado. La belleza es muy variada, también existe una estética de la fuerza y el poder.

Cuando hoy día muchos sociólogos se preguntan acerca de las causas que subyacen en el crecimiento de los grupos neonazis europeos, siempre se dan muchas razones que considero completamente válidas. Pero siempre se les olvida una que es esencial: visionar en televisión una y otra vez aquellos desfiles de la Alemania nazi, sus uniformes y todo lo demás, provoca en algunos jóvenes un hechizo estético. A los sociólogos se les olvida que por mucho que los reportajes televisivos sean antinazis y que en las películas de Hollywood siempre ganen los aliados, la estética de fuerza y poder posee una fuerza inherente que se les queda grabada en el subconsciente. La visión de esos documentales de época, con escenas de propaganda hitleriana, producen un efecto nocivo en una porción de la sociedad aunque vayan acompañados de una explicación antifascista. Para esa pequeña porción, estadísticamente irrelevante, esas escenas son nocivas diga lo que diga la voz en off. La estética habla por sí misma. La estética es ya de por sí un discurso.

El poder de la estética es tan fuerte, tan arrollador, que hasta las mismas construcciones filosóficas pueden ser desbordadas como una riada por el discurso de la belleza. La obra de Nietzsche es una muestra sobresaliente de esto. A la hora de exaltar al superhombre sin conciencia, a la hora de defender sin pestañear la eliminación de todos los seres débiles, de promulgar la fuerza y la guerra como el medio para mantener la superioridad del nuevo hombre, a la hora de hacer todo eso Nietzsche no nos da ninguna razón. De hecho a la razón la llama la "prostituta razón". Sin embargo, a pesar de no dar razones, porque él ya no cree en la razón, escribe un discurso tan lleno de fuerza, literariamente tan encandilador que bastó la belleza arrasadora de la forma literaria para esparcir su paupérrimo contenido por todo el mundo. La Historia de la Filosofía se vio contagiada de su mensaje por mor de la belleza literaria de sus páginas. Sin esa belleza, su mensaje se podría resumir en media página, y visto así, al desnudo, es bastante pobre. En Nietzsche todo es forma, todo es estética, frases lapidarias, contundentes. Pero bastó el Nietzsche literato, no el pensador, para irrumpir en las mentes de miles de pensadores y producir fascinación en ellos. No deja de ser apasionante observar como los silogismos de las mentes de toda una generación centroeuropea, no pudieron contener la fuerza que habitaba en la belleza de algunas de sus páginas.

Como se ve, el campo de la estética del mal es amplio. Va desde la iconografía demoníaca, a la representación románica de los pecados, desde la estética nazi al cine *gore*. Sin embargo, no forma parte del estudio de la estética del mal el estudio de la estética del error. Una cosa es representar el mal y otra muy distinta realizar obras que llevan incluido en su contenido el error. Así por ejemplo, las antiguas películas de indios en las que ellos siempre son los malos, cuando eran los indios los que estaban siendo exterminados, eso no entra a formar parte de una estética del mal. ¿Por qué? Pues porque en esas películas los indios aparecen como malos y por eso son aniquilados, en la película se aniquila el mal. Mientras que en los noticiarios del III Reich aparece un enaltecimiento del mal que se presenta como tal. En los noticiarios se exalta la superioridad aria, se insulta y escarnece a los judíos, se promueve la eutanasia de los deficientes. Es decir el mal aparece como tal, es una apología artística del mal. Allí radica la diferencia.

Una cosa es el error-en-la-estética y otra la estética del mal. Cualquiera de nosotros dispararía a unos indios que fueran de verdad como los de las películas. Pero en la estética del mal el artista te presenta el mal, y te dice "ámalo".

Tampoco hay que confundir la estética del mal con la estética del desorden. La gente pensaba en los años 70 que el futuro tenía que ser como *2001, Odisea del espacio* o como *La Guerra de las Galaxias*, es decir la belleza de lo limpio, de lo ordenado, la luz reinando en todas partes. Ridley Scott mostró en su *Blade Runner* que la plasmación del desorden, la suciedad y la pobreza podían conformar una obra de arte cinematográfico mucho más interesante que la plasmación de lo que en sí era mejor o más impresionante. *Blade Runner* como obra artística es más bella que otras obras que representan mundos bellos y perfectos. Por lo tanto la representación de la imperfección, puede ser mucho más bella que la representación de la perfección. Es posible componer una obra de arte más bella con la fealdad que con la belleza. Es posible crear más belleza representando la fealdad de la Guerra de Vietnam que mostrando el paraíso. Al fin y al cabo, hay mucha más belleza en la representación del infierno de *El Jardín de las Delicias* de El Bosco, que en la banal representación de un rostro de una mujer hermosa.

El desorden, el caos, tienen infinitas posibilidades de plasmación. Pero el desorden en sí mismo no es objeto de la estética del mal. ¿Por qué? Pues porque imperfección en sí no implica mal, mal moral. Y por tanto la estética de la imperfección no forma parte de la estética del mal.

El caos que reina en *Sopa de Ganso* de los Hermanos Marx no es maligno. Mientras que el civilizado, educado y suave Hannibal Lecter en *El silencio de los corderos,* sí que es una impactante plasmación del mal.

Tampoco hay que confundir la estética del mal con la obra de arte inmoral. Pues para empezar hay que recordar que la representación del mal, por atractiva que sea, puede ser tremendamente moral. Y por otro lado la representación del bien puede ser inmoral. La Biblia al fin y al cabo es un buen catálogo de pecados, centenares de representaciones de todo el mal posible en todas sus variantes. Y, sin embargo, es una obra que trata de incitar al bien. Uno al leer todo ese inventario de pecados contenidos en las páginas de la Biblia, después de leer todas las páginas (con su recopilación de la iniquidad humana) un lector objetivo, no influido previamente, siente el impulso de detestar el mal y hacer el bien.

Por el contrario un novelista puede hacer que en su novela triunfe el bien, pero defender la bondad de un modo tan deliberadamente chapucero, tan conscientemente burdo, que en el fondo los lectores se sientan más inclinados al lado tenebroso. Es más, hay libros en los que por debajo de una aparente lectura moralista, puede subyacer una segunda lectura sólo visible para los más inteligentes que sea demoledora de lo que aparentemente se diga en la primera lectura aparente. Sí, en la Biblia ciertamente hay mucho pecado, pero la obra lleva al bien. En otras obras puede no haber nada de pecado sino, por el contrario, una apasionada defensa de la virtud, y, sin embargo, incitarnos a todo lo opuesto. De ahí que estética del bien no sería la expresión del bien, y estética del mal la mera expresión del pecado. Hay obras con mucho pecado que son buenas, como se ha dicho. Y obras en las que aparentemente hay mucha virtud y sólo virtud, y que, no obstante, son inicuas.

En esta catalogación de las obras que pertenecen o no al objeto de estudio de la estética del mal, mención aparte merecen los grupos de personas en los que existe ya una disfunción insana en la percepción de la belleza. Existen muy reducidos grupos de jóvenes, los llamados *siniestros*, que cultivan la fealdad como forma máxima de la belleza. Se visten de negro de manera completamente desarreglada, se maquillan de forma que parezcan más tétricos (labios de negro, maquillaje que dibuje ojeras oscuras, orejas asaeteadas por infinidad de piercings, labios y narices atravesados por barras metálicas, etc), gustan de lugares adornados con calaveras, manos disecadas, sepulcros, en fin, un macabro y largo etcétera. Esto sí que entra dentro de la estética del mal, pero dentro de la insana e ilógica estética del mal. Hay que entender que la estética del mal sigue unas reglas lógicas. Y que tanto el que participa de unas ideas como de otras puede compartir la admiración por la obra de arte digna de alabanza. Cualquiera comprende la belleza de las gárgolas, admira los valores meramente estéticos del III Reich, gusta de la película *La semilla del Diablo.* ¿Pero qué se puede encontrar en esta corriente de los así llamados *siniestros*? Una cosa es valorar la plasmación estética del mal, y otra muy distinta cultivar la fealdad en sí misma. Sin ninguna duda, este tipo de manifestaciones de la estética del mal son manifestaciones insanas, grupos sociológicamente replegados sobre sí mismos en los que se cultiva una deformación de la percepción mental de la belleza. Tales grupos son como una variante de la coprofilia. La Filosofía (y por tanto la Estética) estudia la realidad a través de la lógica, ya inductivamente o deductivamente. Pero comportamientos de ese tipo no responden a ninguna lógica. Por tanto sólo cabe el estudio sociológico de la evolución de cada grupo. O el estudio psiquiátrico de cada sujeto.

En conclusión diré que como se ve la representación del mal abarca todas las artes (incluida la arquitectura). Abarca la plasmación política del mal, la contemplación del sufrimiento como deliberado objeto del arte, la voluntaria deformación literaria de las construcciones filosóficas, y un sinfín de primitivas hibridaciones entre bestias y hombres-bestias. La estética del mal abarca un mundo infinito de posibilidades puesto que las posibilidades de combinación son infinitas. La estética del mal, por tanto, abarca un campo que va desde los vampiros y los licántropos, hasta el Hannibal Lecter o el Jefe del bufete de abogados de *Pactar con el Diablo (Devil´s Advocate* en el título original*)*. Las reglas de la belleza del mal son utilizadas por unos para llevar al bien, por otros para llevar al mal. El mal ha sido retratado tanto por fray Angélico como por Polansky. Pero lo característico de esta materia es que tanto los unos como los otros parecen usar unas reglas innatamente universales que permiten identificar al mal como mal.

Después de haber reflexionado acerca de las distintas posibilidades de la estética del mal, queda un punto sobre el que podríamos reflexionar: ¿por qué nos deleitamos en la bella deformación de la belleza? ¿Qué mecanismos existen en la mente humana para que no prefiramos siempre, en todo momento, la representación del bien y no la del mal? ¿Por qué la estética en ocasiones escoge premeditadamente como objeto el mal, para hacer del mal, de la carencia, de la deformación, un objeto bello?

No hace falta repasar la temática de las novelas, ni del cine, para percatarse de que las siete Musas parecen estar más interesadas en lo pecaminoso, en lo sangriento, en lo torcido que en contarnos vidas de santos. ¿Por qué, si la estética es belleza, tantas veces el objeto de la estética son materias torcidas? En mi opinión eso se debe a los mecanismos gnoseológicos normales insertos en la naturaleza humana.

Me explico, el ansia natural de conocer tiende a extenderse a todos los campos y materias. Cuanto más desconocido y fuera de lo normal es algo, tanto más se apetece su conocimiento. Porque de su aprensión intelectual nace esa fugaz y placentera sensación que es la sorpresa. Un cordero recién parido con dos cabezas no es algo precisamente bello, pero si alguien se asoma afuera del establo y nos grita que acaba de nacer ese engendro, correremos para acercarnos a verlo. En abstracto una oveja normal es portadora de más belleza que ese parto bicéfalo, pero nuestro conocimiento busca lo extra—ordinario. Y con gusto dejaremos de seguir contemplando una verde campiña con ovejas pastando, por ver un ser deforme.

Lo mismo pasa en el arte. La inmensa mayoría suele preferir visionar *El silencio de los corderos* a ver una película feliz y moralizante. La inmensa mayoría prefiere leer los asesinatos de *El nombre de la Rosa*, en vez del bucólico *Platero y yo*. Independientemente del juicio de cada cual acerca de estas obras, el gusto de la inmensa mayoría esta fuera de toda duda: no veo en los escaparates de las librerías muchas vidas de santos.

Todo esto lo único que significa es que la obra de arte es, a fin de cuentas, un objeto de nuestro afán cognoscitivo. Y que el hombre gusta más de conocer lo extraordinario que lo cotidiano. Le estimula más acercarse al cordón policial tras un accidente, que seguir contemplando el bucólico parque por el que paseaba. Si Ulises se hubiera quedado en su casa haciendo feliz a su Penélope, la obra que narrara su vida no hubiera sido un best seller de la Antigüedad. Por el contrario, Polifemo devorando crudos a varios marineros, Circe convirtiendo en puercos a seres humanos, y un largo etcétera, ofreció a las mentes de su tiempo objetos cognoscibles que aquellos hombres labradores y ganaderos no tenían ante sus ojos en su vida cotidiana.

Poco a poco el arte ha tenido que ir buscando nuevos ámbitos de donde extraer objetos cognoscibles sorprendentes. El arte ha ido agotando las posibilidades creativas de la deformidad. Se comenzó ingenuamente a hibridar hombres y bestias. Después se comenzó a explorar las capacidades del mal del hombre. Después las capacidades patológicas del hombre para obrar el mal. El arte ha explorado todas las posibles amenazas para nuestro mundo, todos los horrores personales y colectivos. Todas las aberraciones han sido exploradas en el campo de la creación artística. Todos los infiernos han sido ya pintados. Aunque siempre se nos ocurren subespecies de infiernos o combinaciones de varios de estos. Desde luego aunque nunca hubiera existido el III Reich, alguien lo habría imaginado como tema literario, como motivo estético. Se ha colocado al malo en todos los ámbitos posibles: en lo preternatural, en lo político, en lo meramente delictivo... Esto no indica que estemos enfermos, ni que nuestra estética se haya desviado, no somos masoquistas por contemplar eso, ni sádicos por crear esas obras. La estética se ha limitado a tantear todos los campos posibles del bien y del mal, de la belleza y del horror. Mas todo esto no es una estética del mal. Repito como al principio que la estética del mal es la parte de la filosofía que estudia el concepto de la belleza deformada, y las reglas de la belleza que subyacen en la deformación de la belleza. Por lo tanto, todo el mal acumulado en siglos en el arte no constituye materia de la estética del mal, en ese caso hablaríamos del mal en la estética. Sin embargo, desde que un hombre primitivo en Grecia delante de un ánfora decidió por primera vez no pintar al hombre o a la mujer cuanto más bellos mejor, sino empezar a mezclar especies zoológicas y crear monstruos, entonces aquel pintor de ánforas dio los primeros pasos hacia la estética del mal. Cuando apareció la primera arpía, la primera Gorgona, ese arte comenzó a ser no una obra bella que había salido mal, sino una obra que renunciaba a representar la belleza y pasaba a representar la bestialidad. No era un animal lo que se representaba, no era una batalla, era la bestialidad como concepto.

Desde aquellas cerámicas pintadas hemos ya visto, leído y oído muchas cosas, muchas creaciones del intelecto, pero la única limitación que todavía conoce (y para siempre) la estética del mal es la impotencia de representar al Mal Absoluto. Plasmemos sobre el lienzo lo que plasmemos, construyamos la novela que construyamos, el Mal Absoluto seguirá siendo sólo posible representarlo únicamente bajo la combinación de dos conceptos: mal + absoluto. En su brevedad, casi de combinación química, se nos presenta el umbral imposible de alcanzar. Qué impotencia tantas representaciones del mal, y no poder plasmar eso.

Sección III

El Mal en el cristianismo

En el cristianismo no hay una lucha entre Dios y el mal, sino entre las fuerzas de la Luz y las de las tinieblas. Dios ayuda a las fuerzas de la Luz, pero no lucha, porque la voluntad del Todopoderoso es omnipotente, no habría posibilidad de combate, a un simple mandato de Dios el mal y todas sus criaturas desaparecería.

El mal no es una fuerza impersonal, el mal es el pecado. El mal no es una especie de magma etéreo y oscuro, sino las malas acciones concretas y también, por supuesto, los seres personales que se han convertido ellos mismos en portadores del pecado. En la Sagrada Escritura hay personajes que es como si encarnaran el pecado por haberse encauzado hacia él de un modo permanente e intenso. No sólo los demonios, no sólo los hombres condenados en el más allá, sino que también sobre la tierra ya hay hombres que encarnan el mal, hombres que parecen petrificados en el pecado.

El concepto de Redención no es un concepto simple que se explique en una palabra. Al final hasta la misma Palabra ha venido a explicarnos qué es la Redención. Nos la explicó y la llevó a cabo. Podríamos decir, *quodammodo*, que la entera Biblia es la explicación de ese concepto. El concepto de *redemptio* supone un rescate, el pago de un rescate para ser liberado, la cantidad que debía satisfacerse por un esclavo para ser liberado de su estado de esclavitud. En el cristianismo, Dios paga esa cantidad. Eso implica la concepción del pecado como una especie de deuda objetiva, deuda que es personal. Pero la suma de todas las deudas personales, la suma de todos los pecados (pasados, presentes y futuros) de la humanidad forma una deuda que debe ser satisfecha. Una auténtica y verdadera deuda. Una deuda objetiva que nos ata. Los pecados de toda la humanidad suponen una cadena que atan a sus culpables, una cadena que los ata a la culpa, que los ata a la obligación de satisfacer, de reparar. Esa cadena es quebrantada por Cristo, la losa que oprimía a la humanidad es corrida por el Mesías en la Cruz. Ya no importa lo que hayamos hecho, ya no importa lo que podamos hacer, TODO HA QUEDADO BORRADO. Borrado y perdonado siempre que aceptemos las condiciones que se nos imponen para quedar libres.

Hay unas condiciones, el perdón de Dios no es incondicional. La Redención no supone la abolición del bien y del mal, es la satisfacción de la deuda por el mal. El ser humano deberá reconocer el orden divino, aceptar su culpa y enmendarse. La Redención no es una oportunidad para seguir pecando sin miedo al castigo. La necesidad de la enmienda (o al menos del sincero deseo de la enmienda) es insoslayable, lo contrario supondría no haber entendido que el concepto de redención precisamente lo que subraya, lo que deja muy claro, es el carácter objetivo de la iniquidad, el carácter objetivo que supone el desorden moral en la armonía y orden del universo. Ese mal es tan objetivo, tan grave, que la Divinidad dispuso de los complicados y arduos mecanismos de la Redención para extinguir la deuda.

Sección IV

El III Reich y el Mal

Se han realizado muchos estudios acerca de la Alemania nacionalsocialista, estudios políticos, económicos, sociales, militares... pero si hay un análisis de esa realidad que es imprescindible e insoslayable es el análisis religioso. En mi opinión, la alemania hitleriana es el ejemplo más claro de como el mal puede adueñarse no ya de individuos, sino de una sociedad entera, e iniciar un proceso de descomposición moral cada vez más acelerado, cada vez más aberrante. Ha habido otras sociedades en las que el mal ha tomado las riendas, pero el III Reich es entre todas ellas la versión más acabada de una nación entera sumida en las tinieblas de la iniquidad.

Hay que dejar claro que para que el mal tome las riendas de una sociedad ya sin traba alguna, ni dique que lo contenga, no es preciso que todos los ciudadanos participen de ese mal. Basta con que un cierto tanto por ciento de esos ciudadanos se envilezcan totalmente para que se alcance una, digamos, masa crítica cuya fuerza arroje a esa sociedad al abismo. Por ejemplo, basta que el 25% de los habitantes de una nación sea completamente subyugada por el mal, para que esa cuarta parte de la población consiga convencer a otra cuarta parte de que les apoyen, y contamine con bastantes de sus ideas a otra cuarta parte. Nunca una sociedad va a sucumbir al 100%. La parte de los totalmente envenenados por una doctrina será siempre muy inferior a la de los parcialmente intoxicados. Y la parte de los que callarán será incluso superior. Siempre que se habla de la Alemania Hitleriana se está hablando de una situación geográfica y temporal, incluso en el momento del apogeo nacionalsocialista fueron innumerables los que nunca apoyaron el programa nacionalsocialista. Conviene recordar que antes de Hitler llegara al poder, nunca logró alcanzar más del 37% de los votos en unas elecciones libres. Pero alcanzada cierta masa crítica, como desgraciadamente sucedió, el 63% de la población restante (queriendo o no queriendo) se vio en los años siguientes arrastrada al abismo.

Hechas estas matizaciones creo que la sociedad hitleriana supuso un triunfo mucho mayor del mal que la Unión Soviética. El marxismo siempre fue una doctrina más benigna que el nacionalsocialismo. Marx siempre fue mejor que Nietzsche. Al menos Marx buscaba el bien de los pobres, una sociedad justa. El nacionalsocialismo, doctrina verdaderamente demoniaca, nunca buscó eso. Desde el principio nunca ocultó que la sociedad del futuro que pretendía era una sociedad en la que unos pueblos someterían a otros pueblos, un Nuevo Orden en el que las élites dominarían incluso sobre el resto de la población alemana. Una sociedad militarista en la que las capas más débiles de la población deberían sucumbir por el bien de un nuevo orden deificado al que se sometía todo. El nacionalsocialismo promovió el ocultismo dentro de las SS, inició una verdadera y auténtica idolatría del Führer, enseñó a la población a conculcar los valores de la religión como valores burgueses, despreció los Diez Mandamientos como las cortapisas de una mentalidad débil. Si el marxismo supuso una terrible opresión, una espantosa persecución, desde el punto de vista intelectual, el nacionalsocialismo fue una doctrina que parecía extraída del mismo infierno y enseñada por los mismos demonios.

De hecho los campos de concentración no fueron otra cosa que la construcción de infiernos en miniatura donde hombres—demonio destruían al hombre modelado a imagen de Dios, destruían la imagen de Dios en el hombre. El que los uniformes de las SS fueran completamente negros, el que tuvieran una calavera en sus gorras y una nueva cruz (que no era la cristiana) en sus brazaletes no son casualidades para los creyentes. Los integrantes de las SS, la que iba a ser la élite de ese Nuevo Orden, aprendices de asesinos, aprendices de brujos, enemigos feroces del cristianismo, estaban bajo las órdenes de ese archidemonio que era Heinrich Himmler. Aunque si uno lee las biografías de ambos hombres, Hitler y Himmler, claramente se descubre como éste hombre todavía estaba por debajo de la maldad de su Führer que ejerció algo parecido a un verdadero encantamiento, a un hechizo, que subyugó con los lazos de la mentira a almas de toda condición.

En los ojos de Hitler se atisban los destellos indudables de una iniquidad como pocas veces se ve. Su boca se transformó en la boca a través de la que hablaba el mal. En las filmaciones se le puede ver acariciando a un niño, sonriendo ante una joven que le entrega un ramo de flores, pero detrás de esa sonrisa se ve un rostro y una mirada en la que reinan la soberbia, el odio, la crueldad, la ira, la mentira, el rechazo de Dios, todos los pecados capitales.

Podemos ver una porción de todo eso en un Stalin, en un espantoso Pol-Pot, podemos entrever un bosquejo del III Reich en el terror de la Revolución Francesa, en el fuego y sangre de las columnas de decenas de miles de hombres enviados a la muerte por la gloria de la Francia Napoleónica. Pero el modelo más acabado de ese dominio del mal lo encontramos entre 1933 y 1945 en Alemania. Un mal que no fue obra de un solo hombre, sino fruto de una locura colectiva que desgraciadamente la construyeron hombres cuerdos.

Ese imperio perfecto del mal, todo lo "perfecto" que ese imperio puede llegar a ser en este mundo, tuvo unos protagonistas que conocidos de cerca nos ofrecen todavía más información de como el III Reich fue ante todo y sobre todo una cuestión moral, religiosa, espiritual.

Peter Padfield, en su magnífica biografía de Himmler, daba comienzo a su libro de 840 páginas imaginando al pequeño futuro fundador de las SS haciendo de monaguillo en un santuario de Baviera. Y escribía:

> *Pensé el joven Heinrich Himmler cuando los niños del coro se unieron a la procesión. Llevaban túnicas blancas y tenían los ojos muy serios. (...) Cuando era un joven de diecinueve años, había escrito en su diario: "Pase lo que pase,*

siempre amaré a Dios, le rezaré y le obedeceré y defenderé a la Iglesia Católica, aun en el caso de ser expulsado de ella".

Lo cierto es que muy pronto encontró otra fe opuesta a la Iglesia y se expulsó él solo y luego la atacó con todas sus fuerzas declarando que los sacerdotes eran el mayor cáncer que podía sufrir un pueblo.[19]

El interrogante no hay forma de evitarlo: ¿qué ha sucedido para que un niño bueno se transforme en un demonio? La respuesta está repetida una y otra vez duran dos mil años en los libros de espiritualidad y moral de la Iglesia. Quizá esta apelación a los elementos de la cosmovision cristiana para entender el III Reich pueda parecer a algunos que se trata de una deformación del autor de estas líneas que es un sacerdote. Pero muy por el contrario, lejos de ser esos elementos un añadido que deforman nuestra visión objetiva del tema, suponen unos elementos imprescindibles para comprender lo que realmente tenían en mente los autores de ese Nuevo Orden. Y para ello, entre los ilimitados ejemplos que podría ofrecer, voy a aporar sólo un botón de muestra.

El 12 de septiembre de 1944, cuando la guerra ya se veía perdida y los ejércitos retrocedían, Kersten, el médico personal del Jefe Supremo de las SS, "*le hizo una petición de clemencia para un grupo de veintisiete sacerdotes. En el curso de la discusión, Himmler le confesó el error que habían cometido los nazis en atacar a la Iglesia. Había quedado patente que era más fuerte que ellos, el Partido, pero se preguntaba si a pesar de todo lo que habían hecho en su contra, todavía quedaría sitio para ellos dentro de ella. Se mostró de acuerdo con liberar al grupo y le preguntó: "cuándo esté muerto, ¿rezarán los sacerdotes también por mi alma?*"[20]

Que esa pregunta saliera de la boca justamente de ese jerarca nazi parecía la ironía más grande que podía deparar la Historia. Pero no era sólo él, Canaris al final del Régimen pasaba horas y horas en iglesias católicas rezando. Por el contrario, a Hitler se le

---

19 Peter Padfield, Himmler, pg 3 (Editorial La Esfera de los Libros, 2003, Madrid).

20 Peter Padfield, Himmler, pg 678. Los datos han sido tomados de A. Besgen, Der stille Befehl, (12.9.1944) Munich, 1960, pg 35.

vio en alguna ocasión paseando furioso y echando espuma por los labios[21].

En 1943, dos semanas después de la caída de Stalingrado, el grupo denominado La Rosa Blanca imprimió miles de panfletos y los tiró en el patio de la Universidad de Munich. La Rosa Blanca era un grupo cristiano que actuó en esa universidad como una muestra más de esos millares de héroes alemanes que conformaban la mejor y más noble parte de esa Alemania que nunca apoyó a Hitler. Ese grupo escribió en esos panfletos, panfletos que leyeron miles y miles de alemanes, las siguientes palabras que son la síntesis más lúcida que yo he leído nunca acerca de lo que es nacionalsocialismo:

"¿Quién ha contado los muertos, Hitler o Goebels? Con toda seguridad, ninguno de los dos. (...) El dolor penetra en las casas de campo, en la madre patria, y no hay nadie que enjugue las lágrimas de las madres, pero Hitler miente a aquellos a quienes ha arrebatado su tesoro más preciado y a quienes ha conducido a una muerte sin ningún sentido.

Todas las palabras que salen de la boca de Hitler son mentiras. Cuando dice "paz" se refiere a la guerra y si de la forma más sacrílega usa el nombre del Todopoderoso, se refiere al poder del mal, al Ángel Caído, a Satán. Su boca es la hedionda puerta del infierno y su poder está envilecido. Ciertamente tenemos que librar una batalla en contra del terror del Estado Nacional Socialista con todos los medios racionales que tengamos a nuestro alcance, pero cualquier que abrigue todavía alguna duda sobre la existencia de los poderes demoníacos ha malinterpretado absolutamente el trasfondo metafísico de esta guerra. Detrás de lo concreto, detrás de las percepciones materiales, detrás de todas las consideraciones expositivas y lógicas se oculta lo irracional, es decir, la batalla contra el demonio, contra los emisarios del anticristo."[22]

Sí, en esa guerra que se estaba librando en Europa y otras partes del mundo había muchas luchas menores, pero la síntesis de

21 Peter Padfield, Himmler, pg 642.

22 Peter Padfield, Himmler, pg 538 .

todo, el trasfondo de todo, estaba en esa guerra entre el bien y el mal, entre los seguidores del Árbol de la Vida y los seguidores del Árbol de Conocimiento del Bien y del Mal.

El contenido de aquel panfleto que les valió la muerte tras terribles torturas a sus autores, dos hermanos, fue la síntesis más lúcida de todo lo que estaba pasando en Centroeuropa. La raíz de todo aquello era de esencia moral, el resto eran cuestiones accidentales. Detrás de lo concreto, detrás de los personajes, detrás de las razones menores, estaba la lucha entre dos cosmovisiones: la visión cristiana o la visión de un mundo sin Dios ni moral. En medio de esta lucha no cabían medias tintas, no cabían neutralidades, una de las dos visiones del mundo y de la historia prevalecería sobre la otra en el Viejo Continente. El silencio sería culpable. La Historia no perdonaría los silencios. Gracias a Dios la más perniciosa semilla fue erradicada a base de mucha sangre, pero la Historia hubiera podido ser diferente si unos pocos hombres en diversos países hubieran optado por condescender, por no oponerse, por no luchar cuando ya no quedó más remedio que luchar. Si Estados Unidos se hubiera inhibido del problema, si el Reino Unido hubiera pactado una paz "honorable", si unos pocos hombres influyentes hubieran optado por la vía más cómoda, por el bien a corto plazo, entonces una nueva mentalidad hubiera echado sus raíces en la misma tierra que vio erigir catedral tras catedral.

El que una nación civilizada y culta como la Alemania prehitleriana, defensora de los valores de la razón, cultivadora del legado clásico, cayera de repente bajo la oscuridad, nos recuerda que cualquier sociedad que se aleje del camino del Bien, en cualquier momento puede caer presa de los hechizos de la iniquidad. El III Reich es un aviso, un recuerdo, de que lo que les sucedió a ellos nos puede volver a suceder a nosotros.

Somos muy condescendientes con el mal de la sociedad cuando éste se vuelve generalizado. No nos damos cuenta de que cada cesión, cada renuncia a lo que es el recto camino de la Ley Natural, nos acerca un poco más a esa situación de una nación debilitada en su conciencia que como un cuerpo enfermo, puede sucumbir a la enfermedad, a una nueva noche.

Sección V

La Ciudad de Dios y la Ciudad del hombre

La *Civitas Dei* y la *Civitas Hominis*[23], no son la Ciudad del Bien y la Ciudad del Mal. Sería muy sencillo si fuera así, si todo estuviera concentrado, agrupado y delimitado. Pero el mundo es algo más complejo e intrincado de lo que puede parecer a primera vista. Y no sólo ambas ciudades están entremezcladas, sino que ni todo lo que hay en la *Civitas Hominis* es malo, ni es bueno todo lo que está en la *Civitas Dei,* ciudad de fundación divina pero todavía administrada por hombres de la tierra.

Viendo a lo lejos ambas ciudades no podemos dejar de pensar lo bello que es este mundo. Sí, la relación entre ambas ciudades ha generado una apasionante historia de lucha, conocimiento, amor y heroísmo. Y nos damos cuenta, una vez más, agradecidos, que Dios eligió permitir este mundo real entre todos los mundos posibles. Asimismo, Dios eligió este mundo concreto para que naciéramos; tú, lector, y yo, autor. Aunque Él sólo quisiera lo bueno que ha habido y hay, y únicamente permitiera lo malo, el conjunto de decisiones divinas configuraron la Creación tal cual existe hoy con todo lo que contiene. Él sólo permitió lo que quiso, lo que vio que era conveniente. Podando una y otra vez innumerables sucesiones de causas y efectos que hubieran hecho de este mundo un lugar no tan bueno. Maravilloso ajedrez digno de ser jugado por una mente celestial.

Un ajedrez digno de ser jugado por Él, pero en el que Él no juega. Dios contempla nuestras jugadas. No hay contrincante para

---

23 La Ciudad de Dios y la Ciudad del Hombre.

el Ser Supremo. Es cierto que las fichas se vuelven oscuras sólo si ellas quieren. Es cierto que Él sólo coloca fichas blancas en el tablero. Pero no es un mero espectador. De vez en cuando, si el mal llega muy lejos, pone un dique a las olas y se inmiscuye permitiendo tal o cual hecho que como una maquinaria implacable desbarata todos los proyectos inicuos. A veces la mejor de todas las jugadas, el más inevitable de todos los planes queda truncado, cae en el vacío de la nada, por una sola y única célula cancerígena que comienza a reproducirse insensible a los planes de ese jugador. Otras veces ante los ojos del Espectador derrapa un coche en una curva o tiembla la tierra en el grado 8 de la escala de Richter. Dios no juega, pero sus hijos están en el tablero, las reglas las ha hecho Él y ante un tema tan serio como la eternidad si hace falta derrumba parte del tablero, lo incendia o las fichas caen a millones presas de una peste que los médicos (que siguen curando con sangrías) achacan a viciada toxicidad de los aires pútridos. Por si el lector no lo ha notado, nuestros médicos, los de nuestra época, ante Él, ante su ciencia infinita, siguen siendo como los de las sangrías.

El gran juego que se juega sobre la tierra no es el de los imperios o el de los poderes económicos, sino el de las almas. Es cierto que sobre el tablero también se juega un juego de imperios y coronas, de Poder, reinos y repúblicas. Pero ese juego geopolítico está subordinado al bien de las almas. Cada ficha es un alma. Sí, éste es un juego en el que a cada ficha le es dado no ser vencida, salvo que se deje ganar. Puede ser retirada del tablero, pero no se pasará al otro bando (el del Mal) salvo que se deje derrotar. Es el placer del juego, sin la tristeza de la derrota. Y todo porque hace dos mil años, en una parte de la cuadrícula del tablero, fue plantada la Cruz redentora. Desde entonces ha quedado patente a todos que en este combate entre el Bien y el Mal, pierde el que quiere. Desde entonces la Ciudad de Dios y la Ciudad del hombre mueven sobre el tablero sus fichas. Desde hace dos mil años las reglas del Gran Juego Universal han sido explicadas, en Palestina.

Hasta que llegue el jaque mate definitivo, todavía podemos admirar el panorama de ambas ciudades en la llanura de la Historia. Y no nos sentiremos abrumados ante el mal que pulula ante nuestros ojos si nos percatamos de que la lista de males posibles es infinita. No sé si se han dado cuenta (los que se quejan de lo mal que va todo) de que esa lista no tiene fin. La deformación posible de todos los bienes, la combinación de tales degradaciones, supone un listado sin principio ni fin. Sólo Dios conoce toda esa lista. Sólo Él la conoce en toda su extensión, en todos sus detalles, tipos y subtipos. Bajo esa perspectiva (la perspectiva de lo que podría ser) la contemplación de las dos ciudades resulta casi agradable. Nunca todo va tan mal como podría ir.

Una de las dos ciudades la creó la *conversio ad creaturas*[24]. La otra fue fundada como una *conversio ad Deum*[25]. Hay muchos apologistas hoy día de la Ciudad Humana, apologistas de una ciudad meramente humana y solo humana, en la que la religión ya que no puede hacerse desaparecer queda relegada al ámbito personal relegándola de todo el ámbito público. Los defensores de esta ciudad humana y sólo humana desconocen plenamente la naturaleza de la partida en la que se hayan inmersos. Creen que lo importante es la economía, el poder de su nación, una victoria de un partido político, la cultura, el arte. Pues bien, piensen lo que piensen ellos, en medio del tablero está suelta la Serpiente Antigua, el Gran Dragón, y no va en busca de ninguna otra cosa más que de almas.

¿Y es la Bondad Suprema la que permite que esté suelto semejante monstruo y tantos otros engendros menores, muchos de ellos humanos? Pues sí. Dios quiere permitir el mal. No olvidemos que *la paciencia de los mártires supone la persecución de los tiranos*. La medida del odio del verdugo nos da la medida del amor en la paciencia de la víctima que sufre por amor a Dios. Lo terrible es que uno será verdugo y otro víctima, que uno gana el cielo y el otro el infierno. Pero cada uno elige su papel en esta vida.

Lo que es cierto es que no es posible la vida del león sin la destrucción de otros animales. No es posible el bien de la existencia del león sin el mal de la destrucción de otros seres buenos.

24 Vuelta a las criaturas.

25 Vuelta a Dios.

Y como dijo Journet "es muy verosímil que nadie haya trabajado tanto como el Diablo en favor de la santidad de Job, aunque nadie la haya deseado menos".

Algunos se preguntarán: ¿necesitaba el plan divino que el mal desplegara tanto poder? Después de contemplar con la mente las infinitas posibilidades del mal, respondo: sólo hemos leído unos párrafos del primer capítulo de la enciclopedia del mal posible. No nos debemos quejar, debemos dar gracias.

Maravillosa inteligencia de un Ser Supremo que permite dentro de su orden que se transgreda ese orden. Dios permite que se le ofenda. Dios permite que se le blasfeme. Dios permite el error. Dios permite todo lo que es bueno que sea permitido. Dios conoce la medida perfecta en la que es bueno que el mal sea permitido, y la medida más allá de la cual es malo que ese mismo mal continúe siendo permitido. Ninguna criatura, ni la más rebelde, traspasa esa medida más allá del orden de Dios. Solemos conocer esa medida como "la paciencia de Dios", pero en realidad Dios no pierde la paciencia. Todo está controlado y nada va más allá de donde debe ir.

La Justicia de Dios no llega ni demasiado tarde para los que la piden, ni demasiado pronto para los que la temen, sino en su momento justo. Esta sublime aseveración de Dante nos ayuda a comprender las reglas de este juego cósmico en el que estamos involucrados.

Si entendemos esas reglas, todas y no sólo algunas, comprenderemos porqué no es verdad que Dios sea demasiado bueno para que exista un infierno. Sino que más bien entenderemos que Dios no sería bueno si no existiera el infierno. Ante determinados abismos de maldad con una voluntad que ya ha tomado su decisión definitiva e irrevocable, sólo cabe una posibilidad. El infierno no es una posibilidad ante millones de posibilidades, sino que es la única posibilidad lógica, justa y humana. Pues el amor no se impone. Sería inhumano agarrar por el cuello a alguien que no te ama, y gritarle: ámame. Pues así de terrible sería mostrar el Sol de Amor que es la Faz de Dios, ante aquél que quiere alejarse de Él. Un Dios bueno, requiere que pueda existir un infierno porque el amor de Dios en el Cielo sería la mayor de las torturas para aquellos que se quieren apartar de su presencia. Una más profunda comprensión del abismo del mal requiere y conlleva una más elevada idea de la excelsitud de Dios.

Sección VI

Enfermedad psiquiátrica y vida cristiana

Patología psiquiátrica:
— bioenfermedades
— psicoenfermedades
— pnemoenfermedades

Aunque ya antes en dos cuestiones he abordado el tema de la psiquiatría, en una cuestión en relación al demonio, y en otra en relación al poseso, ahora acabada toda la obra he visto la utilidad de decir algunas cosas más en relación a la vida cristiana.

No creo que sea muy necesario insistir en que una cosa es la enfermedad mental y otra distinta la vida espiritual. Uno puede ser una persona muy religiosa y, sin embargo, sufrir una enfermedad mental. Uno puede llegar a ser un santo y a pesar de ello comenzar a sufrir una patología psiquiátrica. O incluso santificarse en la enfermedad. Dejando claro, por tanto, desde el principio la diferencia que hay entre la mente y el espíritu, quiero al mismo tiempo profundizar algo más en la relación tan íntima que existe entre la vida espiritual y la salud mental.

La vida espiritual cristiana influye del modo más benéfico que nos podamos imaginar sobre la salud mental. La obediencia a los diez mandamientos, la sumisión de la voluntad a las mortificaciones que la Iglesia ha dispuesto para sus fieles, la práctica de la mortificación y de la penitencia suponen una verdadera escuela de fortalecimiento de la voluntad. La voluntad se fortalece, se acostumbra a imponerse sobre los movimientos desordenados que subyacen en todo ser humano. Esas pasiones desordenadas abandonadas a sí mismas, sin una voluntad que las controle, son la semilla de pulsiones que pueden arrastrar a la psique a verdaderas patologías que con el tiempo se vuelven incontrolables.

En el momento que los enfermos llegan al despacho del psiquiatra, esas pulsiones sí que son fuerzas ya ingobernables para el sujeto que las padece. Ésa es la razón de que el que las sufre pida ayuda al médico: la imposibilidad de un dominio. Pero al principio, años antes, sí que en la mayor parte de los casos esas mismas pulsiones (antes de llegar a serlo) habían sido tendencias controlables a través del consejo del sacerdote en el confesonario y de la acción de la gracia del sacramento del perdón.

Todos los sacerdotes que ejercemos el sagrado ministerio de la confesión sabemos que hay penitentes que si durante años y años no hicieran continuos actos de arrepentimiento, si no estuviera la voluntad de ellos conteniendo día tras día esas bajas inclinaciones, si se abandonaran a esos instintos, esas pasiones se transformarían en fuerzas destructoras de la persona en la que radican. Pero gracias al esfuerzo y a la acción de la gracia, lo que con el tiempo se hubiera transformado en una fuerza obsesiva se queda en una mera tendencia contra la que el sujeto lucha semana tras semana. Teniendo la impresión de no avanzar, de no vencer, desmoralizándose a veces, pero inconsciente de lo que hubiera sido su futuro sin ese esfuerzo y esa lucha.

Muy por el contrario de lo que afirma una buena parte de los psiquiatras, la represión de las pasiones no es fuente de enfermedad sino el medio por el que se fortalece la voluntad. La voluntad, como un músculo, debe ser robustecida y consolidada a través de repetición de actos en todo ser humano. Las pasiones, cualquiera de ellas y muy especialmente la sexual, sin control, se trasforman en fuente creciente de insatisfacción. La insatisfacción no nace de la represión, sino de la pasión. Uno podría pensar que cuanto más satisfagamos una pulsión más aquietado quedará ese apetito. Pues no. Todo lo contrario. Cuanto más exacerbado e incontrolado sea un impulso, mayor será la insatisfacción, con independencia de que ese impulso obtenga más o menos veces la consecución de sus fines. Eso será indiferente. Cuanta mayor es la pasión, mayor es la insatisfacción. Por ejemplo, cuantas más medidas de seguridad toma un paciente con pánico a las arañas, más miedo siente a ellas. La insatisfacción de haber logrado una seguridad aceptable está en relación directa y proporcional a las medidas que tome. Cuantos más medios disponga para protegerse de las arañas, más insatisfecho estará de su seguridad. Cuanto más ceda a esa pulsión, más aumentará esa insatisfacción. Por mentar otro campo mucho más común en el mundo psiquiátrico, el más insatisfecho sexualmente, paradójicamente, será no el célibe, sino el ninfómano.

Este mismo mecanismo de la psique se puede trasladar a todo tipo de pulsiones. Desde el desaforado impulso de proteger en el síndrome de Munchausen por poderes, al impulso de huir de determinados espacios en la agorafobia o al impulso a satisfacer las fantasías sexuales de dominación. Pues la, aparentemente, más inofensiva pasión, miedo o impulso es una semilla de desequilibrio sin una voluntad que la controle. Por lo tanto el fortalecimiento de la voluntad es la primera tarea del psiquiatra a la hora de controlar los impulsos, y también es la primera tarea de todo sacerdote en la dirección de las almas. La practica de la penitencia corporal (ayunos, cilicios, disciplinas) supone el triunfo de la voluntad sobre las partes rebeldes de nuestra psique. La cruz frente a la insatisfacción. La cruz es la medicina que cura la no resignación, que sana la no aceptación de la situación real, que somete a la persona a sufrir por amor a Dios lo que sea, a aceptarse uno con todas sus propias limitaciones y a luchar contra esas partes negativas de un modo progresivo, optimista y continuado.

El mero hecho de tener que confesar los pecados es una fuente de higiene mental. El tener que confesar lo que más avergüenza, los secretos más oscuros de la mente, supone un proceso de autoeducación desde la infancia en orden a desnudar nuestra psique para someterla al juicio ajeno. Ya sé que la confesión es ante todo y sobre todo una gracia. Pero Dios podía haber otorgado esa gracia sin necesidad de confesar los pecados, como sucede en el bautismo. Mas el Redentor, conocedor perfecto de la mente humana y sus mecanismos, dispuso esta sanísima norma de salud psíquica: la confesión oral de los pecados con su número y especie. Cuanto más le cuesta a alguien desvelar esas intimidades, más necesitado está de su valor terapéutico.

Y si insisto en hablar de la confesión o los mandamientos o la penitencia corporal desde un punto de vista natural (y no sobrenatural), es para mostrar como las prácticas y enseñanzas de la Iglesia lejos de ser antinaturales, son el correctivo más adecuado para nuestra naturaleza, Pero como ya he dicho, además, está el aspecto de la gracia, mucho más importante.

Para los creyentes, la oración y los sacramentos son fuente invisible, diaria y poderosa de corrección de esos aspectos de nuestra naturaleza mental que se pudieran desviar. Y entre todos los medios con los que cuenta la Iglesia, sin duda, la comunión diaria, la recepción del Cuerpo de Cristo, es la medicina más grande que existe para la salud mental de cualquier persona sea cual sea su enfermedad. Si el contacto de Jesús sanaba a todo tipo de enfermos, también estos enfermos, los mentales, deben acercarse a Jesús en busca de la salud de su mente. Aunque la enfermedad tuviera un origen meramente químico, Jesús es médico de toda enfermedad.

Nuestro Redentor sigue sanando todo tipo de patologías. Pero lo explicado y el hecho de que Él sane, no significa que el origen de la enfermedad esté en lo espiritual. Los remedios espirituales cristianos (sacramentos, oración, buenas obras) nos merecen premio para la vida eterna, pero además constituyen una medicina para la mente. Lo cual no significa que esos remedios espirituales curen todo, ni mucho menos, ni que sustituyan a la psiquiatría, ni que las patologías psiquiátricas tengan su origen en el pecado o en el debilitamiento de la voluntad. No es eso lo que se ha dicho. A veces una afirmación es cierta, pero su reverso no lo es. Si es cierto que los sacramentos son fuente de salud, no es cierto que todo se cure con ellos. Si es cierto que el fortalecimiento de la voluntad es beneficioso para la psique, no es cierto que la debilidad de la voluntad sea la causa de todas las patologías psiquiátricas, por supuesto.

Uno es el campo de la enfermedad y otro el campo de la virtud. El santo puede volverse loco, el pecador puede estar sano como una manzana, psiquiátricamente hablando. Son campos distintos y diversos, aunque tampoco están incomunicados, sino por el contrario muy interconexionados. Esta conexión (y también su desconexión) queda patente si observamos que hay tres grupos de enfermedades si atendemos a su origen:

FISIOENFERMEDADES MENTALES:

Aquellas de origen químico o biológico

Son aquellas enfermedades que tienen un origen material y meramente material, no olvidemos que el cerebro es un órgano. Un desequilibrio químico o biológico de esas células basta para estropear esa máquina de producir pensamientos y que el pensamiento que produzca desde entonces esté viciado. Sin duda, por citar un solo ejemplo, la esquizofrenia paranoide sería una enfermedad típica de este apartado

PSICOENFERMEDADES MENTALES:

Aquellas de origen psíquico

Son aquellas cuyo causa en vano la buscaremos en el órgano físico, sino en el inmaterial funcionamiento de la mente. Por ejemplo, un trauma que genera una fobia es una enfermedad típica de este apartado.

PNEMOENFERMEDADES MENTALES:[26]

Aquellas de origen espiritual

Son aquellas que tienen su origen en una pasión desordenada. Es decir, su origen está en algo que nada tiene de patológico y cuya carácter morboso reside en haberse impuesto lentamente sobre la voluntad de un modo tiránico. Se trata de algo de una etiología que no tiene ningún misterio desde el punto de vista de la psiquiatría y que es un mero y simple acto éticamente desordenado. Pero ésta repetición de actos, sin una voluntad que oponga resistencia, llega a mostrar carácter patológico. Un ejemplo de esto es el ludópata o el obseso sexual.

---

26 El término "pnemoenfermedad" se contrapone al término "psicoenfermedad", el "pneuma" (espíritu) frente a la psique.

Ni que decir tiene que buena parte de las psicoenfermedades mentales se atenuarían muchísimo con una vida espiritual que sería una fuente de salud mental y de contención de los aspectos desordenados de esa psique. El origen de las psicoenfermedades mentales puede radicar exclusivamente en la psique (con total independencia de la vida espiritual de la persona), pero esa vida cristiana supone el mejor escenario mental para regular de nuevo esos aspectos psíquicos desordenados.

Incluso las personas que padecen una bioenfermedad mental sobrellevarían con mucha más paz y resignación esa cruz si fueran personas fervientemente religiosas. Por ejemplo, un paranoico, aun delirando, podrá recurrir al apoyo de un Dios Padre que le protege frente al enemigo que está conspirando. Incluso el esquizofrénico frente a la imagen alucinatoria de una serpiente suelta en su casa, podrá recurrir a la idea confortadora de una plegaria a la Virgen María que le protegerá.

Las pnemoenfermedades mentales tienen su origen y causa inicial en un campo meramente espiritual, en un vicio por hablar claro, también estos enfermos encontrarán no sólo ayuda en la psiquiatría, sino que en la mayor parte de los casos será necesaria esa intervención de especialistas psiquiátricos, pero al fin y al cabo hay que poner orden en ese alma. Y mientras no se ponga orden, el origen de ese desorden mental permanecerá. Y ese orden tiene que ver más con la paciente y artesanal labor de un confesonario (aunque la haga un psiquiatra), que con la fría labor de un médico-técnico que aplica un fármaco o que pone en práctica una terapia experimental recién traída de una universidad de Helsinki.

El origen de la enfermedad mental siempre es uno de estos tres, no puede haber más orígenes. No obstante, hay que tener en cuenta que una pnemopatología mental en la medida es que sea más profunda irá implicando más desórdenes de otro tipo en el campo de la psicopatología mental. Dicho de otro modo, un vicio cuanto mayor es, si llega a constituirse en enfermedad mental (pnemopatología), acaba produciendo psicoenfermedades mentales. Es decir, una pnemoenfermedad se va ramificando hacia otras partes de la psique y mostrando nuevos rasgos que nada tienen que ver con el origen espiritual de la patología que desencadenó el proceso de desestructuración de la psique. Al final todo está enmarañado y es difícil discernir dónde comienzan las ramas y dónde el tronco. Pero en las pnemoenfermedades el tronco fue un desorden de carácter inicialmente moral. También en la consulta de un psiquiatra lo que más puede llamar la atención puede ser una fobia o un complejo, pero como en el que caso de las ramas de un árbol la enfermedad troncal puede ser algo menos vistoso que la fronda. Lo malo de las enfermedades psiquiátricas, es:

1) Que en estos casos las ramas, una vez formadas, tienen vida propia aunque cortáramos el tronco.
2) Que nunca queda muy claro donde acaba una rama y empieza un tronco. Por el contrario todo parecen ramas interconectadas sin tronco alguno.

Por ejemplo, una persona decide no poner ninguna traba a la búsqueda de la satisfacción sexual, en esto no hay nada patológico. Pero al cabo de unos años no sólo se abandona sin restricción ninguna a una búsqueda del placer sexual sino que comienza a buscarlo de modo desaforado. En un tercer paso esa búsqueda del placer le lleva a buscar objetos cada vez más extraños que sacien ese ansia. La búsqueda de objetos cada vez más retorcidos, cada vez más alejados de la razón natural, comienza a presentar desviaciones ya muy innaturales. Esas desviaciones van comprometiendo otros ámbitos de contención moral, comienza a nacer un sentimiento de culpa cada vez más dañino. No es la culpa que lleva al arrepentimiento y a la enmienda, sino que es la autoinculpación cada vez más intensa, cada vez más lesiva del que se siente irreformable. El sentirse irreformable le lleva a tener una concepción de sí mismo cada vez peor, cada vez más infame, nace otra ramificación patológica de la enfermedad troncal. La enfermedad troncal al mismo tiempo le lleva a temer ser descubierto, ese temor cada vez más incontrolable desemboca en otra nueva enfermedad, una fobia social que se manifiesta ante situaciones muy específicas en las que se siente descubierto por los demás en la otra faceta oculta de su ego oscuro, ya tenemos una fobia además de un patológico sentimiento de culpa. De la combinación de la autoinculpación con esa fobia específica puede nacer la imposibilidad de ver fotos de cuando era niño porque ve en esa imagen inocente una reprensión hacia su actual forma de ser, etc, etc.

El mundo de las ramificaciones patológicas es casi infinito. Esto sólo era un ejemplo. Hay patologías que se originan a pesar de la vida que uno lleve. Pero hay otras muchas, la mayoría, que atajadas desde el principio el efecto dominó subsiguiente hubiera quedado abortado.

Hemos de entender que no es negar la ciencia psiquiátrica el afirmar que con una vida moral sana la mayor parte de las enfermedades se quedarían en meras tendencias contra las que el sujeto debería luchar y nada más. Hay que aceptar que la mayor parte de las patologías mentales en su origen y principio (antes de consolidarse como verdaderas patologías) no requieren de complicados métodos, ni terapias conductuales, ni de nada especial, para reprimir estas semillas peligrosas de la psique.

Por supuesto que cuando el enfermo llega al psiquiatra ya no puede resistir aunque quiera, pero en un principio sí que podía. Dicho de otro modo, la enfermedad no se desarrolla no porque no pueda resistir, sino que no puede resistir porque ha dejado que se consolide como enfermedad.

Como se ve si tuviéramos que resumirlo todo diríamos que los viejos manuales de confesores contenían una ciencia psicológica muy profunda, eran verdaderos manuales de salud mental. Mientras que Freud con su verborrea revistió de términos científicos y complejidad lo que desde el principio había sido mucho más sencillo de lo que imaginaron. Porque el austriaco no entendió que lo que él creía que era causa de la patología, en realidad era efecto de un desorden espiritual. La pulsión no es la causa de la patología sino el efecto de un desorden anterior. Por lo tanto el especialista psiquiátrico en no pocos pacientes no ha de pasarse la vida apagando los fuegos de esas pulsiones, volverán a encenderse, sino que lo que debe tratar es de poner en orden toda la vida moral de la persona. Vida moral que forma como un edificio armónico, proporcionado, en el que todas las partes se sujetan entre sí. Vida moral en la que la persona refuerza su voluntad y se llena de alegría de vivir, vida moral sana en la que pide perdón de sus faltas, se siente perdonado y se esfuerza bajo una curativa dirección espiritual en luchar por acrecentar sus virtudes.

Esto que he dicho no anula las consecuciones de la ciencia psiquiátrica acerca del poder farmacológico sobre las patologías, ni lo que hoy día sabemos sobre el subconsciente, ni dejo de aceptar la verdadera complejidad que supone tener que bucear a menudo en la psique de la persona por sus pliegues y repliegues en busca de la combinación de causas que han desencadenado una morbilidad específica. No, yo no niego las consecuciones de la ciencia psiquiátrica. Lo único que digo es que esas consecuciones, esos esquemas, deben encajarse dentro de este otro esquema, deben encajarse dentro de esta panorámica general que he descrito. Esos mismos logros de la ciencia psiquiátrica pueden enfocarse de un modo y de otro. Y hasta los psiquiatras más materialistas, aquellos que sean más dados a no aceptar la tesis de una línea objetiva separadora del bien y del mal, deben aceptar que la posición de la moral cristiana es una enseñanza no sólo propiciadora de la salud mental, sino incluso totalmente terapeútica.

Por hablar de un modo más concreto, a mí que recibo muchos casos de supuestos posesos, cuando me llega un caso de esquizofrenia paranoide le digo claramente y sin ambages de ningún tipo que debe que ir al psiquiatra, que la solución a su caso debe esperarla en el campo médico. Pero al mismo tiempo que les explico que es necesario que continúen tomando sus medicinas, también les recomiendo que ellos mismos oren y den principio a una vida más cristiana, y acto seguido les doy consejos prácticos y concretos de qué hacer para empezar esa vida religiosa. Nunca pienso que la religión les va enmarañar más su paranoia. Quizá a alguien el mundo de lo religioso pueda suponer un poco de pábulo para su paranoia, un poco, pero también tendrá efectos salutíferos que compensarán ampliamente los problemas de la irrupción de una nueva temática psicótica en su ya trastornada vida.

Si la enfermedad tuvo un origen espiritual, pero ya ha derivado en otras patologías psiquiátricas, también les digo que vayan al psiquiatra. Porque aunque su origen al principio lo hubiera podido atajar un confesor, al final precisará de confesor y psiquiatra. No es fácil encontrar un confesor que sepa de psiquiatría. Pero sí que es más fácil que algunos psiquiatras hagan el paciente papel de director espiritual, y lo hagan bien.

Y en las enfermedades cuyo origen es físico les animo a que sobrelleven esa cruz. La vida es un tiempo de prueba antes de ver a Dios, "acepte esta prueba que el Señor ha permitido en su peregrinaje sobre la tierra", les digo. Un enfermo mental puede llegar a la santidad. Es más, la enfermedad mental muchas veces supone una terrible pasión.

Los enfermos mentales aunque su responsabilidad quede atenuada tienen vida moral. Y así hay enfermos mentales muy profundos que son muy buenos y los hay también malos, e incluso muy malos.

Lo escrito aquí es fácil de simplificar, lo que he dicho está lleno de matices. Ojalá que el mundo de la psiquiatría fuera simple, pero no, es complicado como la enfermedad misma que se trata de curar o paliar. Pero sin duda, hasta los más ateos de los psiquiatras, hasta aquellos que niegan de un modo más rotundo la objetividad de las normas morales, deberán reconocer que la claridad y sencillez del esquema de las enseñanzas cristianas poseen un carácter curativo, simplificador, tranquilizador y afianzador en medio de todas las complicaciones en las que se mueve todo desorden mental.

Sección VII

Cuestiones *quolibetales*

El problema (y la alegría) de un libro que se escribe a lo largo de años y se sigue mejorando en los años siguientes es que se va desarrollando como un organismo vivo. O, por seguir la comparación con que comienza la introducción de este libro, como una estructura arquitectónica a la que se van adosando otros ábsides, nuevos transeptos, más contrafuertes.

A esta edición de *Summa Daemoniaca* se añaden unas cuantas cuestiones más. Por tan pocas nos ha parecido bien no descolocar la numeración de las ediciones anteriores. Así que hemos colocado aquí agrupadas todas las nuevas cuestiones. Algún día (tal vez) irán colocadas en sus apartados respectivos a lo largo de este libro, de momento forman una especie de apartado de cuestiones quolibetales.

Cuestión 165

¿Un hombre Condenado en el infierno puede seguir queriendo a su madre?

La cuestión que se nos plantea aquí es si un condenado puede albergar algún tipo de afecto o cariño hacia algún ser querido del pasado. La respuesta, siguiendo las leyes de la lógica, no puede ser otra que afirmar que eso dependerá del grado de corrupción moral que albergue el corazón de ese condenado. Es difícil imaginar que uno pueda odiar a Dios que es tan bueno, y no odiar a un ser querido que, sin duda, es menos bueno que Dios. Pero esta situación ilógica se da en la tierra. Es decir, alguien puede odiar al Creador y, sin embargo, amar a su madre o a un hijo. Lo mismo sucede en el más allá. No obstante, si la corrupción del condenado es tanta, se llega a una situación en la que cada vez quedan menos cosas que se odien. Sin llegar a los estadios peores de degradación, fácilmente se encontrará que uno odia a todos, incluyendo el cosmos, e incluyéndose a sí mismo. La desesperación del infierno es tal, que no es fácil que ese odio no se haga universal. Aun así, no hay ninguna contradicción en que uno esté condenado y ame a alguna persona en particular, a una o a varias.

Cuestión 166

¿Sufre una madre en el cielo, viendo que su hijo sufre la condenación eterna?

La respuesta es paralela, sólo que a la inversa, a la de la cuestión anterior. Uno puede ser enteramente dichoso, enteramente feliz, y tener un cierto dolor por un ser querido condenado para siempre. Los dos sentimientos no son contradictorios entre sí. Pues aunque el amor procedente de Dios y el amor dirigido a Dios colme de felicidad al bienaventurado, eso no quita nada del amor que una madre siente por un hijo. La madre en el cielo será feliz, enteramente feliz, pero cada vez que se acuerde de su hijo, aun entendiendo que es justa su condena, aun entendiendo que ya nada se puede hacer, no podrá evitar dolerse de ese mal. Aunque cada vez que se acuerde, su voluntad estará tan conforme con la de Dios, tan conforme con el orden de las cosas, que será como una pequeña nube que se deshace de inmediato en medio de un cielo azul.

Cuestión 167

¿Qué significa y descendió a los infiernos?

El infierno es un estado. Cristo en el abandono de la Cruz sufrió el sufrimiento del infierno pero sin dejar de amar a Dios Padre. Su espíritu se sumió, especialmente en esas tres horas que pendió de la Cruz, en el estado de abandono de Dios, sintió plenamente, con toda intensidad, que le había dejado el Padre. Jesús no había abandonado nunca a su Padre, y ahora éste desertaba. Sin duda Satán le dijo una y otra vez que había vivido engañado. Que Él era sólo un hombre, un hombre que se había creído Dios, pero que era sólo humano. Los milagros, todo lo que creía haber hecho, era fruto de su locura. Estaba abandonado porque en realidad Dios era fruto de su imaginación. La realidad era esa: Roma, el poder de los oligarcas de Jerusalén, las bajas pasiones de la plebe. El resto era una fantasía.

Cristo en esos momentos experimentó lo que los santos sufren en un periodo de su vida: la noche del espíritu. Allí en la Cruz, se le concedió apurar el cáliz del sufrimiento humano también en esa dimensión. No dejó de amar, no dejó de ser fiel, no hizo ningún reproche, pero no mintió cuando exclamó: *Elí, Elí, lamá sabactaní.*

Él, la Verdad Suprema, no mintió, allí en la Cruz sufrió el abandono. Y no sólo padeció una carencia, sino también una presencia: la carencia de Dios Padre, la presencia del infierno en pleno. Todos los demonios, todos y cada uno de ellos, todos los ángeles caídos, estaban allí, presentes, disfrutando como pirañas sedientas de sangre de aquella escena horripilante de un hombre sangrante, asfixiándose, cubierto de heridas abiertas. Los padecimientos espirituales fueron mucho peores que los corporales: el cáliz de la Redención se estaba llenando. A través de sus sufrimientos toda la iniquidad del mundo, toda su perversidad, todos los pecados, hasta los más inimaginables, quedarían barridos como si una ola expansiva los arrastrara y fulminara como paja seca frente a una explosión nuclear.

El mal, todo el mal del mundo quedaba vencido sobre aquel madero.[27] El mal de miles de años pretéritos y miles de años venideros, sería ya para siempre incomparablemente menor que el amor.

27 ¿Por qué entonces si la victoria ha sido plena sigue existiendo el pecado y los pecadores? Pues porque, siguiendo el símil anteriormente propuesto, si uno recoge esa paja y se guarece en una gruta profunda para que esa onda expansiva de amor no fulmine esos pecados, entonces esa paja permanece incólume. Pero en cuanto uno deje de proteger ese material y lo entregue al amor de Cristo, quedará barrido completamente.

Hasta aquí se ha explicado el sentido espiritual de ese descenso a los infiernos. Pero también tiene otro sentido, escatológico. Y este segundo sentido es el primordial. En este sentido escatológico significa que el espíritu de Jesús fue a la morada de ultratumba donde estaban los justos para anunciarles la Buena Nueva y abrirles las puertas del Cielo.

Cuestión 168

**¿Cuáles fueron las moradas de los infiernos a los que descendió
Jesús tras morir?**

Infierno es "lo que está debajo". Con razón se dice en el Credo que Jesús descendió "a los infiernos" y no "al infierno", pues los infiernos a los que descendió Jesús fueron las moradas que estaban por debajo del cielo. ¿Qué moradas son éstas? Son las siguientes:

—el seno de Abraham, donde estaban las almas de los justos purificados de pena temporal, pero sin ver la esencia de Dios todavía. Esta morada ya no existe.

—el purgatorio, donde estaban las almas de los que se purificaban de su reato de culpa

—el limbo de las almas perdidas donde estaban los que habían muerto alejándose de la Luz, pero sin rechazar a Dios

—el infierno de los condenados, donde están los réprobos por toda la eternidad

Alguien podría preguntarse si el alma de Jesús descendió también al infierno de los condenados. La respuesta queda clara si entendemos que estas moradas de ultratumba no son lugares físicos, sino estados. Es decir, Jesús anuncia a los difuntos, a todos los difuntos, la Redención. Él no hace distinciones, ama a todos y habla a todos los que murieron. Lo que sucede es que los que han rechazado a Dios se alejan de Él, no quieren escucharle. Pero lo mismo que la predicación de la Buena Nueva aquí en la tierra se ofreció a todos los que quisieron escucharle, así también la proclamación de la Redención en el más allá es universal, aunque los que tomaron una decisión definitiva de rechazo contra Dios, sin duda, se alejaron.

Cuestión 169

¿Cómo protegerse de los ataques del demonio?

Ya se ha dicho que la oración, las buenas obras, la vida espiritual es lo que protege como una armadura, como una coraza, contra los ataques del Maligno. En este sentido no es necesaria una oración específica, sino cualquier oración. La gente a veces busca oraciones muy determinadas (y a veces repetidas de un modo preciso) como trasplantando la mentalidad mágica a la relación con Dios. En realidad, estrictamente hablando, y aunque yo siempre aconsejo oración, hay que tener claro que ni siquiera es la oración la que protege: es Dios quien lo hace. De forma que la práctica de la limosna, las obras de misericordia, todo aquello que nos llena de esa luz espiritual que llamamos la gracia de Dios, la gracia santificante, es lo que mueve a Dios a que derrame más bendiciones sobre nosotros, además de hacernos al mismo tiempo más desagradables nosotros mismos como morada al demonio.

Por supuesto que ante un peligro determinado que tenga que ver con este campo demoniaco, invocar a San Miguel es sumamente efectivo. Con llamarle una sola vez con fe, él viene siempre. Y viene a protegernos. Pero aunque San Miguel haya recibido un encargo especial de Dios con respecto al demonio, uno puede llamar al ángel custodio, a otro santo o a Dios directamente. Vuelvo a insistir en que en este tema de la lucha con el demonio lo importante es lo esencial, no lo accidental. Aunque tampoco haya que despreciar lo accidental.

Afortunadamente hay que considerar también que al lado de personas muy alejadas de Dios, hay muchas veces una madre o una abuela que ora a Dios cada día por ese hijo o ese nieto. Esas madres o abuelas hacen la función de Virgen María en esa familia. Extienden su manto de oración sobre todos los miembros de esa casa. Son como la Virgen María de esa familia. La misma misión que hace la Madre de Dios sobre toda la Iglesia, la hacen ellas sobre esos pocos familiares. Digo “ellas” pues casi siempre son mujeres.

A las personas que quieren protegerse de los ataques de los demonios también quisiera recordarles algo que decimos en la misa cada día al comulgar: *Señor, no soy digno de que entres en mi casa.* Fuera de la misa, si oramos a Jesús, éste nos escucha. Pero en la misa, al comulgar, Jesús penetra en nuestra morada corporal. Es como si el cuerpo fuera una casa, donde Él entra. No hace falta decir que es la contraposición perfecta de la posesión. Nada es tan quebrantador de las ataduras de la posesión o de la influencia demoniaca como la recepción del Cuerpo de Cristo.

Bajo las alas de nuestro ángel custodio, bajo el manto de Nuestra Bendita Madre, con Jesús entrando cada día en nuestro corazón, ¿quién teme al demonio?

Cuestión 170

¿Se condenó Judas Iscariote?

Esta cuestión parece baladí, pero encierra una profunda y terrible enseñanza. La Iglesia ha afirmado de muchos que se han salvado, pero nunca ha afirmado de nadie que se hubiera condenado. Sin embargo, muchos teólogos consideran que Judas es una excepción, pues Jesús dijo de él *más le hubiera valido no haber nacido* y también lo llama *hijo de la perdición.*

¿Qué enseñanza se esconde detrás de estos dos versículos de la Palabra de Dios? Ningún versículo es inútil, todos contienen una enseñanza. Aquí, en mi opinión, Jesús nos quiere advertir que la condenación eterna no es sólo una hipotética posibilidad tan remota como casi imposible, sino algo que desgraciadamente sucede. Si Judas se salvó, le valió la pena haber nacido. La única posibilidad por la que a alguien no le vale la pena haber nacido, es la de la condenación. Por más vueltas que se le de a este silogismo, no tiene salida. Si Judas se salvó, valió la pena que naciera.

Judas estuvo muy cerca de Jesús. Jesús charlaría muchas veces con él a solas, tocándole el corazón, advirtiéndole, pidiéndole que rectificara. Pero Judas resistió en el mal. Y acabó robando, tal cosa está contenida implícitamente en el Evangelio cuando se dice que protestó por un dinero dado a los pobres y el evangelista añade "No decía esto porque le preocuparan los pobres, sino porque era ladrón, y como tenía la bolsa, se llevaba lo que echaban en ella" (Jn 12, 4-6). Muchos han querido hacer de Judas un héroe, un verdadero creyente que cometió su traición para que Jesús se manifestara, que le entregó sólo con la ilusión de que Él se desvelara por fin con todo su poder. Un mártir para que asumió el oprobio de la traición para que el Mesías se manifestase. Desgraciadamente podemos razonablemente pensar que sus fines fueron más viles, era un ladrón. ¿Deberemos obviar el hecho de que además lo entrega por dinero?

Judas Iscariote es el recuerdo para todos los sacerdotes de que no se puede ofender una y otra vez al Señor pensando que él está obligado a perdonar. Del único que afirma Jesús que más le valiera no haber nacido, es justamente de uno de los que estuvieron más estrechamente ligado al que traía la salvación. Judas es el recuerdo perpetuo de que estar más estrechamente ligado al servicio de Dios conlleva una mayor responsabilidad.

Cuestión 171

¿Por qué los demonios usan los sentidos corporales cuando poseen a alguien?

Sobre este asunto no tengo respuesta y me limito a constatar el hecho. Esta es una cuestión en la que ofrezco una pregunta, pero no la respuesta. El hecho es que un demonio dentro de un poseso siente, por ejemplo, que el sacerdote le está aproximando un crucifijo, pero cuando le tortura es cuando se lo coloca sobre su cuerpo. ¿Por qué la reacción se produce al colocarlo sobre el cuerpo y no antes? ¿Por qué un demonio que es un ser espiritual, incorpóreo, siente que el agua bendita le atormenta cuando ésta es rociada sobre la corporalidad del poseso, y no por el hecho de estar cerca?

¿Por qué el demonio se retuerce de horror y brama cuando se le ordena que mire una imagen de la Virgen María, y no siente ese horror cuando tiene los ojos cerrados? Hemos comprobado infinidad de veces que el demonio siente la tortura de las cosas sagradas a través de los sentidos corporales del poseso: al oler el incienso bendito, al tocar algo, al oír algo, al ver de improviso algo que no esperaba.

Incluso añadiré que si se provoca un fuerte dolor imprevisto en el cuerpo del poseso, hay muchos posesos (no todos) que salen del trance al momento. Si los mocos le caen de la nariz, o le pica una parte de cuerpo, algunas veces el poseso en medio del exorcismo se limpiará esa parte del cuerpo o se rascará como si no hacerlo le pusiera nervioso. Es como si el demonio al usar esa corporalidad, sintiera a través del sistema sensitivo de ese cuerpo, y lo que molestara a ese cuerpo le molestara a él. No es frecuente esto de que un poseso se limpie o se rasque, pero a veces en casos indudables de posesión en mitad del exorcismo ha sucedido.

A esto habría que añadir, ¿por qué los espíritus salen muchas veces con una expiración por la boca o la nariz? Al no tener cuerpo deberían poder salir por cualquier parte del cuerpo. Y, sin embargo, muchos es evidente que salen de ese modo.

Que los demonios usan el cuerpo de la persona para sentir parece claro. Pero es interesante observar que también usan ese cuerpo para manifestar los sentimientos. Es decir, involuntariamente en medio del exorcismo el demonio que posee ese cuerpo manifestará su dolor, su ira, su alegría a través de gritos, lágrimas o risas malignas. Yo pensaba que esto podía ser sólo un medio voluntario de expresión; pero no. Por ejemplo, el demonio (quiera o no quiera) llora a través del poseso. El demonio puede no querer manifestar su presencia, y sin embargo al final del exorcismo acaba manifestando su sufrimiento a través de la corporalidad de ese poseso. Incluso se le escapan frases típicas como "ya no puedo más", "me marcho". La respuesta a este hecho constatado lamento no poder ofrecerla.

Cuestión 172

¿Odia el demonio a los judíos?

El demonio odia a los judíos[28]. La razón de esto es muy simple, los ángeles caídos odian todo aquello que es sagrado y todo aquello que tiene una relación con la religión. El pueblo judío fue fundado por Dios directamente. Es un pueblo creado por el Altísimo para entregar su revelación al mundo. Y aunque según nosotros las bendiciones del pueblo de la segunda alianza (el pueblo cristiano), son superiores al pueblo de la primera (los judíos), no por eso les han sido arrebatadas las bendiciones con que Dios les dotó. Todas esas bendiciones siguen presentes, por eso allá donde van prosperan. Siempre perseguidos pero siempre prosperando.

La razón de que vayan a donde vayan sean siempre perseguidos está en el furor del demonio que siempre está presto a crear a incitar el odio contra ellos. Pero nadie podrá contra ellos, es un pueblo destinado a pervivir hasta el fin del mundo. Ellos son el recuerdo viviente de la alianza de Dios con los hombres representados en Abraham. Son indudablemente un pueblo elegido. Siempre combatidos, pero nunca vencidos.

La razón de esta persecución constante es que la valla que protegía a este pueblo se ha levantado desde la muerte de Cristo en la Cruz. Desde ese día, las bendiciones siguen, pero la valla que les protegía contra el furor del demonio ya no está alrededor de ellos. Por eso tras la muerte de Nuestro Señor, Jerusalén fue arrasada, el Templo destruido y el pueblo judío vendido como esclavo y disperso por todo el imperio romano.

Están condenados a sufrir las insidias del demonio hasta el fin de los tiempos, pero no serán vencidos. Están condenados a sufrir la persecución, pero vayan donde vayan prosperarán porque las bendiciones de los patriarcas continúan sobre ellos.

Lamentablemente algunos cristianos sufren de una manía visceral a los judíos, ellos no lo saben pero esa manía es una semilla plantada por el sembrador de la iniquidad. Muchos escudan esa manía a ese pueblo con la excusa de que se debe a la política del

28 Hago notar que el pueblo judío no es el Estado de Israel. Yo en estas líneas hablo del pueblo, no de un país concreto.

Estado de Israel. Pero no se dan cuenta de que hay algo más. Unas veces se les ha tenido manía por su prosperidad económica, otras porque sus costumbres eran distintas, ahora es por el Estado de Israel. El antisemitismo no es una reacción espontánea a algún hecho, es una constante incitación diabólica que si pudiera los barrería de la faz de la tierra. Porque ellos, su mera existencia, día tras día, le recuerdan una y otra vez esa alianza, esas bendiciones, esa imposibilidad de poder vencer los designios de Dios. La mera existencia de la progenie de Abraham en medio de la humanidad es el recuerdo constante del Antiguo Testamento a todos los hombres.

Cuestión 173

¿No hay peligro de soberbia para el exorcista?

Sí que lo hay y muy grande. Es un ministerio que si se practica de forma habitual se ejerce en medio de la admiración generalizada, del agradecimiento más profundo por parte de los liberados y de la visión manifiesta del poder del Altísimo a través de los ritos. Por otro lado, el ejercicio continuado de este ministerio da un conocimiento del demonio muy especializado, muy profundo, que no se puede aprender en ningún libro, ni escuela, más que en la escuela de la lucha directa con el demonio.

Para compensar esto, Dios suele permitir que el ejercicio habitual de este poder vaya acompañado de la incomprensión de muchos ordenados *in sacris*. Y así el exorcista tendrá que trabajar toda su vida en el justo medio entre dos puntos: entre la admiración y el agradecimiento más profundo de unos, y el desprecio y la persecución más agria por parte de otros.

Cada exorcista tiene a muchos sacerdotes que le consideran un loco, un iluminado, un visionario, un peligro para la fama e imagen de la Iglesia. Y desgraciadamente no conozco a ningún exorcista que no haya tenido que padecer durante un tiempo de su vida (a veces años) el empeño de grupos de sacerdotes empeñados en hablar con quien sea, en mover todos los hilos que haga falta, para detener ese "escándalo". Además, los que te atacan lo hacen "por el bien de la Iglesia".

Y no se piense el que sea nombrado para ejercer esta misión que esa persecución durará sólo un tiempo hasta que vean los frutos y la sensatez con que actúa. No importa la sensatez con que se ejerza. La persecución vendrá movida por Satanás sin necesidad de causa alguna.

Quiero insistir en que la burla e, incluso, la persecución de los exorcistas, no es algo que sucede alguna vez, sino en cada uno de los nombrados para esta función. Dios quiere que este ministerio se ejerza siempre desde la cruz[29]. Si uno no está dispuesto a sobrellevar esa carga, que no tome sobre sí este ministerio.

Cuestión 174

¿Algún día habrá un número suficiente de exorcistas?

Muchos se desesperan ante la carencia de exorcistas. Los que se desesperan consideran que vivimos un tiempo excepcional en que la falta de fe ha provocado esta situación de increíble escasez.

Dos milenios de existencia de la Iglesia han dejado claro que este ministerio no sólo se ejerce de modo excepcional, sino desgraciadamente en una mínima parte de los casos que necesitarían de este ministerio. La mayor parte de los posesos viven y mueren posesos. Y eso fue así antes de Cristo y también después. Los posesos o pueden sobrellevar una vida normal, o quedan aislados en

---

29 Esto es así incluso en los grandes exorcistas más reconocidos por todos. Si alguno piensa que, por ejemplo, el exorcista de Roma, el padre Gabriele Amorth, por el hecho de ser el exorcista de la diócesis del Santo Padre, está a salvo de esta persecución está equivocado. No hay excepciones. Los santos exorcistas fueron admirados por todos sólo después de muertos, en vida por todos no. Un exorcista será perseguido tanto por los enemigos de la fe, como por sus hermanos sacerdotes. Y más cosas podría decir sobre esta persecución que me callo.

Pero también quiero dejar claro que por más que algunos persigan, bramen y aúllen, y se muevan poderosas fuerzas jerárquicas para detener la acción del hombre de Dios, al final el Altísimo hace que todo se quede en mero ruido y sufrimiento del exorcista. El exorcista sufre, pero el ministerio continúa año tras año.

Además, una vez que se abre en una diócesis la puerta a este ministerio ya continúa hasta la muerte del exorcista. En este ministerio, una vez que se abre la puerta, ya no se cierra.

Una vez que muera el anciano exorcista, el que sigue ve las cosas de otra manera, ya no tiene tanto tiempo, tiene más ocupaciones, etc, etc. Hay que aceptar que las cosas son así

casa atendidos por familiares o han acabado en centros psiquiátricos a lo largo de la historia o se han suicidado.

Cristo entregó este poder y esta autoridad sobre los demonios, pero su ejercicio siempre ha sido excepcional, muchas menos veces de lo que hubiera sido preciso. Pero ello no por culpa de nadie, normalmente, sino porque salvo en los casos muy claros y patentes son muy pocos los sacerdotes que pueden llegar discernir cuando algo tiene o no una invisible causa demoniaca.

Además, el ejercicio de este poder sobre los demonios suele venir unido a una persona. Es decir, sólo los sacerdotes que alcanzan un determinado nivel de conocimientos sobre los demonios son los que exorcizan de forma habitual. Si nos fijamos en las vidas de los santos, veremos que en cualquier siglo y lugar apenas había exorcismos, pero que alrededor de los santos sí que afluían los casos de posesión. Parece como si los posesos instintivamente se encaminaran en busca de los hombres de Dios que puedan liberarles de su mal. Pero no es el instinto, es Dios quien los encamina. Pero muerto el santo su puesto en el ministerio no es reemplazado por otro. Esa ha sido la triste realidad.

Así que en los siglos futuros sucederá como en los pretéritos, muy de vez en cuando se seguirá exorcizando en cualquier lado los casos patentes. Pero el ejercicio continuado de este ministerio estará unido a personas determinadas, cuya ciencia morirá con ellos. La experiencia, la caridad con los posesos y los dones sobrenaturales morirán con el exorcista.

He dicho dones sobrenaturales porque cuando uno ejerce este ministerio durante decenios, no es infrecuente que Dios conceda gracias que constituyen verdaderas armas para luchar esta batalla invisible. Pero esto depende de la voluntad de Dios, unos reciben esas gracias y otros no aunque se dediquen muchos años.

Cuestión 175

¿Qué hacer si un obispo se opone a este ministerio?

Una de las preguntas que más me formulan de muchos lugares del mundo es qué hay que hacer si un obispo no quiere ni oír hablar de este tema. Pues en esos casos hay que hacer tres cosas:

— orar por que Dios abra los ojos al obispo

— someterse a su autoridad

— oraciones privadas por el supuesto poseso

Si oramos por un poseso, por qué no vamos a orar porque Dios abra los ojos al prelado sobre este punto concreto en que puede haber un obstáculo interior personal o teológico. Hay gente que está dispuesta a emplear las horas que haga falta porque un poseso sea liberado, pero no esa misma gente no suele ser tan proclive a usar tiempo en la oración para que se comience este ministerio en una diócesis. Los comienzos siempre suelen ser problemáticos por las personales concepciones que cada sacerdote tiene del tema.

Después de orar por la jerarquía, hay que someterse a su autoridad. El momento de Dios llegará. A veces llega meses después, a veces tras años. Mientras tanto se puede llamar a la puerta de otra diócesis.

Mientras no se logra nada ni en la propia diócesis, ni en otra, a veces pasa mucho tiempo. Así que un grupo de laicos pueden reunirse a rezar oraciones privadas estando presente el poseso. Se puede rezar el rosario, leer la Biblia, incluso pedir a Dios en voz alta que ayude a la persona en lo que Él vea que ella esté necesitada. Haciendo esto, la hora de Dios llegará, sin duda.

Sea dicho de paso, el que un obispo consciente y deliberadamente niegue el exorcismo a un fiel que lo necesita es una omisión que supone pecado mortal *natura sua*. Negar este derecho es una acción malvada, pues es una acción muy grave que se toma fríamente y no por debilidad. Y aunque ese obispo haya construido muchas parroquias, levantado seminarios y se haya desgañitado predicando miles de horas, su malvada acción le estará esperando hasta el día del juicio. Y aquel día, Cristo le dirá: "yo estaba en ese poseso".

Y aunque ese prelado confundido responda que ha levantado muchos tempos, predicado en muchos lugares y gobernado grandes archidiócesis. Cristo le podrá responder con toda justicia que esas cosas se pueden hacer para la propia gloria.

Cuestión 176

¿No podría Dios amnistiar a los condenados al infierno como un acto de mera gracia?

La amnistía se ha dado ya, el año de gracia ya ha sucedido y está sucediendo. Hace dos mil años se concedió un Año de Redención cuyos efectos se derraman sobre el pasado y el futuro. Los condenados son los que no han aceptado al final ni siquiera la amnistía. Es decir, cada ser humano al morir ha podido beneficiarse de los efectos de esa Redención de sus culpas, a través de las gracias que llevan al arrepentimiento. La amnistía no ha llegado a los que no han pedido perdón ni siquiera al recibir esas gracias de contrición que les mereció el Salvador con su dolorosa pasión.

En este caso de la salvación personal, la amnistía no podía ser algo meramente externo, debía ser aceptada, porque el pecado no es algo externo, sino una deformación de la voluntad. No se puede conceder ese perdón si la voluntad no lo acepta. El perdón de Dios requiere ser aceptado. Se trata de una amnistía que requiere de aceptación para poder ser aplicada. Aunque la amnistía se ganó en un momento dado de la historia, sus efectos se aplican incluso a los que vivieron antes de Cristo. Efectos recibidos en forma de gracias al morir. Pero como se ha dicho, las gracias ganadas en la Cruz deben ser aceptadas.

Y algunos no la han aceptado no con un acto puntual, sino con un inamovible estado de la voluntad. Hay que considerar que son ellos los que no quieren ver a Dios. El cielo no está rodeado de muros. Los espíritus se trasladan a la velocidad del pensamiento sin que obstáculo pueda detenerlos, no hay muros en el cielo. El abismo que separa cielo e infierno es el abismo que hay en los espíritus réprobos: un abismo de odio.

Arrojar ese abismo de odio en medio de la presencia de Dios supondría como arrojar a un poseso en medio del agua bendita y ponerlo en contacto con crucifijos bendecidos. Sería como arrojar un témpano de hielo en el centro del sol. La amnistía se produjo ya y, sin embargo, ellos optaron por la oscuridad.

Sólo el propio yo puede autorreformarse con la ayuda de la gracia. El mal de esos seres personales no es como una perla dentro de una ostra. Sino que es un modo de ser que transe todas sus potencias intelectuales y volitivas configurando una personalidad, un yo propio e induplicable.

Antes he dicho que hacer contemplar a la fuerza a un condenado la esencia de Dios sería como arrojar un témpano de hielo en el centro del sol. El problema de ese de hacer eso, hipotéticamente, es que un réprobo es un trozo de hielo eterno. La contemplación eterna por parte de un réprobo de aquello que odia con todas sus fuerzas sería un acto de tortura, sólo le haría sufrir. ¿Cómo el bien puede producir sufrimiento? Esto es como la situación del rencoroso y vengativo que odia con todas sus fuerzas, si esa persona recibe un bien, un acto sincero de caridad, de parte de aquel al que odia, ese acto de amor todavía le llena de más rabia. Más actos de amor no le harían cambiar, porque lo que ha de cambiar es un estado permanente y desordenado de su voluntad. Ver la esencia de Dios sería una tortura, sería como caer en medio del fuego del amor para los que ya sólo son hielo eterno y desean seguir siéndolo.

Cuestión 177

¿No podría Dios acabar con la existencia de los condenados por un acto de su divina misericordia?

Una vez que hemos examinado la posibilidad de mantener el ser y quitar la pena, nos queda por examinar si sería preferible quitar directamente el ser.

Por su omnipotencia podría hacerlo. Pero por amor no lo hace. Alguien podría decir que es mejor dejar de sufrir que sufrir toda la eternidad. Pero los condenados tampoco sufren de modo intenso en todos y cada uno de los momentos del evo, en todos y cada uno de los actos de su voluntad y entendimiento. Sí que existe un sufrimiento continuo, como un sufrimiento sordo, proveniente del desorden de su ser. Pero el sufrimiento más o menos intenso procedente de los actos de su entender y su querer, experimenta altibajos y en ocasiones no sufren.

El ser siempre es un bien, aunque se sufra en muchos momentos. Quitarles el ser sería quitarles el poco bien que poseen. Un bien unido a muchos males, pero bien al fin y al cabo. He dicho "poco bien que poseen", pero eso no es del todo exacto porque existir siempre es un bien inmenso. Sin duda alguna existir de un modo finito, es un bien finito. Pero existir indefinidamente, supone un bien infinito. Un bien finito en cada momento, pero infinito en su totalidad. Parece increíble, pero Dios concede un bien infinito in quantitate a los condenados. Por eso Dios no les quita lo poco que tienen, esto es, el ser. Tal cosa es "poco" si lo comparamos con los bienaventurados, "mucho" si lo comparamos con la nada. Como se ve, Dios es extraordinariamente generoso con todas sus criaturas, incluso con los condenados. No es un Dios que se recrea en la contemplación de su infinita justicia, no es un Creador que mantiene en el ser el sufrimiento en estado puro. Meditémoslo y nos daremos cuenta de que un sufrimiento perfecto, constante y puro no valdría la pena ser mantenido en el ser. Pero porque también los condenados al infierno gozan de las satisfacciones naturales de las potencias inherentes en su ser, son mantenidos en la existencia[30].

30 ¿Cómo se conjuga esto con las palabras de Jesús en que dice de Judas que "más le valiera no haber nacido"? Pues francamente no lo sé. Para mí esto ha sido como un problema matemático al que todavía le sigo buscando la solución. Metafísicamente está claro que más vale existir sufriendo que no existir. Además, Dios no mantendría en el ser algo si no valiera la pena. La existencia de condenados después del Juicio Final ya no sirve ni de enseñanza moral o teológica a los viadores, pues ya no habrá viadores. Los bienaventurados viven ya inmersos en el gozo de Dios y de Él pueden aprenderlo todo sin necesidad de que otros sufran eternamente para enseñanza de los justos. ¿Para qué entonces mantenerlos en el ser? La única solución es la anteriormente explicada: el existir es un bien preferible al no existir.

Cuestión 178

¿Si se arrepintiera ahora mismo el demonio sería perdonado?

Sin duda, ¿por qué no podría ser perdonado? Podría hacer una intensa penitencia de millones de años para purificarse de su mal. Dios lo puede perdonar todo. No hay pecado que no pueda perdonar. El problema de la condenación es un problema de la voluntad. La condenación es eterna porque la voluntad ya se ha determinado de forma eterna. Por eso habla el Redentor de un pecado entre todos los pecados que no se puede perdonar. Y una vez que eso sucede ya no hay marcha atrás. Y es absolutamente imposible esa marcha atrás porque Dios después de muchos intentos ya no sigue enviando más gracias para evitar que siga endureciéndose más y más en el mal. Si le siguiera enviando esas gracias, ellas le producirían un remordimiento. Y cada vez que se resiste un remordimiento (un remordimiento adecuado a la medida del endurecimiento que se ha de superar) se desciende otro grado en el camino del mal. Por eso Dios cuando ya pierde la esperanza sobre el destino eterno de alguien, no sigue enviando más gracias. Para evitar que siga descendiendo más y más en la escala de ese abismo.

De manera que se puede aseverar con toda verdad que nada impide el arrepentimiento de cualquier demonio, por malo que sea, salvo su propia voluntad. Pero también es cierto que nunca, jamás, por ninguna razón, ningún demonio ni alma condenada se arrepentirá. Pues sin gracia es imposible el más pequeño arrepentimiento. Y ellos no recibirán esa gracia pues ya han tomado su decisión. Como se ve el círculo se cierra, se cierra alrededor del infierno que es cada espíritu maldito por la eternidad.

Cuestión 179

¿Toda la ciencia sobre el demonio se contiene en este tratado?

No creo que sea aventurado afirmar, con toda prudencia, que quizá, tal vez, puede que no. Tal podría, me imagino, ser la délfica respuesta de un espíritu caído. Yo, con angélica ingenuidad, y no habiendo probado —o si los probé, no con fruición— los frutos del Árbol del Conocimiento del Bien y del Mal no puedo menos de seguir considerando que soy un hombre *imperitus, ignarus et inscius*[31].

Cuestión 180

¿Dios conoce todo mal?

Sí, Dios conoce en toda su profundidad e intensidad no sólo el mal, sino también la experiencia que los inicuos tienen del mal. Dios sabe perfectamente como experimenta el sufrimiento del mal cada ser eternamente reprobado. Sabe en cada momento cuanto sufre Satán y cada condenado. Incluso su omnisciencia conoce todas las infinitas posibilidades de sufrimiento, sin que ello le haga sufrir lo más mínimo.

Cuestión 181

¿Está Dios en el infierno?

Sí, Dios también está en el infierno: en su centro, en sus límites, en todos sus intersticios y en sus más profundos, terribles y oscuros abismos. Aunque no nos olvidemos que el infierno es, ante todo, un estado. No hay ningún lugar, ningún ser, donde no esté Dios. El Creador Conocedor de todas las cosas está en lo más profundo de cada alma condenada. Todo es conocido por Él desde toda la eternidad, todo es mantenido en el ser por Él. Los demonios no se libran de la presencia de Dios ni en el infierno. Por más que un demonio quiera alejarse de Dios, siempre estará condenado a estar en Dios.

El Todopoderoso está en el infierno considerado éste tanto como lugar (donde estén los cuerpos de los resucitados destinados a la reprobación) como estado. Es decir, también es testigo de los pensamientos de cada uno de los eternamente malditos.

Pero aunque Dios esté en el infierno, como en todas partes, los demonios no lo sienten, al contrario, se sienten totalmente alejados de Él. Y Dios les deja en esa sensación para no atormentarlos.

---

31 Todas estas palabras significan *ignorante*. Hay quien afirma que ya que el autor se llama a sí mismo ignorante, hacerlo en latín y de tres formas distintas mitiga, en cierto modo, la dureza de la afirmación.

Sin embargo, aunque los demonios no quieran pensar en ello y traten de olvidarlo, no hay ningún lugar, ningún ser, que pueda estar fuera del alcance de Dios: ni de su visión, ni de su poder.

Cuestión 182

¿Ya para siempre existirá el mal?

Sí, sin ninguna duda. Desde el momento en que sabemos que existen seres espirituales reprobados para toda la eternidad, ese mal existirá indefinidamente. Y ni todo el bien del mundo, ni todo el bien posible, ni un bien infinito, pondrán fin a ese mal que quiere persistir en el mal.

El mal existirá sin fin dentro de esos ángeles caídos. En todo el cosmos se instaurará el orden divino de modo perfecto. Pero en el interior de esos seres de la oscuridad arderá el fuego eterno del infierno. Los demonios ya están condenados a un evo sin esperanza donde un segundo puede ser como un año, y muchos años como un segundo.

Cuestión 183

¿Existirá el mal por los siglos de los siglos?

A quienes tienden a imaginar la eternidad como un éxtasis en el que el tiempo deja de existir y perdemos la consciencia, debemos decirles que eso es un error. Tanto si estamos en el cielo como en el infierno, seremos nosotros mismos. Y después de la resurrección, las almas seremos reincorporadas al tiempo. Tras la resurrección, el tiempo y el espacio serán como ahora. Y pasará una hora y otra, un día, un año...

Lo terrible de la condenación, lo espantoso de ella, es que pasará un año, cien años, mil años, un siglo y otro siglo, y sabremos que tras mil siglos habrá otros mil siglos. Y tras un millón de siglos, otro millón de siglos.

Hay una comparación que me parece impresionante: Si un pájaro se posase sobre la tierra y con su ala rozara levemente el suelo, y después echara a volar. Y tornara a regresar al cabo de un siglo. Y volviese a rozar levemente el suelo otra vez. Y ese pájaro retornara sólo una vez cada siglo. ¿Cuántos siglos, cuantos milenios, necesitaría para que ese rozamiento desgastara todas las montañas, todas las rocas, todos los suelos del planeta? Pues eso sucedería y el primer segundo de la eternidad no habría hecho más que dar comienzo?

Hermano que compartes conmigo el tiempo, que vives sobre la tierra y lees este libro, tómate en serio la eternidad, porque ni siquiera después de leer este libro hasta la última de sus cuestiones, hasta la última de sus líneas y de sus letras, sabes lo que es la condenación.[32]

---

32 Parecía lógico comenzar esta obra preguntándose por el origen del mal y acabar toda la obra preguntándose al final del tratado si al final de los tiempos seguirá existiendo el mal.

También parece lógico preguntarse si hay algún simbolismo o mensaje en el número 183. Y sí, el mensaje es muy claro: con el simbolismo de los números no hay que pasarse. Hacer cábalas con los números es una deformación de la recta razón y al final es como unir con líneas las estrellas del cielo. Uno puede acabar viendo todo tipo de figuras donde sólo hay puntos brillantes.

Aun así, mi secretario Adso no ha resistido la tentación de pasarme una nota en la que aparece la siguiente anotación:

183
1+8+3=12
(número de los Apóstoles)
1+2=3
(símbolo de la Trinidad)

Así que, ironías del destino, acabamos esta obra no resistiendo una tentación. Si acabamos una obra sobre el demonio no resistiendo una tentación, parecería lógico comenzar una obra sobre los ángeles sucumbiendo a un acto de virtud.

Conclusión

Dios es lo único que importa. El demonio sólo nos sirve para aprender cosas sobre aspectos de Dios. El mundo demoníaco es como el mundo abisal. La zoología de los fondos abisales donde no llega jamás la luz del sol, ni la más débil, es un ejemplo especialmente adecuado para comprender el mundo demoníaco. Un mundo de silencio y oscuridad, de formas monstruosas. Y, sin embargo, esa zoología lejana y oculta a nuestros ojos también muestra una faceta de la sabiduría divina.

Dios no hizo ese mundo demoníaco, pero su voluntad ha permitido su existencia. Y su existencia manifiesta el poder de la mano omnipotente de Dios, su terrible justicia. El mundo infernal es una prueba continua de que las sentencias de Dios pueden ser eternas. El submundo infernal es una prueba de que con Dios no se juega, de que tras la última oportunidad ya no hay perdón de Dios. El conocimiento de estas tinieblas exteriores, del lugar donde el gusano nunca muere, nos tiene que llevar a nosotros los sacerdotes a valorar más el amor de Dios.

Digo sacerdotes porque soy consciente de que esta obra será leída sobre todo por sacerdotes. Al recordar estas páginas que habéis leído meditad que somos hombres de Dios, que debemos proclamar a los hombres que hemos sido redimidos. Pero que todo hombre puede condenarse eternamente. El mensaje de Cristo es un mensaje de esperanza, de amor, de confianza, de Redención.

Pero ese mismo mensaje nos recuerda esta espantosa posibilidad: algunos de nosotros nunca verán a Dios.

Acabo esta obra pidiendo a la Santísima Virgen María que nos proteja siempre, que nos cubra con su protector manto de amor. San Benito, San Jorge, San Miguel, proteged a este pobre autor de estas pobres páginas. Páginas sobre el demonio escritas a la mayor gloria del Creador. Que el Señor reine en nuestros corazones y que podamos alabarle por toda la eternidad cantándole un cántico de alabanza siempre nuevo. Cantando alrededor del trono del Cordero, en compañía de todos los santos mientras contemplamos las miríadas de ángeles.

A Él todo el honor
y la gloria por los siglos de los siglos.
Amén.

En medio del trono y alrededor del trono había cuatro seres vivientes repletos de ojos delante y detrás. (...) Los cuatro seres vivientes, cada uno de ellos con seis alas, alrededor y por dentro estaban repletos de ojos, y día y noche repetían sin descanso:

"Santo, Santo, Santo
es el Señor Dios todopoderoso,
el que era, el que es y que va a venir".
(Ap 4, 8)